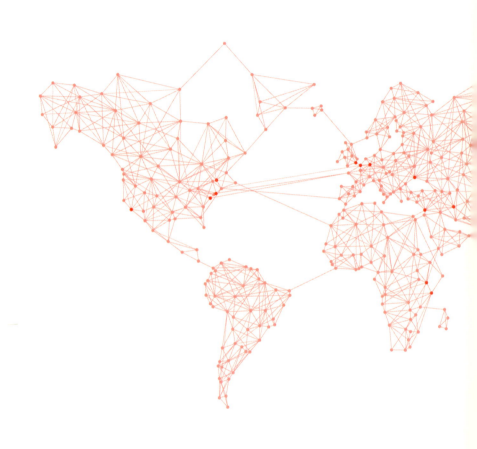

中关村模式
科技+资本双引擎驱动

尹卫东　董小英
胡燕妮　郭伟琼　著

THE Z-PARK MODEL IN CHINA

TECHNOLOGY AND CAPITAL
AS DRIVERS OF ACCELERATION

北京大学出版社
PEKING UNIVERSITY PRESS

图书在版编目(CIP)数据

中关村模式：科技+资本双引擎驱动/尹卫东等著. —北京：北京大学出版社，2017.10
ISBN 978-7-301-28835-1

Ⅰ.①中… Ⅱ.①尹… Ⅲ.①高技术产业—经济开发区—研究—北京 Ⅳ.①F127.1

中国版本图书馆CIP数据核字（2017）第244082号

书　　　名	中关村模式：科技+资本双引擎驱动 ZHONGGUANCUN MOSHI: KEJI+ZIBEN SHUANG YINQING QUDONG
著作责任者	尹卫东　董小英　胡燕妮　郭伟琼　著
策划编辑	徐　冰
责任编辑	徐　冰
标准书号	ISBN 978-7-301-28835-1
出版发行	北京大学出版社
地　　　址	北京市海淀区成府路205号　100871
网　　　址	http://www.pup.cn
电子信箱	em@pup.cn　QQ：552063295
新浪微博	@北京大学出版社　@北京大学出版社经管图书
电　　　话	邮购部 62752015　发行部 62750672　编辑部 62752926
印　刷　者	北京宏伟双华印刷有限公司
经　销　者	新华书店 730毫米×1020毫米　16开本　22.25印张　361千字 2018年1月第1版　2018年1月第2次印刷
定　　　价	75.00元

未经许可，不得以任何方式复制或抄袭本书之部分或全部内容。
版权所有，侵权必究
举报电话：010-62752024　电子信箱：fd@pup.pku.edu.cn
图书如有印装质量问题，请与出版部联系，电话：010-62756370

推荐序一
PREFACE I

2012年奔赴南京的高铁上,卫东拿着一本报告来和我交流,报告统计分析了198家中关村上市公司的总体数据,这让我感到非常吃惊。过去,我们在谈到中关村的时候,更多的是关注成长中的科技企业,去看它们的创新科研成果。然而,真正把中关村上市公司这个群体整合起来进行研究的数据和资料还很少,虽然当时的中关村上市公司总市值已达1.3万亿元。随后,我们与证监会、中投等相关机构开展了座谈交流,大家对于近年来中关村发展的成果都感到十分振奋。因此,自2012年开始,每年我们都会总结一份《中关村上市公司竞争力报告》,以从一个独立的视角去看中关村的最新发展。

十八大提出的创新驱动发展战略,强调了科技创新在战略支撑中的重要性。当下,在我国经济转型的关键时点上,科技创新已然成为转变经济增长方式的重要推手。"取日新以图自强,去因循以厉天下。"科技创新,不仅是国家、各级政府极为期盼的,也是公众所期盼的,更是植根于中关村的企业及企业家们的使命。

大众创业、万众创新作为中国经济发展的重要引擎之一,中关村上市公司作为创新企业中的领军队伍肩负着重要的责任。截至2015年,中关村上市公司的总市值已经超过了4.8万亿元,实现净投资额达2000亿元,研发投入已有800多亿元,这些数据都充分说明了科技创新能够驱动经济的发展。其实,中关村这批上市公司可以实现目前的规模,离不开国家对这片区域的重视,作为第一个国家自主创新示范区,中关村承担着重要的历史职能,营造了良好的创新创业环境;同样也离不开各家公司即使筚路蓝缕,也能在跌宕起伏的创业大潮中保持坚定不移。

中关村模式 The Z-Park Model in China

  回首我们起初创办联想的时候，也是遇到了很多不确定性的因素，唯一确定的就是创业是艰难的。三十年来，联想为高科技产业化趟出来一条路，成为中关村上市公司中的一员，占有世界500强的一席。2015年，我们又将联想控股推向资本市场，为科技创新提供投资领域的服务。你会发现在众多中关村企业中都有我们投资的身影。可以说，我们联想是一家真正的创业公司，是一家有光荣历史的创业公司。中关村的上市企业大多也是如此，都在创业创新的征途上赶路……

  在中关村，我们可喜地看到上市公司的数量逐年递增。目前有两百多家境内上市公司，同时，还有百度、京东、联想等百余家境外上市公司。科技创新没有地理的限制，中关村不仅仅是北京、中国的中关村，更是世界的中关村。我们看到了中关村国际化的步伐一点点在加快，在某些领域中我们正在不断地缩小与竞争者之间的差距，甚至已经达到世界领先水平。特别是习近平主席确定的"一带一路""京津冀协同发展"等战略，为中关村科技创新型企业进一步指明了方向，让我们的未来拥有了无限的发展空间。

  科技创新从方方面面给我们这个行业，甚至给整个社会带来了颠覆性的变化。谈科技创新，大家都在看中关村，若要想看明白科技创新型企业，一定要看中关村上市公司。《中关村模式：科技+资本双引擎驱动》汇总分析了中关村上市公司近五年来的整体情况和典型企业的案例，希望借由这本书，能够让你读懂现在的中关村，也希望再过五年，中关村的总市值可以再翻一番，中关村的新模式能变成大模式！

联想控股董事长　（签名）

2017年9月

推荐序二
PREFACE II

我们正处在一个奇妙而伟大的时代,这个时代充满着变化,充满着创造,充满着不确定性。这个时代对企业而言,既有巨大的挑战,也有无限的机遇。

总体看来,这个时代有三个重要特征:一是科学技术爆炸式发展而引发的企业发展模式和人们生活方式的日新月异;二是全球经济融合发展而带来的世界经济格局与竞争焦点的不断演变;三是虚拟经济与实体经济的互动与博弈而激起的市场行为的颠覆式创新。面对这些新的时代特征,企业该如何进行战略调整?该如何变革发展路径?该如何持续推动创新?

我始终认为:企业的失败是可以找到共性的,而企业的成功则一定是个性的。那么,我们首先要做到的,就是不犯共性的错误,确保企业不走向失败。然后在此基础上,持续创新,持续变革,推动企业走向成功。要做到如此,需要企业有真正的学习能力,能够从学习中得到启示与借鉴。从其他企业的发展中汲取经验与教训,就是一种非常有效的学习方法。

《中关村模式:科技+资本双引擎驱动》便是具有这样价值的一本著作,书中既有对中关村上市公司的总体数据分析,也有对不同行业的案例研究,资料翔实,分析透彻。相信无论对于宏观经济研究人员,还是对于企业家和创业者,甚至政府官员抑或青年学生,都是值得阅读与参考的。

它山之石,可以攻玉!

清华控股董事长
2017 年 6 月

前言

犹记得2009年3月,中关村科技园区被批准建设成为首个国家自主创新示范区[1],时任北京市市长的郭金龙同志在一次调研中与我交流,他问道,你认为10年后中关村发展到什么程度算得上成功?我当时的回答是,如果能再出现10个以上像联想这样的企业就成功了。时隔不到10年的时间,在中关村这片沃土,已经集聚了10个以上市值超过500亿的上市公司,甚至不乏百度、京东等千亿市值的公司。中关村的科技型企业呈现爆发式增长,科技创新力度不断加大,科技成果加速涌现。确实让大家看到了中关村悄然发生的巨大变化,也看到了科技创新产生的巨大力量。

目前,中关村园区内有超过两万家企业,在各企业聚焦创新的时候,中关村上市公司群体成为创新驱动发展的典型。作为公众公司的中关村上市公司在全球多个资本市场可谓硕果累累,2015年总市值达48 000亿元、净投资额达2 000亿元,研发投入800多亿元等。中关村上市公司的总市值从2011年的1.3万亿元提高到2015年的4.8万亿元,已连续3年实现50%以上的增长,这种惊人的增长纪录我想很大程度上是归功于科技创新。

2013年,中共中央政治局以实施创新驱动发展战略为题到中关村集体学习,习近平总书记主持学习时强调敏锐把握世界科技创新发展趋势,切实把创新驱动发展战略实施好。面向未来,中关村要加大实施创新驱动发展战略力度,加快向具有全球影响力的科技创新中心进军,为在全国实施创新驱动发展战略更好地发挥示范引领作用。习总书记的讲话令在场汇报企业创新情况的多

---

[1] 下文所述"中关村"即指中关村国家自主创新示范区。

家上市公司董事长备受鼓舞，党中央的政策为中关村科技创新型企业的快速发展提供了新的天地。

在新旧动能的转换之中，中关村率先催生出了以互联网跨界融合创新和分享经济为代表的新经济，并且逐渐演化形成一片看得见的"新大陆"。有数据显示，中关村对北京经济增长的贡献率由2010年的17.9%增加到2015年的36.8%，换句话说，2015年北京经济增长有近四成是中关村示范区贡献的。科技创新驱动经济发展，中关村的创新能力正成为新经济增长的发动机，然而，这个"发动机"究竟有多大的排量、产生多大的能耗、具备多快的速度等，此前还未有如此深入、细致、全面解读中关村的相关著作。

我作为一名从事生物科学的科研人员，三十多年来深耕生物科技领域，始终致力于疫苗的研发。从组建一个团队到北京创业直至扎根中关村，逐步成为一家上市公司的董事长。2012年，与几十位上市企业的董事长自发设立了中关村上市公司协会，五年来一直有幸担任协会会长一职。正是因为科研人员、企业家和公益组织负责人这三重身份的相互转换和相互影响，以及在转换过程中所培养的视野及思考方式，让我产生了一种想法：希望可以用语言和数据去描述中关村近年来的变迁和发展，也希望通过文字和图表的呈现让更多的人能够真正地了解中关村。

协会的研究团队每年基于上市企业的财务数据发布《中关村上市公司竞争力报告》，我们发现五年来数据的变化是显著的、连续的。既然掌握着得天独厚的数据优势，我认为将数据进行整合汇总做一番研究分析是极有必要的，遂联合北京大学光华管理学院董小英副教授及其学术团队，以期发挥彼此的优势共同形成课题、开展研究。

大多数有关发展模式与战略的研究自始至终只关注宏观因素与变量，而本书则是以大量的基础数据作为切入口，以238家上市公司作为研究对象，考察这些活跃在全球各资本市场的高科技企业，目的就是以客观的铺陈和规律的变化呈现五年来中关村上市公司的发展概况。此外，研究团队做了大量的访谈调研工作，选取八家上市公司作为典型案例，这些公司或许不是市值最大的公司，或许不是发展最快速的公司，但它们却是在各个领域中十分具有代表性的，以其作为案例可以折射并凸显出中关村科技创新发展的趋势。通过定量研究与定性描述相结合的方式，以资本市场对企业的估值为立足点进行全方位分析，将科技创新对经济的贡献量化，探索企业"投入技术研发与人力资本——提高产品和服务水平——获得资本市场认可——促进融资并带动新一轮科技创新投资"的良性循环。深入探讨是源于什么样的创新生态，不仅促进了中关村上市公司五年来的发展变化，而且使这种变化连续影响了示范区的运行。

此书若能起到抛砖引玉的作用则是价值最大的体现。其一，希望能吸引更多学界的专家关注中关村的学术价值，产生学术上的兴趣，以不同的研究视角去深入剖析作为新经济发动机的中关村，让大家能更准确地了解和把握中关村。

其二，希望为各级、各地政府发展科技创新战略提供参考。中关村国家创新自主示范区是国务院批复同意建设的国家首个自主创新示范区。通过中关村的先行先试，许多创新创业项目在落地生根、开花结果，一些政策已经在全国其他的国家自主创新示范区推广实施。在科技创新驱动发展的过程中，中关村管委会给予了最大的支持，在与企业的互动中真正地做到了"握手与放手"，形成了独特的中关村创新生态，也希望这样的模式能够起到示范的效应。

其三，希望为中关村的科技创新型企业和创业者提供一本"教材"。中关村向来不唯成败论英雄，但是如何能在大浪淘沙的创新创业潮中屹立不倒、步步向前，对于企业而言及时地反思与调整是极有必要的。从某种程度来说，这本书就是中关村企业的一本教科书，各家企业可以对照五年的发展历程认清自己、看懂他人。

其四，希望更多的投资者了解和看清分布在各资本市场的中关村上市公司。中关村现已成为国内创业投资最活跃的区域，创业投资在中关村企业跨入资本市场和做大做强方面发挥了不可忽视的推动作用。书中可能没有锦囊妙计，但绝对可以让各位投资者基于客观的数据，在历史的变化趋势中"把脉"中关村上市公司的发展前景，从而为中关村的科技创新加注。

作为我国体制机制创新和政策先试先行的试验田，中关村用二十余载成长为首个国家自主创新示范区，一直视创新为生命，"敢于天下先"。创新在这里不是空洞的口号，而是看得见的、触手可及的、能落地的实际成果。不过，我们也必须要清醒地意识到中关村上市公司的科技创新之路任重道远，因为科技创新往往是多元尝试中的胜利者，在创新的过程中永远会面对诸多不确定性的问题，企业如此，政府亦是如此。正因为科技创新具有不确定性，它才需要多元的尝试，鼓励和敬畏这种"不确定性"将更有利于中关村新模式的培养，更有利于服务型政府与创新企业共同成长。

  最后，我想衷心地致谢对本书观点的形成以及在出版的准备工作中做出贡献的人们。感谢中关村管委会翟立新主任对协会工作的大力支持，感谢郭洪主任在任期间对协会工作及本书的悉心指导和全力支持，感谢王汝芳副主任接受访谈，感谢高莉女士对于政策部分的观点贡献；感谢北大光华管理学院董小英副教授及其团队的创作和点评；感谢案例部分中各家企业的精彩分享；感谢安永华明律师事务所对书稿中2011至2015年的财务数据的专业审计；感谢北京大学出版社林君秀主任、徐冰老师的编辑工作；感谢中关村管委会科技金融处殷豪处长、赵俊劼副处长对协会工作及本书的大力支持；感谢协会工作人员郭伟琼、陈红、王扬丹、薛笑影、葛琰、刘永欣全体同事对本书的辛勤付出。要感谢的单位和朋友在这里可能挂一漏万，真诚地向各位表示感激之情！

    中关村上市公司协会会长、科兴生物董事长

    2017年8月

目录
CONTENTS

推荐序一 / I
推荐序二 / III
前　言 / V

第一章　回望中关村：建园区，树标杆 / 001

中国建设了很多园区，但是中关村只有一个。中关村的发展历程是中国园区建设的一个标杆，它的模式能否复制？

第二章　数字中关村：必须了解的背后趋势 / 019

透过本章的数字图表，以及管理学者、财会学者和企业家一起对这些数字进行的专业解读，我们可以发现中关村科技创新发展背后的隐藏趋势。

上市：国外还是国内好　　　　　　　　　　　　023
市值：增长及排名　　　　　　　　　　　　　　026
经营：核心能力到底在哪　　　　　　　　　　　036
融资：现状和影响因素　　　　　　　　　　　　081
行业：互联网与非互联网的布局　　　　　　　　089
估值：投资者的看法　　　　　　　　　　　　　101
创富100：企业家们的财富创造力　　　　　　　108

i

第三章　案例中关村：隐形英雄的转型与创新 / 143

除了联想、百度、京东，中关村麾下还拥有环保、设计、传播、能源等众多战略新兴行业的"大佬"级公司。变革的时代，是什么能够让它们成功应对诸多不确定性？

碧水源：水环保的草根"膜"法	145
东华软件：多行业应用的幕后软件英雄	163
广联达：智慧建筑的数字管家	177
蓝色光标：数字化转型之路	194
神雾集团：变废为宝的"燃烧黑科技"	210
大北农："养猪博士"的农业互联网	226
神州高铁：后高铁运维的智能卫士	241
东土科技：叫板德国"工业4.0"的蓝筹	256

第四章　政策中关村：政府的角色 / 271

中关村只有一个，中关村管委会也是独一份儿。中关村的资源无法复制，管委会的经验却可以学习。

战略与布局	273
管委会的角色	279
管委会领导答笔者问	291
中关村政策分类汇总	297

第五章　中关村模式：创新生态的喷泉模型 / 301

中关村的创新创业活动所表现出的有序和高效，就像一眼喷涌的泉，创新的根基、动力、机制和溢出一目了然。

政府及政策机制怎样支持	304
区域生态系统有哪些要素	307
企业创新系统如何运作	311
资本如何助力科技创新	319
区域 / 企业边界拓展版图	322
总结与启示	329

参考文献 / 333

后　　记 / 340

第一章

回望中关村

建园区,树标杆

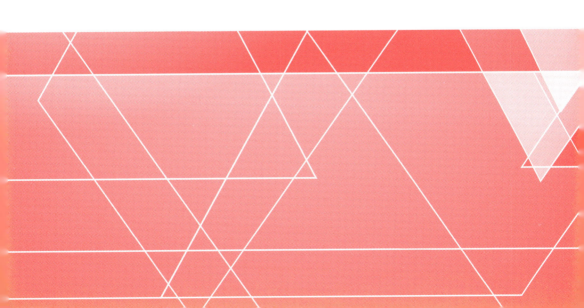

中关村一带过去是永定河故道，北京当地人称之为"中湾儿"。因为这一带山清水秀，从明代起，宫里的太监们就开始在中关村一带购买"义地"，到清代这里已经形成了太监的墓葬地。古代将太监多称为"中官"，因此这里又有了"中官儿"的地名。

民国时期，在临近中关村的西郊皇家园林基础上建起了清华和燕京两所大学。1949年中华人民共和国成立后，在制定北京总体规划时，将中关村这一带规划为首都的文教区。于是，大批的高等院校和科研机构汇聚这里。"中官儿"的名称随即变得不合适了。据说是著名的历史学家、教育家陈垣在修建中国科学院的时候，提议改名"中关村"。

随着时代发展，中关村逐步成为亚洲地区最集中、最庞大的科研中心和高校聚集地。党中央、国务院高度重视中关村的创新发展，先后八次做出重大决策部署，使中关村从最初的电子一条街发展成为我国第一个国家级高新区、第一个国家自主创新示范区。中关村的发展历程大体可以分为四个阶段。

中关村电子一条街（十一届三中全会至1988年4月）

党的十一届三中全会确定把党和国家的工作中心转移到经济建设上来，做出实行改革开放的伟大决策，由此拉开了中国现代改革的序幕。基于强大的科研基础与人才储备，中关村成为最早响应改革大潮的地区之一。

中关村模式　The Z-Park Model in China

1980.10 　北京等离子体学会先进技术发展服务部成立

10月23日，此前曾两次到美国硅谷考察的中国科学院物理研究所研究员陈春先与6名科技人员一起，在北京市科学技术协会的支持下，成立了北京等离子体学会先进技术发展服务部，拉开了科技人员面向市场、自主创业的序幕。

中关村创业第一人陈春先（右）

1982.12 　京海公司成立

12月22日，中科院计算机研究所王洪德辞去公职，与7名科技人员一起自主创业，在中关村创办北京京海计算机机房技术开发公司（简称"京海公司"）。主要业务是为客户进行计算机机房的装修，包括安装防静电地板、布线等。

1983.05 　科海公司成立

5月4日，中国科学院北京市海淀区新技术联合开发中心（简称"科海公司"）在海淀区四季青公社成立，陈庆振任开发中心主任。

1984.11 　中国科学院计算技术研究所新技术发展公司（联想公司前身）成立

11月1日，中科院计算技术研究所投资20万元人民币，由柳传志等 11 名科技人员创办了中国科学院计算技术研究所新技术发展公司，即联想公司前身。

联想集团旧址

1984.11　中关村第一家股份制科技企业信通公司成立

11 月 14 日，中科院计算技术研究所、中科院科学仪器厂和海淀区新型产业联合公司各投资 100 万元组建的北京信通电脑技术公司（简称"信通公司"）正式开业。由于该企业由三方投资共享收益，因此对外也称股份有限公司。这是中关村第一家股份制的科技企业。

1985.08　第一家科技中介服务组织成立

8 月，国家科委成立中国新技术发展公司，主要从事组织科技成果有偿转让活动，注册资金 20 万元。这是电子一条街上最早出现的科技中介服务组织。

1986.11　第一家个体科技企业成立

11 月，经海淀区科委批准，成立"北京市海淀区永明电源技术研究室"。这是电子一条街上第一家个体科技企业，经营项目为电源电子。

1987.03　第一家中外合资科技企业成立

3月24日，四通集团与日本三井物业株式会社合资经营的公司——北京四通办公自动化设备有限公司成立。这是电子一条街上第一家中外合资科技企业，主营研究开发、生产制造四通系列打字机。

1987.04　中关村企业递交第一份发明专利申请

4月10日，北京四通集团公司孙强向国家专利局递交"一种能生成多种字体的汉字字模发生器"的发明专利申请（专利号：CN 87102545.0）。这是中关村企业递交的第一份发明专利申请。

1987.09　中国第一封电子邮件从中关村发出

9月20日，任职于中科院并负责CANet项目的钱天白等，从北京计算机应用技术研究所向德国卡尔斯鲁厄大学发出了一封电子邮件，内容为"Across the Great Wall we can reach every corner in the world"（越过长城，走向世界）。这是从中国发出的第一封电子邮件。

截至1987年年底，以"两通两海"（四通公司、信通公司、科海公司、京海公司）为代表的近百家科技企业聚集在自白石桥起，沿白颐路（今中关村大街）向北至成府路和中关村路至海淀路一带，东至学院路，形成大写的英文字母"F"型地区，被人们称为电子一条街。中关村电子一条街的各类科技企业达148家，从业人员达5 000多人，总收入超过9亿元，占海淀区社会总收入的37%。它们大部分从事微机和电子技术的研究开发和推广应用。

第一章　回望中关村

20 世纪 80 年代的中关村电子一条街

北京市新技术产业开发试验区（1988 年 5 月至 1999 年 5 月）

中关村电子一条街的发展带动了新技术产业的发展，促进了人才流动，同时也积累了大量财富。这一系列积极的变化引起了国务院和北京市政府各级领导的关注和重视。

经过多次调查、研讨，1988 年 5 月 10 日，国务院正式批准《北京市新技术产业开发试验区暂行条例》，并规定，以中关村地区为中心，在北京市海淀区划出 100 平方公里左右的区域，作为北京市新技术产业开发试验区的政策区范围。同年 5 月 20 日，北京市政府印发《北京市新技术产业开发试验区暂行条例》，北京市新技术产业开发试验区正式成立，开启了中关村发展的崭新时期。

中关村模式 The Z-Park Model in China

1988.05　北京市新技术产业开发试验区正式成立

北京市政府印发《北京市新技术产业开发试验区暂行条例》，北京市新技术产业开发试验区正式成立，开启了中关村发展的崭新时期。

北京市新技术产业开发试验区总部大楼

1989.03　北京地区第一家科技企业孵化器成立

3月，北京高技术创业服务中心成立。该中心是北京地区第一家科技企业孵化器。

1989.09　金山软件成功开发国内第一套中文文字处理软件

9月，金山软件股份公司香港金山公司求伯君成功开发国内第一套中文文字处理软件 WPS 1.0。

1990.02　北京市新技术产业开发试验区第一家私营企业——用友电子财务技术有限公司成立

2月，用友财务软件服务社变更登记为用友电子财务技术有限公司，成为北京市新技术产业开发试验区第一家私营企业。

第一章　回望中关村

1990.11　北京市新技术产业开发试验区在沿海地区设立第一个窗口——驻深圳办事处成立

11月8日，北京市新技术产业开发试验区驻深圳办事处成立。这是试验区为发展外向型经济，在沿海地区设立的第一个窗口。

1990年　联想集团首台联想微机投放市场

联想集团的首台联想微机投放市场。联想集团由一个进口电脑产品代理商转变成为拥有自己品牌的电脑产品生产商和销售商。

1991年　中国普天公司建立中国第一条手机生产线

中国普天公司引进美国摩托罗拉移动通信制造技术，成为摩托罗拉在中国的第一家合作伙伴，建成了中国第一条手机生产线，填补了中国移动通信产品生产的空白。

1993.08　北京市新技术产业开发试验区第一家在香港股市挂牌的企业——四通电子上市

8月16日，北京四通电子技术有限公司在香港联合交易所上市（HK0409 四通电子），为北京市新技术产业开发试验区第一家在香港股市挂牌的企业。

1994.04　丰台园、昌平园被纳入试验区政策区范围

4月，国家科学技术委员会批准将丰台园、昌平园纳入试验区政策区范围。

1995.10　第一台方正电脑诞生

10月26日，方正集团研发的第一台方正电脑诞生。

1996.08　张朝阳创办ITC爱特信电子技术公司（北京）有限公司（搜狐前身）

8月，留学归国人员张朝阳创办了ITC爱特信电子技术公司（北京）有限公司，即搜狐前身。该公司是在MIT媒体实验室主任尼葛洛

庞帝和美国风险投资专家爱德华·罗伯特的风险投资支持下创建的，是中国第一家以风险投资资金建立的互联网公司。

1996.11 北京市新技术产业开发试验区第一家深交所上市公司——比特实业上市

11月5日，比特实业股份有限公司在深圳证券交易所上市，成为北京市新技术产业开发试验区第一家深交所上市公司。

1997.11 北京市新技术产业开发试验区管理委员会正式成立（中关村管委会前身）

11月11日，北京市新技术产业开发试验区管理委员会正式成立，即中关村管委会前身。

1998.02 中国首家大型分类查询搜索引擎——搜狐品牌诞生

2月25日，爱特信信息技术有限公司推出第一家全中文的网上搜索引擎——搜狐（sohu.com），这是中国首家大型分类查询搜索引擎，"搜狐"品牌由此诞生。

1998.09 民间资本开始介入风险投资领域

9月，中关村第一家由民营科技企业募股、民营资本为主的中关村科技投资有限公司正式成立，这标志着民间资本已经开始介入风险投资领域。

1999.01 北京市新技术产业开发试验区形成"一区五园"的空间格局

1月，经国家科委批准，试验区区域再次调整，将电子城、亦庄园纳入实验区政策区范围。从此，北京市新技术产业开发试验区形成"一区五园"的空间格局。

在一系列相关政策的大力支持下，北京市新技术产业开发试验区依托自主创新，配合技术、资本方面的支持，取得长足发展。截至1999年，试验区的高新技术企业达 6 690 家，企业从业人数 24.3 万人，实现总收入 1 049 亿元，工业总产值 763 亿元，利润 67.5 亿元。

中关村科技园区（1999 年 6 月至 2009 年 2 月）

1999 年 6 月 5 日，国务院印发《关于建设中关村科技园区有关问题的批复》，原则同意北京市政府和科技部《关于实施科教兴国战略，加快建设中关村科技园区的请示》中关于加快建设中关村科技园区的意见和发展规划，力争把中关村科技园区建设成为推动科教兴国战略、实现两个根本性转变的综合改革试验区，具有国际竞争力的国家科技创新示范基地，立足首都、面向全国的科技成果孵化和辐射基地，高素质创新人才的培养基地。中关村由此进入了中关村科技园区的发展新时期。

1999.06 ● **国务院印发《关于建设中关村科技园区有关问题的批复》**
6 月 5 日，国务院印发《关于建设中关村科技园区有关问题的批复》，原则同意北京市政府和科技部《关于实施科教兴国战略，加快建设中关村科技园区的请示》中关于加快建设中关村科技园区的意见和发展规划

2000.07 ● **中关村科技园区驻硅谷联络处挂牌**

中关村驻硅谷联络处成立（2000 年 7 月 1 日）

2000.12	**北京市人大常委会通过《中关村科技园区条例》**
2001.10	**百度公司正式推出面向终端用户的搜索引擎网站** 10月22日,百度公司正式推出面向终端用户的搜索引擎网站www.baidu.com,并推出全新商业模式——搜索引擎竞价排名。
2002.12	**国产网络电脑产品进入批量生产时代** 12月12日,京东方正式宣布其网络电脑产品已形成批量生产能力,基于国产CPU"方舟1号"和自行研发的Linux嵌入式操作系统的京东方龙腾系列网络电脑第一批产品上月末下线,这标志着国产网络电脑产品进入批量生产时代。
2004.01	**中国成为世界上第一个批准SARS疫苗进入临床研究的国家** 1月19日,北京科兴生物制品有限公司取得国家食品药品监督管理局颁发的"SARS病毒灭活疫苗"药物临床研究批件,使中国成为世界上第一个批准SARS疫苗进入临床研究的国家。

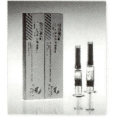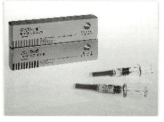

科兴生物的疫苗系列产品(2002—2005年)

2004.11	**首家在新加坡挂牌的中关村园区企业——京威奥特信通上市** 11月18日,京威奥特信通科技有限公司在新加坡证券交易所上市,募集资金1 640万新元,是首家在新加坡挂牌的中关村园区企业。

2005.08 ● **百度在美国纳斯达克上市**

8月5日,百度在线网络技术有限公司在美国纳斯达克上市。股票代码为BIDU,共融资1.091亿美元。

2006.01 ● **中关村形成"一区十园"的空间格局**

1月17日,经国务院批准,国家发展改革委公告第五批通过审批的20家国家级开发区(2006年第3号)。调整后的中关村科技园区总面积为23 252.29公顷,包括海淀园、丰台园、昌平园、德胜园(含雍和园)、电子城(含健翔园)、亦庄园(包括通州光机电一体化园区和通州环保园区)、石景山园、大兴生物医药产业基地等,中关村形成了"一区十园"的空间格局。

2006.01 ● **中关村非上市股份公司代办股份报价转让试点正式启动**

1月23日,"中关村非上市股份公司进入代办转让系统挂牌仪式"在深圳证券交易所举行,标志着中关村非上市股份公司代办股份报价转让试点正式启动。

2007.11 ● **百度成为美国纳斯达克首个市值超过1 000亿人民币的中国互联网公司**

11月5日,中国最大的互联网搜索公司百度凭借单股价格超过400美元,成为美国纳斯达克首个市值超过1 000亿人民币的中国互联网公司。

2008年,中关村经济总量持续扩大,其总收入突破万亿大关,达到10 222.4亿元,同比增长13.1%。另外,中关村企业在新能源与环保、生物医药、软件及信息服务、集成电路、通信与计算机网络等领域取得一大批重大技术、产业化创新成果,专利标准创制能力也显著增强,并为神舟七号、抗震救灾、科技奥运等重大任务做出了突出贡献。

中关村模式　The Z-Park Model in China

中关村国家自主创新示范区（2009年3月至今）

2009年3月13日，国务院《关于同意支持中关村科技园区建设国家自主创新示范区的批复》发布，明确中关村的新定位是国家自主创新示范区，目标是成为具有全球影响力的科技创新中心。中关村创新示范地位上升至国家层面，旨在将其影响辐射至全球范围。中关村已经逐渐成为我国创新发展的一面旗帜，未来将加大实施创新驱动发展的战略力度，加快向具有全球影响力的科技创新中心进军，为在全国实施创新驱动发展战略更好地发挥示范引领作用。

2009.10　●　**世界上首款永久免费的杀毒软件推出**
10月20日，奇虎360公司正式推出永久免费的360杀毒1.0正式版，这是世界上首款永久免费的杀毒软件。

2009.10　●　**中国创业板开市，中关村5家企业登陆**
10月30日，中国创业板开市，神州泰岳、乐普医疗、立思辰、鼎汉技术和北陆药业5家中关村企业登陆创业板。

创业板首批公司上市仪式（2009年10月30日）

第一章　回望中关村

2010.07 ● **习近平表示应努力把示范区建设成为具有全球影响力的科技创新中心**

7月23日，时任中共中央政治局常委、国家副主席的习近平同志到中关村国家自主创新示范区进行调研。他对示范区管委会积极探索、大胆创新的做法给予肯定，并要求进一步落实好国务院批复精神，不断推进各项改革试点工作，充分发挥政策导向作用，充分挖掘中关村地区的资源潜力，努力把示范区建成首都经济增长方式转变的强大引擎，建成具有全球影响力的科技创新中心。

2010.12 ● **国务院支持在中关村实施"1+6"先行先试政策**

2011.01 ● **利亚德发布全球首台108英寸LED电视**

1月15日，利亚德光电股份有限公司召开"利亚德LED电视全球首发仪式"，发布了全球首台108英寸LED电视，拥有完全自主知识产权。

2011.06 ● **京东方建设中国首条高世代TFT–LCD生产线**

6月29日，京东方科技集团股份有限公司北京第8.5代TFT-LCD生产线在亦庄园正式投产，为中国首条自主建设的高世代TFT-LCD生产线。

2012.07 ● **"十二五"规划提出建设中关村军民融合科技创新示范基地**

7月，国务院、中央军委《统筹经济建设和国防建设"十二五"规划》提出建设中关村军民融合科技创新示范基地。

2012.10 ● **中关村形成"一区十六园"的空间格局**

10月13日，国务院批复同意调整中关村国家自主创新示范区空间规模和布局，由原来的一区十园增加为一区十六园，包括东城园、西城园、朝阳园、海淀园、丰台园、石景山园、门头沟园、房山园、通州园、顺义园、大兴—亦庄园、昌平园、平谷园、怀柔园、密云园、延庆园等园区。

2013.05

乐视成为全球首家正式推出自有品牌电视的互联网公司

5月7日，乐视网信息技术（北京）股份有限公司推出乐视TV超级电视X60，成为全球首家正式推出自有品牌电视的互联网公司。

2014.05

京东成为中国第一个成功赴美上市的大型综合型电商平台

5月，京东集团在美国纳斯达克证券交易所正式挂牌上市，股票代码JD.O，是中国第一个成功赴美上市的大型综合型电商平台，并成功跻身全球前十大互联网公司排行榜。

2015.02

发布国内第一个以科技园区上市公司为样本编制的股票指数系列

2月5日，国内第一个以科技园区上市公司为样本编制的股票指数系列——中关村A股综合指数和中关村50指数在京发布，中关村创新创业企业上市培育基地同日揭牌。

2015.12

中关村在海外设立的第一个创新中心——中关村硅谷创新中心成立

12月11日，中关村核心区硅谷创新驿站落户中关村硅谷创新中心，这是中关村在海外设立的第一个创新中心。

2016.09

国务院推四项举措，建设北京全国科技创新中心

按照中共中央国务院发布的《国家创新驱动发展战略纲要》部署，推进北京全国科技创新中心建设，以深化改革和扩大开放进一步突破体制机制障碍，更大激发社会创造活力，有利于提升国家创新能力、促进经济迈向中高端。

2017.04 中关村出台"1+4"政策支持体系

中关村管委会出台"1+4"政策支持体系,以打造中关村"升级版",支撑北京全国科技创新中心建设,即重大前沿项目与创新平台建设一项精准支持政策和创业服务、创新能力建设服务、科技金融服务和"一区多园"统筹服务等四项普惠性服务政策。

截至 2016 年年底,中关村示范区规划面积 488 平方公里,拥有高新技术企业 2 万多家,形成了"一区多园"发展格局。2016 年示范区企业实现总收入 4.57 万亿元,同比增长 12%;企业利润总额达到 3 554.8 亿元,同比增长 4.4%;实缴税费达到 2 330.2 亿元,同比增长 14.3%。中关村上市公司达到 302 家,总市值达 4.93 万亿元;中关村新三板企业总数达到 1 478 家,其中,入选新三板创新层企业 170 家;中关村独角兽企业达到 65 家。与此同时,中关村企业"走出去"进程不断加快,国际影响力进一步提升。领军企业加速海外布局,带动更多中关村企业在海外设立研发中心、孵化器、投资基金,开展海外并购。示范区累计在海外设立分支机构六百多家,境外并购 52 起,涉及并购金额 685.6 亿元。

结语

中关村,从一个地区,逐步成为国家创新的起点,从一片科技改革的试验田,成为商业创新个人创业的飘扬旗帜,这源自众多科技人员筚路蓝缕、前赴后继的努力,更离不开中关村海纳百川的气魄。纵观中关村的历史,其发展历程便是一本园区建设的教学书,因此很多人一直在争论中关村能否复制。我们想,丰富的资源条件固然是无法复制的,但是从中关村四十年的发展轨迹中,我们可以实实在在地触碰到很多园区建设及运营的经验。

在您即将翻开的页面中,本书的创作团队通过"面上"(五年来的数据呈现)与"点上"(代表性公司案例与对策解读)相结合的方式,对"中关村模式"进行了提炼。在创作团队中,有企业家、有学者、有政府官员和非营利机构人士,他们从各自的角度,提出了对"中关村模式"的解读。比如,学者强调系统性,他们非常形象地将中关村上市公司竞争力即中关村的创新生态模拟成了一座"喷泉";企业家往往重实效,他们更关心"水从哪里来"的问题,期望高科技园区的创新活力能如"涌泉"之势,润泽不息。不过,殊途同归的是,谁都无法不重视"科技创新"和"资本"这两个字眼。结论正如书名所呈现的那样,科技创新和资本驱动这两个因素构成了"中关村模式"的主要内容。它们就像两个"引擎",为中关村的发展提供着源源不竭的动力。

第二章

数字中关村

必须了解的背后趋势

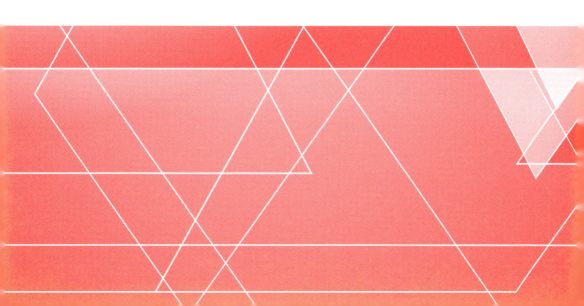

中关村模式　The Z-Park Model in China

本书所研究的对象是依据《北京市中关村科技园区企业登记注册管理办法》，在中关村国家自主创新示范区注册，在全球各个资本市场上市，代表新经济、引领战略新兴产业发展的创新型高科技公司。需要说明的是：

本书所提到的境内上市公司是指在上海证券交易所（以下简称"上交所"）、深圳证券交易所（以下简称"深交所"）上市的公司。

本书所提到的境外上市公司是指在纽约证券交易所（以下简称"纽交所"）、纳斯达克证券交易所（以下简称"纳斯达克"）、香港证券交易所（以下简称"港交所"）、新加坡交易所（以下简称"新交所"）上市的公司。纽交所和纳斯达克的中关村上市公司，统称为中关村上市公司中的"美股"公司，港交所及其他证券市场的中关村上市公司，统称为中关村上市公司中的"港股及其他"公司。

本书引用的财务数据，除特别注明外，均摘自各上市公司发布的2011至2015财年年报。上市公司股价摘自新浪财经，为各财年最后交易日的收盘价。部分对比性数据，整理自WIND资讯数据库，以及世界交易所联合会、北京市统计局、深交所、上交所、港交所等网站的公开数据。

本书所提到的货币除特别注明均为人民币。年报使用外币的公司，其数据由研究团队折算为人民币，折算汇率为各财年资产负债表日中国银行外汇牌价的中行折算价。

本书引用的各项中关村上市公司财务数据，由项目团队完成核对、汇总工作，专业顾问安永华明会计师事务所（特殊普通合伙）在此过程中给予了指导和帮助。

科技创新是经济发展的核心动力,决定着经济发展的质量与速度。然而,科技创新往往通过专利数量或专家人数来衡量,人们关注更多的是处在研发阶段的前沿技术,对科技创新在经历市场和资本的历练后如何贡献于经济却少有着墨。

本书的研究对象是中关村区域内全部的上市公司,它们恰恰都属于战略新兴产业和高科技企业,历经完整的研发、产品、市场和企业发展相对成熟阶段,并活跃在全球各大资本市场。我们基于这些企业2011—2015年经过审计的年报财务数据,尝试将科技创新对经济的贡献量化,探索企业投入的技术研发与人力资本,与其营收、利润、市值、投融资额做循环对比分析,以期发现中关村企业成长发展的共性和规律。

五年来,中关村企业通过大量的研发和人力投入,提高了产品的质量和服务水平,创造了丰厚的利润,并获得了境内外资本市场的认可,进而促进投融资并带动了新一轮科技创新投资的循环。以2015年中关村上市企业总体财务指标为例(见图2.1),可以发现,中关村企业正是走在这样一条良性循环的发展道路上。

下面我们用数字为大家讲述中关村利用科技创新和资本驱动自身发展的故事。

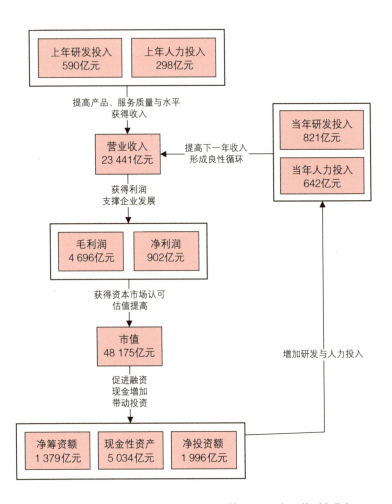

图 2.1 中关村上市公司良性循环发展：基于 2015 年总体财务指标

上市：国外还是国内好

市值是市场对企业价值的动态估值，往往受企业自身和市场因素等的多重影响，透过市值可以看到中关村上市公司在某一个时间点或一段时间内的价值曲线，以及企业和市场环境变化的相对关系。可以说，中关村上市公司的市值和排名变化，就是近年中关村发展的缩影。

2011年，中关村上市公司为179家，分布在全球各主要的资本市场。2015年，这一数量达到238家。

随着中国A股市场上涨，越来越多在美国上市的中关村科技公司正在谋求私有化和退市，转而在中国内地和香港地区上市，以获得更高的市场估值。其中，境内资本市场上市的企业数量从114家增加至267家，特别是2012和2015年增幅均高于16%，数量占比从64%增加至70%；港股及其他资本市场上市的企业数量从23家增加至35家，于2013年和2014年大幅增加，增幅均高于17%，数量占比也从13%增加至15%；而美股资本市场上市的企业从42家下降至36家，2015年降幅达12.2%，数量占比亦由23%下降至15%。图2.2直观地呈现了这一变化。

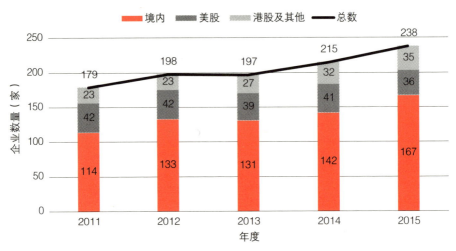

数据来源：WIND 资讯。

图 2.2 中关村上市公司资本市场分布状况

学者说

从资本市场分布来看，中关村上市公司（2015年）A股上市占70.17%，美股占15.13%，港股占14.71%；而全国上市公司A股上市3 197家（59.42%），港股上市2 025家（37.64%），美股上市158家（2.94%）。因此，与全国水平比较，中关村上市公司美股上市比例较高，A股上市比例较低。这一比例上的差异说明，**中关村上市公司在国际资本市场的活跃程度更高，科技公司的估值和融资在国际市场有更好的便利性。**近几年A股市场逐渐发展成熟，可以更好地服务高科技企业。

企业家说

在中关村，有越来越多的公司通过各种各样的方式、途径，向自己的国际化目标挺进。美国特别是硅谷的创新也一直是中关村创业者学习的榜样，中关村上市公司愿意学习硅谷最先进的技术，也愿意吸收华尔街的资金，但**这种学习和吸收并不是单纯的复制，而是按照中关村自身的基因进行发育和成长**。由于科技创新公司的估值和融资在不同的资本市场会有不同的变化，所以**中关村上市公司会根据不同的取舍选择在境内或纽约、香港等资本市场上市**。

当公司选择进入境外资本市场后，相当于完全引入了国际化的机制，其本质目的是希望通过股东的国际化来实现科技创新产品和服务的国际化，这些中关村境外上市公司把在境外资本市场融到的资金再投回中国进行发展，获取财富后，根据国际规则跟境外投资人分享，这样就使中关村上市公司更具备国际化的能力。

中关村致力于建设成为具有全球影响力的科技创新中心，中关村境外上市公司的市值、在海外获得的销售收入及在海外获得的投资，都充分显示了中关村上市公司的国际影响力。中关村也正是通过这些上市公司，使得国内资本市场和国际资本市场进一步融通，促进了中关村的科技创新成果在境内外市场的发育和发展。

市值：增长及排名

市值增长

2011 年，中关村上市公司总市值 12 691 亿元，之后连续 4 年保持增长，2013 至 2015 年市值增速超过 50%，至 2015 年达到 48 175 亿元。

2013 年，总市值的高速增长多半来自于连续经营企业自身市值的上涨（高于 50%）；同时也得益于每年新增的中关村企业，并且动力逐渐增强，贡献比例由 2013 年的 10% 增加至 2015 年的 49%。2011 年，中关村共有 179 家上市公司，至 2015 年已增加至 238 家。总市值变化状况如图 2.3 所示。

数据来源：WIND 资讯。

图 2.3　中关村上市公司市值变化状况

> **学者说**
>
> 中关村上市公司较为强劲的市值增长一方面由其公司特性决定：它们多处于自主**创新型的高新技术产业领域，本身具有较高的估值乘数**，2015 年中关村公司整体市盈率为 53.41，而 A 股市盈率仅为 20.71。
>
> 另一方面，中关村企业的**生命周期不同于传统企业，前期需要大量的资金投入**，而在成熟期则呈现指数型增长。
>
> 两方面合力作用，使得中关村公司市值增长格外引人注目。

目前，境内上市公司市值占中关村总市值的主体，且增长幅度最大；其次为美股公司、港股及其他公司（如图 2.4 所示）。其中：

- 境内上市公司 2011 年市值为 6 953 亿元，以逐年增加的速度上涨，2015 年增速高达 79.6%，市值为 32 715 亿元，5 年增长了将近 5 倍，市值占比由 55% 增加至 68%。
- 美股公司 2011 年市值为 4 339 亿元，2013 年增幅最大，达到 78%，随后增速逐年放缓，至 2015 年市值为 11 491 亿元，市值占比由 34% 下降至 24%。
- 港股及其他公司 2011 年市值为 1 400 亿元，2013 年发展最快，市值增幅为 61.6%，随后放缓，至 2015 年市值为 3 969 亿元，市值占比由 11% 下降至 8%。

数据来源：WIND 资讯。

图 2.4　中关村上市公司各板块市值变化状况

中关村企业在各资本市场的市值增长均超过其市场平均水平。2011 至 2015 年，中关村上市公司在上交所、深交所、纽交所、纳斯达克及港交所的市值增幅不仅高于其所在市场的总市值增幅，且高达总市值增幅的 2—4 倍，如图 2.5 所示。

中关村上市公司的增幅都大大高于总盘，充分表明中关村上市公司在各资本市场都具有优异的表现。

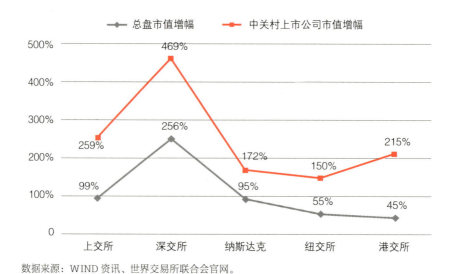

数据来源：WIND 资讯、世界交易所联合会官网。

图 2.5　2011—2015 年各资本市场中关村上市公司与总盘市值变化及对比

2013 年是中关村上市公司市值增长的转折点。

2011 年，中关村上市公司的总市值为 12 691 亿元，低于北京市 GDP；2012 年，中关村上市公司的市值增幅为 4.6%，而北京市 GDP 当年的增幅为 11.3%，二者差距进一步拉大。转折点出现在 2013 年，中关村上市公司的市值反超北京市 GDP，并且从这一年开始连续 3 年保持高于 50% 的增速，而北京市 GDP 增速则未超过 10%，并且还在不断放缓（如图 2.6 所示）。

值得一提的是，2013 年中关村上市公司的数量从 198 家减少到 197 家，因此市值的增长并不是新增企业带来的，而是原有企业的市值增加。2015 年，中关村上市公司的总市值达到 48 175 亿元，高于北京市 GDP 的 2 倍。

这样的变化趋势充分表明中关村的高科技企业越来越受到市场的认同，正在成为新经济的发动机。

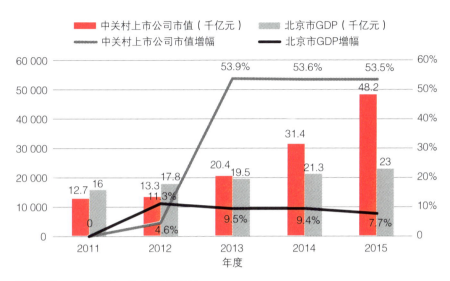

图 2.6　2011—2015 年中关村上市公司市值与北京市 GDP 变化状况

学者说

中关村上市公司市值大幅超过北京市 GDP 增幅，这一变化符合产业转型趋势，说明**经济的增长动力迁移到第三产业，特别是高科技驱动的公司**。这一增长率的差异将在未来的中长期保持不变，中关村企业在引领北京市高端人才就业、产业升级、技术创新等方面无疑将扮演更加重要的角色。

市值分布

如果我们从市值分布角度来观察，我们会发现中关村上市公司市值的集中度在缓慢下降。

市值累计分布的总体情况是，2011年中关村上市公司20%的企业贡献了68%的市值，40%的企业贡献了85%的市值。2011至2014年这个分布状态一直维持稳定，直至2015年，市值集中度方出现了明显的变化：20%的企业贡献61%的市值，40%的企业贡献80%的市值（如图2.7所示）。

可以看到，中关村上市公司群体的"长尾效应"更加显著，更多"小而美"的企业逐渐发展壮大，中关村群体生态日趋良好。

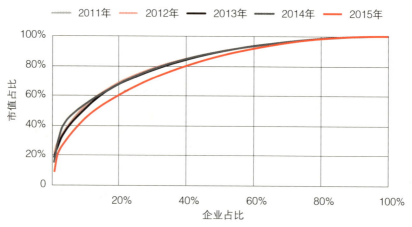

图2.7　中关村上市公司市值集中度变化状况

中关村上市公司市值规模分布亦趋向多元。中关村上市公司的市值分布从聚集在低市值区逐渐转移到中市值区，5年间中关村上市公司群体得到了均衡发展。如表2.1、图2.8和图2.9所示，2011年中关村上市公司中100亿元以上市值的企业仅有31家，到2015年已增至129家，数量增长了4倍，占比从17%增至54%。而50亿元以下市值的企业数量由2011年的120家下降至2015年的57家，数量占比从67%下降到24%，市值占整个群体总市值的比例更是由20%下降至3%。由此可见，越来越多的中小型企业得到资本市场的认可，中关村群体生态日趋良好再次得到印证。

表 2.1　中关村上市公司市值分布

市值区间	2011年企业数量	2011年企业市值（亿元）	2015年企业数量	2015年企业市值（亿元）
1000亿元以上	1	2 562	5	11 792
500亿元—1000亿元	1	537	12	6 922
200亿元—500亿元	6	1 849	53	15 505
100亿元—200亿元	23	3 205	59	8 614
50亿元—100亿元	28	1 992	52	4 044
50亿元以下	120	2 547	57	1 298

数据来源：WIND资讯。

图 2.8　2011年中关村上市公司市值分布

图 2.9　2015年中关村上市公司市值分布

> **学者说**
>
> 从市值占比看，相比 2011 年，2015 年中关村千亿级"巨头"上市公司所占市值份额有所下降，而市值在 200 亿元—500 亿元之间的公司占比快速膨胀，成为市值占比最高的一部分。
>
> 从数量占比的角度，在更多小型企业成长为中型企业的同时，更多的中关村企业走进资本市场，形成了良好的企业生态。
>
> 五年来，各层次公司的市值均大幅增加，同时分布形态更加接近于正态分布，这反映了市场逐步从萌芽阶段经过快速成长到成熟阶段。因此，中关村企业呈现出**行业龙头领跑、中小企业涌现创新**的局面。

市值排名

在中关村上市企业中，百度五年来一直居于市值排名首位。如图 2.10 和 2.11 所示，2011 年，市值排名前 20 名的中关村上市公司市值达到 6 883 亿元，占总市值的 54%，进入市值前 20 名的基准市值为 137 亿元；排名前 50 的企业市值达到 9 634 亿元，占总市值的 76%，基准市值为 62 亿元。

2015 年，市值排名前 20 名的中关村上市公司市值达到 20 168 亿元，占总市值的 42%，进入前 20 名的基准市值为 466 亿元，是 2011 年基准市值的 3.4 倍；排名前 50 名的企业市值为 29 681 亿元，占总市值的 62%，基准市值为 254 亿元，为 2011 年的 4.1 倍。前 20 名中过半数的企业是后来居上的新增企业，包括京东、乐视网、碧水源、58 同城、信威集团、联想控股、石基信息、中国卫星、安迪苏、去哪儿网、北京汽车等 11 家。另外 9 家企业依然稳居市值前 20 榜单。

第二章 数字中关村

> **学者说**
>
> 2011年的市值排名中，TMT行业（电信、媒体和科技行业）企业处于榜单的领先地位，同时也有医药/消费类市值较高的企业。总体来说，五年里领头羊和追随者之间的差距在逐渐缩小，涌现出的京东、乐视等企业，填补了互联网领域的空白点，逐渐满足了市场的细分需求。

图 2.10　2011年中关村上市公司市值排名（前50名）（单位：亿元）

中关村模式　The Z-Park Model in China

图 2.11　2015 年中关村上市公司市值排名（前 50 名）（单位：亿元）

> **学者说**
>
> 中关村上市公司的成长竞争十分激烈,市值的快速增长体现了高新技术对企业成长的良好促进,但另一方面也促使企业积极思考:如何在高速的整体增长中保持自己持续的竞争优势。
>
> 2015年市值前20名的企业中,大部分为网络媒体及互联网娱乐企业,但也有一些水处理技术企业、餐饮管理信息系统服务企业、乘用车整车资源整合及业务平台企业。可以看出,**传统行业的数字化发展也为企业增长提供了新的机遇**。

经营：核心能力到底在哪

收入质量分析

相对于历史悠久或拥有稳定市场的传统企业，中关村上市公司多半处于年轻、规模小的市场拼搏阶段。终端市场对这些高科技、新技术是否认可？资本市场如何评价企业的健康状况？营收就是最直观的指标。

中关村上市公司营业收入在过去 5 年中一直保持两位数的增长。

如图 2.12 所示，2011 年，中关村上市公司总营业收入为 11 466 亿元，至 2015 年总营业收入为 23 441 亿元。其中，连续经营企业 2011 年总营业收入为 11 121 亿元，至 2014 年均保持高于 10% 的增速，2015 年这些企业趋于成熟，增速放缓，总营业收入为 16 405 亿元。

数据来源：WIND 资讯。

图 2.12 中关村上市公司营业收入状况

> **学者说**
>
> 2015 年，中关村上市公司收入增幅 28.5%，与创业板 29% 的平均水平大体相当。这主要是由于两者都由新兴产业和创新型企业组成，在传统企业增长乏力的情况下，依旧有乐观的表现。

2015 年，中关村境内上市公司营业收入占总营业收入的比重将近 50%，但是这 5 年来境内上市公司营业收入占比是在下降的，港股上市公司占比快速增加。如图 2.13 所示，境内上市公司 2011 年营业收入为 7 291 亿元，此后 4 年维持 10% 左右增速，至 2015 年实现 11 185 亿元营业收入。与此同时，营业收入占比在不断下降，从 2011 年占比 64% 左右下降到 2015 年的 48% 左右。美股公司 2011 年营业收入为 686 亿元，2014 年出现增长高峰，增幅高达 143.1%，2015 年营业收入为 3 597 亿元，营业收入占比从 6% 提高至 15%。港股及其他公司 2011 年营业收入为 3 489 亿元，自 2014 年进入快速发展时期，2015 年增幅达到 62.3%，实现 8 659 亿元的营业收入，营业收入占比从 30% 增加至 37%。

数据来源：WIND 资讯。

图 2.13　中关村上市公司各板块营业收入变化状况

中关村模式 The Z-Park Model in China

> **学者说**
>
> 美股和港股中关村上市公司的营业收入增速显著高于境内上市公司，这种情况与境外上市公司规模相对较小且处于发展初期相关，它们的增长空间较大；境内上市公司由于 3 年盈利要求，相较之下更为成熟，故增速放缓。但相比 A 股上市公司（营业收入增长率 2014 年为 3.45%，2015 年为 –10.2%），中关村上市公司在营业收入增长上仍有较大的优势。

这 5 年来，中关村上市公司营业收入的集中度很高，排名前 20 及前 50 的企业营业收入均增加了一倍。

如图 2.14 所示，2011 年，营业收入排名前 20 的中关村上市公司营业收入为 9 498 亿元，占中关村上市公司总营业收入的 83%；前 50 名营业收入为 10 567 亿元，占比 92%。中国中铁、联想集团、冠捷科技位列前三名。营业收入前 20 名的准入门槛为 60 亿元，前 50 名的准入门槛为 20 亿元。

如图 2.15 所示，2015 年，营业收入排名前 20 的中关村上市公司营业收入为 19 016 亿元，占中关村总营业收入的 81%；前 50 名营业收入为 21 134 亿元，占比 90%。中国中铁、联想控股、联想集团位列前三名。营业收入前 20 名的准入门槛为 130 亿元，前 50 名的准入门槛为 48 亿元。

图 2.14　2011年中关村上市公司营业收入排名（前50名）（单位：亿元）

中关村模式 The Z-Park Model in China

图 2.15　2015 年中关村上市公司营业收入排名（前 50 名）（单位：亿元）

企业家说

中关村的很多公司都是依靠科技创新发家,当发展到一定规模时,公司选择上市从资本市场上融资,把融到的资金又循环投入到科技创新当中,不断发展壮大。所以说,**中关村的公司是依靠科技创新做到"从无到有",借助资本市场实现"从小到大"**。经过过去五年的发展,中关村上市公司的总市值超过 48 000 亿元,高于北京市 GDP 的 2 倍,总营业收入超过 23 000 亿元;以及后面提到的净投资额、现金、研发投入等指标,都充分反映了中关村上市公司进入资本市场之后,在资本的驱动下通过科技创新形成了当下的规模优势。

利润质量分析

毛利润与毛利率

5 年间,中关村上市公司的毛利润和毛利率均稳步增长。如图 2.16 所示,2011 年,中关村上市公司实现毛利润 1 948 亿元,毛利率为 17%。此后 4 年实现连续稳定增长,至 2015 年毛利润为 4 696 亿元,毛利率为 20%。

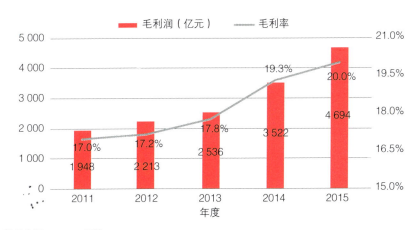

数据来源:WIND 资讯。

图 2.16 中关村上市公司毛利润和毛利率状况

> **学者说**
>
> 毛利率反映了企业对生产成本的控制能力，但同时也与企业的盈利模式密切相关。
>
> 例如，软件销售企业通常具有较高的毛利率，因为成熟的软件一旦开发出来，便可以在较长时间内获得相应的销售收入，配比的生产成本便会被稀释。创新型的制造业企业尽管也属于高新技术企业，但其毛利率通常低于无形资产占比较大的企业。不过，毛利率只是盈利能力的一个方面。

从不同资本市场来看，美股上市公司的毛利率最高。境内和港股及其他公司的毛利率相近，并不断增加；虽然美股公司的毛利率由57%下降到34%，但仍为其他资本市场的2倍。

- 2011年，境内上市公司毛利润为1 100亿元，毛利率15.1%，连续4年毛利润增幅高于15%，至2015年实现毛利润2 042亿元，毛利率18.3%。境内上市公司的毛利润占比由57%下降至43%。
- 美股上市公司尽管毛利润总额低，2011年仅为392亿元，但毛利率高达57.2%，随后连续下降，2015年毛利率也有33.6%，仍远高于其他资本市场。美股毛利润占比由20%提高至26%。
- 2011年，港股及其他公司毛利润为455亿元，毛利率为13.0%，连续4年持续增长，2015年实现毛利润1 444亿元，毛利率为16.7%。港股及其他公司毛利润占比由23%增加至31%（见图2.17）。

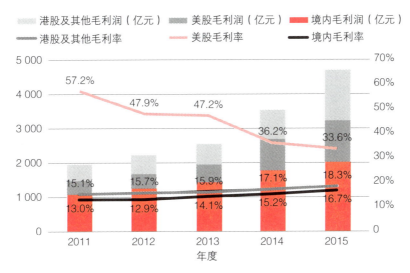

数据来源：WIND 资讯。

图 2.17　中关村上市公司各板块毛利润和毛利率状况

> **学者说**
>
> 2015 年，A 股市场上毛利率超过 50% 的上市公司中，医药生物行业公司、计算机行业公司是数量最多的两个行业，这与其经营特性相关。
>
> 中关村上市公司毛利率逐年增高，反映了经营情况改善、盈利能力增强，而毛利率水平的差异主要来源于行业差异。美股毛利率最高是这一板块集聚了大量的互联网公司。

5 年来，中关村上市公司排名前 20 企业的毛利润增加了近 2.5 倍，集中度基本没有变化。

如图 2.18 所示，2011 年，毛利润排名前 20 的中关村上市公司总毛利润为 1 335 亿元，占中关村上市公司总毛利润的 69%；排名前 50 名的公司毛利润为 1 650 亿元，占总毛利润的 85%。中国中铁、联想集团、百度位列前三名。毛利润前 20 名的准入门槛为 17 亿元，前 50 名的准入门槛为 7 亿元。

图 2.18 2011 年中关村上市公司毛利润排名（前 50 名）（单位：亿元）

如图 2.19 所示，2015 年，毛利润排名前 20 的中关村上市公司毛利润为 3 222 亿元，占中关村上市公司总毛利润的 69%；前 50 名的公司毛利润为 3 964 亿元，占比 84%。中国中铁、联想控股、联想集团位列前三名。毛利润前 20 名的准入门槛提高至 42 亿元，前 50 名准入门槛为 15 亿元。

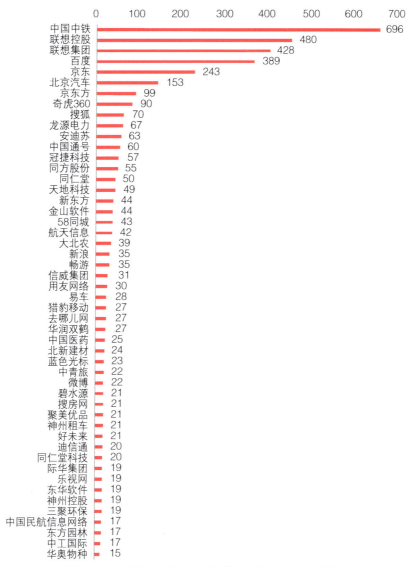

图 2.19　2015 年中关村上市公司毛利润排名（前 50 名）（单位：亿元）

净利润

　　2011 年，中关村上市公司净利润总额为 518 亿元，除 2013 年增速放缓至 3.15% 外，其他 3 年均保持高于 15% 的增长水平，至 2015 年净利润总额实现 902 亿元，净利率由 4.5% 下降至 3.8%（见图 2.20）。

数据来源：WIND 资讯。

图 2.20 中关村上市公司净利润状况

境内上市公司净利润占中关村上市公司净利润总额的比重最大，超过一半；其次为港股及其他公司、美股公司。其中：

- 2011 年境内上市公司净利润为 308 亿元，5 年里稳步增长，并于 2014 年实现高速发展（增速 38.2%），2015 年实现净利润 522 亿元。境内上市公司净利润占比由 60% 略微下降至 58%。
- 港股及其他公司 2011 年净利润为 99 亿元，除 2013 年出现下滑外，其他年度均以高于境内的速度增长，特别是 2014 年增速高达 81.3%，2015 年实现 207 亿元净利润。港股及其他公司净利润占比由 19% 增加至 23%。
- 美股上市公司 2011 年净利润为 111 亿元，与其他资本市场相反，2014 年美股上市公司净利润不升反降，降幅达到 41.2%；2015 年回弹 83% 后实现净利润 173 亿元，主要归功于百度这一家公司净利润的增长。美股上市公司净利润占比由 21% 降低至 19%（见图 2.21）。

数据来源：WIND 资讯。

图 2.21 中关村上市公司各板块净利润状况

2011—2015 年，中关村净利润排名前 50 的上市公司创造了几乎全部的净利润。

如图 2.22 所示，2011 年，净利润排名前 20 的中关村上市公司净利润为 347 亿元，占中关村总净利润的 67%；前 50 名公司净利润为 471 亿元，占比 91%。中国中铁、百度、联想集团位列前三名。净利润前 20 名的准入门槛为 6 亿元，前 50 名的准入门槛为 3 亿元。

如图 2.23 所示，2015 年，净利润排名前 20 的中关村上市公司净利润为 839 亿元，占中关村总净利润的 93%；前 50 名公司的净利润为 1 022 亿元，占总净利润的 113%（排名最后的企业净利润为负值）。百度、中国中铁、北京汽车位列前三名。净利润前 20 名的准入门槛翻倍至 12 亿元，前 50 名的准入门槛仍为 3 亿元。

中关村模式 The Z-Park Model in China

图 2.22　2011 年中关村上市公司净利润排名（前 50 名）（单位：亿元）

图 2.23 2015 年中关村上市公司净利润排名（前 50 名）（单位：亿元）

> **学者说**
>
> 高新技术企业在成长初期，其收入通常难以覆盖较高的研发支出；加之客户资源的开发需要大量的营销投入（尤其是平台类、社交类服务企业），净利润可能为负值。随着企业的发展趋于稳定，净利润将由负转正。
>
> 这也在一定程度上解释了净利润集中度较高的现象，因为净利润为负值的企业通常是那些刚刚成立或上市的中小型企业。同时，中国 A 股市场的准入要求使得境内上市公司的盈利能力得到了一定的保证。

人均利润

净利润高并不意味着盈利能力就高，还需要对比企业人力资源投入产出比。人均利润是指企业在一定时期内净利润与企业员工人数之间的比值。它告诉人们在一定时期内平均每位员工实现的利润额。人均利润越高，表明每位员工创利越多，贡献越大。

2011 年，中关村上市公司的平均人均利润为 63 697 元，连续两年下降后，2014 年上升 5.6%，2015 年基本稳定，达到 64 494 亿元。从图 2.24 中拟合趋势线（虚线）可以看到，中关村上市公司的人均利润先降后升，劳动力效率在近两年得到提高。

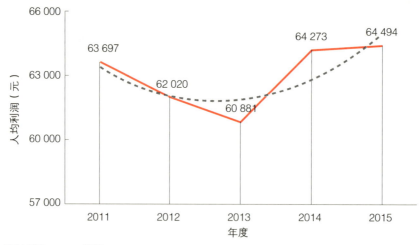

数据来源：WIND 资讯。

图 2.24　中关村上市公司人均利润状况

5年来,中关村上市公司人均利润均在6万元左右。分板块来看,如图2.25所示,港股及其他上市公司人均利润最高,2011年为115 840元,后逐渐下滑,虽然2014年出现反弹,但2015年再次大幅下滑至75 112元,仍高于其他资本市场。美股公司2011年人均利润为74 876元,2013年达到最高点90 349元,2014年下滑61.6%,2015年反弹54.3%至53 526元。境内上市公司2011年人均利润最低,仅为53 138元,4年间发展平稳,组织运营效益不断改善,2014年反超美股公司,2015年实现65 279元。

数据来源:WIND资讯。

图2.25 中关村上市公司各板块人均利润状况

> **学者说**
>
> 不同资本市场人均利润的变化与净利润变化有着相似的形状,说明二者密切相关。但相比净利润,在计算人均贡献后,境内上市公司的相应曲线向下变动,这说明**在相同条件下,境内上市公司的劳动力效率较差,尚需学习、引进国外市场先进的组织管理经验和方法。**

总资产收益率

总资产收益率是衡量每单位资产创造多少净利润的指标，表明财务资源的投入产出比。该指标越高，表明企业资产利用效果越好，说明企业在增加收入和节约资金使用等方面取得了良好的效果，否则相反。

2011年，中关村上市公司的资产收益率为3.7%，其后的4年中不断下降，2015年为2.8%（见图2.26）。总资产回报率的不断下降，提示中关村上市公司需要提高资产利用效率和经营管理水平，以增强盈利能力。

数据来源：WIND资讯。

图2.26　中关村上市公司总资产收益率状况

分板块来看，如图2.27所示，2011年，境内上市公司的总资产收益率为3.2%，其后的4年间小幅波动，2015年总资产收益率为3%；相较于境内公司的稳定，美股上市公司总资产收益率出现大幅下滑，2011年美股公司的总资产收益率为7.7%，2015年仅为3.6%；港股及其他公司2011年的总资产收益率为3.5%，2015年下降至2.1%。

数据来源：WIND 资讯。

图 2.27 中关村上市公司各板块总资产收益率状况

学者说

总资产收益率＝息前净利／资产总额，净利润增幅大约有 4%，而资产增幅高于净利润增幅，因此使得近 5 年总资产收益率呈现明显的下降趋势。结合前面的分析，中关村上市公司的净利润增速也明显小于收入增幅，需要关注其盈利能力下降的问题。另外，美股总资产收益率 2013 年后大幅跳水，也成为一个重要原因。

资产质量分析

轻资产是高科技企业的特点之一，中关村上市公司总资产排名的典型长尾趋向，就充分反映了这个特点。尽管 2011 至 2015 的市值排名每年都有很大的变化，总资产排名除了门槛提高之外，其趋势和位于前列的企业还都趋于稳定。

总体资产状况

2011 年，中关村上市公司的总资产规模为 13 905 亿元，其后 4 年间高速增长。2015 年，总资产规模达到 31 733 亿元，同比增长 32%（见图 2.28）。

境内上市公司的资产占中关村上市公司总资产的主体，其次为港股及其他公司、美股公司。其中，如图 2.29 所示：

- 2011年，境内上市公司总资产为9 637亿元，占中关村总资产的69%；境内上市公司总资产以16%左右的增幅逐年增加，2015年总资产达到17 173亿元，占总资产比重为54%。
- 2011年，美股上市公司总资产为1 442亿元，占中关村总资产的11%，2012年增幅为37%，2014年更是出现60%的高速增长，至2015年总资产达到4 770亿元，占总资产比重为15%。
- 2011年港股及其他上市公司总资产为2 826亿元，占总资产比重20%，近两年以高于50%的速度增长，2015年总资产达到9 789亿元，占总资产比重增加至30%。

数据来源：WIND资讯。

图2.28　中关村上市公司总资产状况

数据来源：WIND资讯。

图2.29　中关村上市公司总资产分布

如图2.30所示,2011年,资产排名前20的中关村上市公司总资产为10 154亿元,占中关村总资产的73%,排名前50的公司总资产为11 904亿元,占比86%。中国中铁、联想集团、龙源电力位列前三名。总资产前20名的准入门槛为90亿元,前50名准入门槛为40亿元。

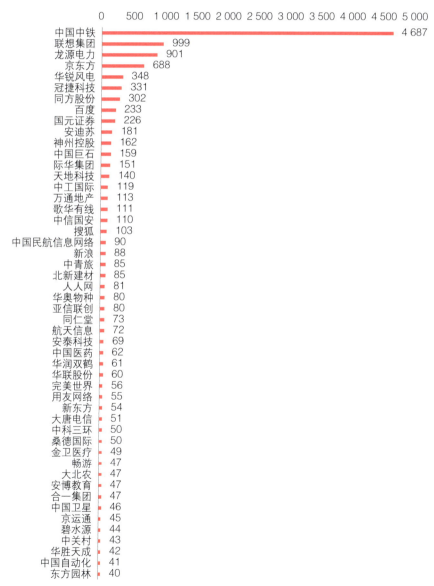

图2.30　2011年中关村上市公司总资产排名(前50名)(单位:亿元)

如图 2.31 所示，2015 年，总资产排名前 20 的中关村上市公司总资产为 22 096 亿元，占中关村总资产的 70%，排名前 50 的公司总资产为 26 328 亿元，占比 83%。中国中铁、联想控股、联想集团位列前三名。总资产前 20 名的准入门槛提高至 198 亿元，前 50 名的准入门槛为 102 亿元。

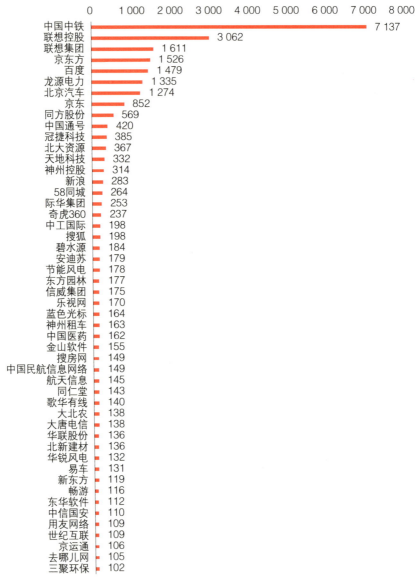

图 2.31　2015 年中关村上市公司总资产排名（前 50 名）（单位：亿元）

资产结构分析

固定资产占比

固定资产占比是指固定资产与资产总额之比。这个比率越低，轻资产[1]特征越明显。

如图 2.32，中关村上市公司的固定资产占比 5 年来一直稳定在 14%—15% 的水平。相比各资本市场的平均水平，美股和港股上市公司的固定资产占比[2]较高，基本位于 35%—40% 区间，A 股上市公司维持在 30% 左右。因此，中关村上市公司的固定资产占比远远低于 A 股、美股和港股的平均水平，轻资产特征明显。

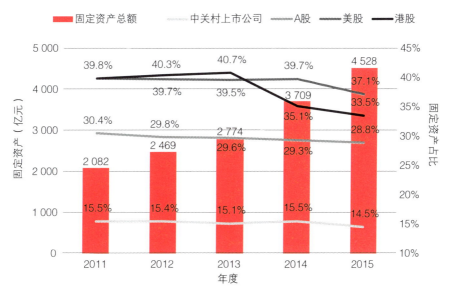

数据来源：WIND 资讯。

图 2.32 中关村上市公司与各资本市场上市公司固定资产占比状况比较

---

[1] 轻资产模式是指企业投入资本较少、周转速度较快、资本收益较高的运营模式，通常具有投入小产出大、产品具有高附加值、品牌价值高的特点。

[2] 为保证结果的客观性，在计算该指标时统一剔除了各资本市场的金融类及地产类公司。

> **学者说**
>
> 有相当一部分的中关村上市公司是服务型企业，或是提供软件等虚拟产品的企业，相比于制造业公司，**轻资产特征更加明显。**
>
> 企业的总资产包括有形和无形资产，作为轻资产类的企业，中关村上市公司无形资产的占比相对较高。因此，**其总资产收益率水平较低，很大程度上与无形资产的利用效率低有关。**

从不同资本市场来看，港股及其他上市公司固定资产占比最高，2011年占比25.9%，然后缓慢上升至27.8%，直到2015年回落至21.1%。境内公司表现稳定，始终维持在13%左右。美股上市公司固定资产占比最低，2011年为9.5%，波动下降，2015年占比为7.9%（见图2.33）。

数据来源：WIND资讯。

图2.33 中关村上市公司各板块固定资产占比

> **学者说**
>
> 中关村固定资产占比较 A 股以及海外市场的平均水平较低,伴随着其周转率更高,运营速度和产品更新速度更快。另一方面,因为中关村企业的固定资产投资进入门槛低,说明中关村企业的核心竞争力在于品牌价值、大数据、技术壁垒等要素。

净资产率

净资产率主要用来反映企业的资金实力和偿债安全性。净资产率的高低与企业资金实力成正比,一般应在 50% 左右,如果该比率过高,则说明企业财务结构不尽合理。但对于一些特大型企业而言,该指标的参照标准应有所降低。

2011 年,中关村上市公司的净资产率为 56%,后逐渐下降并稳定在 35% 左右(见图 2.34)。

数据来源:WIND 资讯。

图 2.34 中关村上市公司净资产率

如图 2.35 所示,中关村境内上市公司的净资产率在 5 年间稳中有升,从 32% 逐渐增加至 38.4%。相较而言,2011 年,美股和港股及其他上市公司的净资产率均高于 100%,后出现大幅下降,到 2015 年美股公司下降至 49.8%,港股及其他公司下降至 24.1%。这意味着这些企业的资产负债率在上升，企业偿债风险在增加。

数据来源：WIND 资讯。

图 2.35　中关村上市公司各板块净资产率

资产负债率

总体来说，中关村上市公司资产负债率基本保持稳定（有小幅上升），水平适宜，债务安全，财务风险较低。

资产负债率是企业负债总额占企业资产总额的百分比。这项指标不仅反映企业的资本结构，而且能反映企业财务杠杆能力与所承担的财务风险。对于金融企业，资产负债率大于 80% 是合理的，因为金融业的杠杆比较高。但是对于实体企业，国际标准是 50%，而我国认可的标准是 60%。

如图 2.36 所示，2011 年，中关村上市公司的平均资产负债率为 60%，5 年间也基本平稳维持在这个水平。具体来看，境内上市公司这一指标适中，处于 60% 上下波动。美股上市公司从 2011 年的 30% 增加至 47%，仍处于资本市场中较低的水平。港股及其他上市公司则从 58% 增加至 72%，财务风险有所增加。

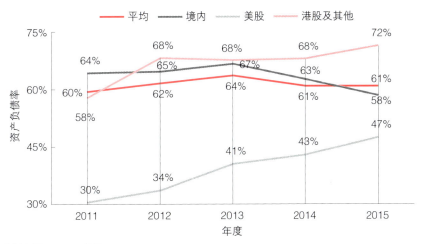

数据来源：WIND 资讯。

图 2.36　中关村上市公司资产负债率

2011 年，中关村上市公司中资产负债率高于 80% 的有 7 家，占比 4%；2015 年处于这个范围内的企业仍为 7 家，比例下降至 3%。2011 年中关村上市公司中资产负债率处于 60%—80% 区间的有 17 家，占比 9%；2015 年增加至 30 家，占比 13%。2011 年，中关村上市公司中资产负债率处于 40%—60% 的企业有 40 家，占比 22%；2015 年增加至 63 家，占比 27%。2011 年中关村上市公司中资产负债率低于 40% 的有 115 家，占比 64%；2015 年增加至 136 家，占比减小为 57%（见图 2.37）。

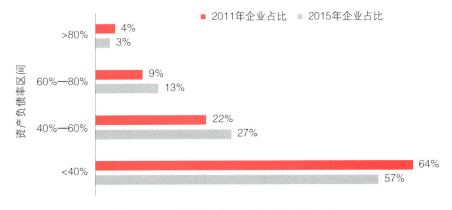

图 2.37　中关村上市公司资产负债率分布状况

人力与研发软资产

对于知识经济型的中关村高科技企业而言,其软资产对于企业的价值创造和核心竞争力的维持至关重要。我们先来分析下中关村企业在人力资源方面的投入,然后再来看看它们的研发投入情况。

披露人力资源数据的企业主要是 A 股企业,它们约占企业总数的 70%。[1] 2011 年,中关村上市公司的员工人数为 36 万人,2012 年和 2015 年出现了大幅增长,2015 年已增加至 101 万人(见图 2.38)。

图 2.38　中关村上市公司员工总人数(单位:万人)

2011 年,中关村上市公司发放职工薪酬 57 亿元,占总收入的比重为 0.8%。2014 年和 2015 年,中关村上市公司在人力资源上的投入大大增加,职工薪酬占总收入的比重从 0.8% 增加至 3.8%,增长了近 5 倍(见图 2.39)。

---

[1] 这一部分指标仅计算披露"员工总人数""支付给职工以及为职工支付的现金"和"应付职工薪酬"等的企业。披露数据企业数量 2011 年至 2015 年分别是 128 家、133 家、130 家、143 家和 196 家。

图 2.39 中关村上市公司人力资源状况

研发活动是创新的重要来源，而创新又是形成企业核心竞争力的关键因素。企业只有加强对研发活动的投入，才能增强自身的竞争力，支持企业的长远发展。大量研究表明，尽管研发支出对企业当期财务绩效有负向影响，但对未来长期财务绩效有显著正向影响，包括公司的盈利能力和市场价值。[1]

中关村上市公司中每年披露研发数据的企业约占企业总数的83%。[2]如图2.40所示，2011年平均研发强度为1.3%，2012年翻倍之后逐年增加，2015年达到3.5%。而我国500强企业的平均研发强度，基本维持在1.3%左右。2011年，中关村上市公司研发强度还低于中企500强，2012年反超后差距不断拉大，2015年有将近3倍的差距。

---

[1] Andra Srinivasan. Advertising Intensity and R&D Intensity: Differences across Industries and Their Impact on Firm's Performance [J]. *International Journal of Industrial Economics*, 1982, 30: 375–390.

[2] 这一部分指标仅计算披露"研发费用"信息的企业，2011年至2015年披露数据企业数量分别为136家、163家、161家、178家和210家。

图 2.40　中关村上市公司研发投入

企业家说

企业通过科技研发的投入"打破平均"进入市场后，需要国家更多地扶持创新企业和创造公平竞争的环境。比如，改变招投标的游戏规则，在招投标的过程中体现对创新的关注，或者成立一个企业服务委员会，给企业提供投诉的窗口。

中关村上市公司中，美股上市公司对研发的投入力度最大，境内公司投入在逐渐加大。

如图 2.41 所示，2011 年，美股上市公司的研发强度为 8.7%，其后两年增加，2013 年达到最高值 12.1%。2014 年骤然下跌，之后小幅反弹，2015 年研发强度为 8.3%。港股及其他公司投入较低，稳定在 1%—2% 之间。2011 年境内公司的研发强度最低，仅为 0.7%。后对研发愈发重视，持续加大投入，2015 年研发强度达到 3.1%。

国际经验表明，企业的研发强度（研发投入占营业收入比例）达到 2% 才能基本生存，达到 5% 才具有竞争力。[1] 我们选取了 Apple、Google、

---

[1] 刘兴国. 我国大企业要打破升级增效瓶颈 [N]. 上海证券报，2014-8-28（A04）.

Cisco、Facebook、Intel、HP、NviDIA、Oracle、eBay、华为等10家全球创新型高科技企业的领先代表，计算得出了2015年这10家公司的平均研发强度为10%。[1]这一结果在一定程度上表明，10%的研发强度在全球范围内处于较高的研发投入水平。

数据来源：WIND资讯。

图2.41　中关村上市公司各板块研发投入

2011年，研发强度高于10%的企业有39家，占总披露数据企业的29%；2015年增加至67家，占比32%，将近三分之一。2011年，研发强度处于5%—10%之间的企业有30家，占比22%；2015年增加至54家，占比26%。2011年，研发强度处于2%—5%之间的企业有39家，占比29%；2015年增加至61家，占比同样为29%。2011年研发强度低于2%的企业有28家，占比21%；2015年数量未变，占比减小至13%（见图2.42）。

---

[1]　2015年，Apple研发强度为3.5%，Google为16.4%，Cisco为12.6%，Facebook为26.9%，Intel为21.9%，HP为3.4%，NviDIA为26.6%，Oracle为14.5%，eBay为10.7%，华为为15.1%。

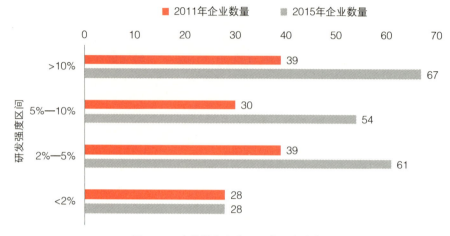

图 2.42　中关村上市公司研发强度分布

根据图 2.42 中 2011 年中关村上市公司研发强度的分布，我们想进一步探究研发强度与企业盈利能力之间的关系。

图 2.43 中的 4 条线分别代表 2011 年研发强度不同区间的平均毛利率，我们能看到研发强度与毛利率有显著相关性：研发强度大于 10% 的企业的毛利率最高，研发强度低于 2% 的企业的毛利率最低。

图 2.43　研发强度与盈利的相关性

尽管研发强度与盈利能力呈现出很强的相关性，但二者之间的因果关系还不很明确，可能存在以下解释：

第一，企业投入研发掌握核心技术，获得了领先收益，但随后被其他公司模仿，使这种技术的盈利能力逐渐下降；

第二，企业观察到目前业务的盈利水平出现下滑，因此加大研发投入寻找到新的利润增长点；

第三，研发强度高的企业为科技型企业，这类企业的毛利率普遍更高；

第四，研发强度低于 2% 的很多企业都是大型上市公司，这类企业涉及较多业务领域，有些业务线的盈利能力差，毛利率被拉低；

第五，研发强度低于 2% 的大型公司收入高，因此尽管研发费用占营业收入的比例低，但绝对值很大。

> **学者说**
>
> 研发强度和企业的毛利率水平密切相关。如果能够有效地控制研发投入的成本，提高研发强度将有利于企业的盈利。但事实上，研发投入带来的成本增加是不可避免的，同时，过高的研发强度会引发市场的消极反应，无论是市场不能及时识别隐形资产而低估高研发强度企业的价值，还是研发衍生的风险打击了市场信心，**企业都应当合理地识别研发投入强度，配合企业规模与能力，最大化研发所带来的价值贡献。**

我们再进一步看一下研发强度与市值的关系。

从图 2.44 中可以看到，研发强度在 5%—10% 的上市公司市值增长最为强劲，其次是研发强度低于 2% 的企业，市值增长表现最弱的是研发强度高于 10% 的企业。对于这种情况可能有以下解释：

第一，研发强度与市值关系可能呈倒 U 型，即在一定范围内增大研发投入可以促进市值的增长，但过度投入反而对市值不利；

第二，大量研究表明研发对企业财务绩效的影响是滞后的，可能研发投入越大，对市值的滞后影响越强，或许这些企业在未来有巨大升值潜力，而目前的数据还无法观测到；

第三，企业的研发活动风险很高，过多投入研发会加大企业的财务风险；

第四，研发强度低于 2% 的上市公司的核心竞争力或许并不依赖于技术研发，而是依赖销售渠道、无形资产等。

图 2.44　不同研发强度的上市公司的市值表现

学者说

研发强度与市值的相关关系非常有趣。研发强度 >10% 的组很有可能是相对新的初创企业，研发费用较高而市值尚未壮大；目前的行业领袖主要落在 5%—10% 这个区间；研发强度 <2% 的企业很有可能是传统行业，对研发支出依赖小而资产规模庞大。因此，**企业规模、所属行业、创办年限等因素，都是观察研发强度对于收入、利润率等的影响时要考虑的。**

2015 年，中关村上市公司的研发费用是 2011 年的 3 倍多。

如图 2.45 所示，2011 年，研发费用排名中，联想集团、百度、冠捷科技位居前三，其中联想集团研发费用为 28.5 亿元。前 50 名的研发费用将近 132 亿元，占总研发费用的 85％。2011 年前 20 名的准入门槛为 1.5 亿元，前 50 名的准入门槛为 0.7 亿元。

如图 2.46 所示，2015 年，研发费用排名中，中国中铁、百度、联想集团位居前三，投入均高达 100 亿元左右，是 2011 年的 3 倍多。前 50 名的研发费用为 716.1 亿元，占总研发费用的 87％。2015 年前 20 名的准入门槛为 7.9 亿元，前 50 名的准入门槛为 1.9 亿元。

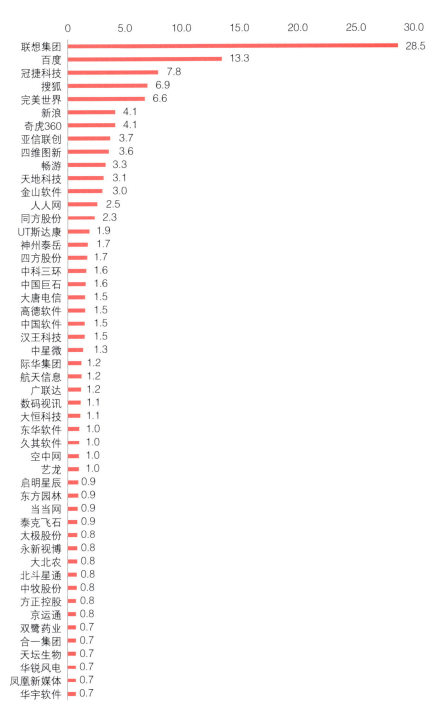

图 2.45　2011 年中关村上市公司研发费用排名（前 50 名）（单位：亿元）

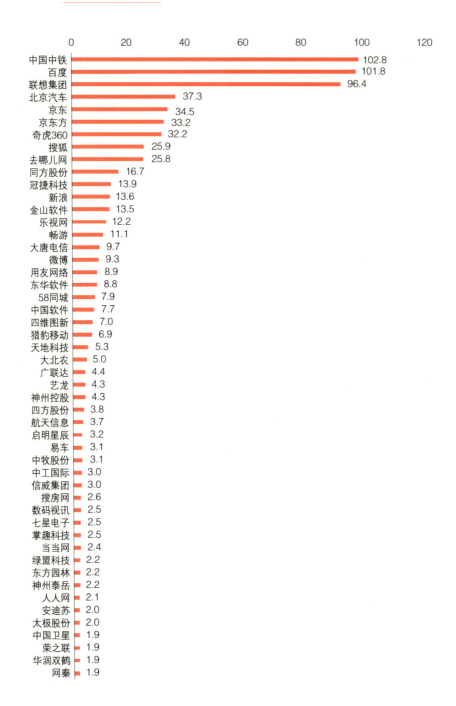

图 2.46 2015年中关村上市公司研发费用排名（前50名）（单位：亿元）

杜邦分析

杜邦分析是以净资产收益率为核心的财务指标,用来评价公司盈利能力和股东权益回报水平,是从财务角度评价企业绩效的一种经典方法。对于科技创新、高增长期的企业,杜邦分析数据虽然不全面,但它仍然是判断企业市场生存能力的重要指标之一。

净资产收益率

本节以净资产收益率为核心,综合分析企业的经营业绩。企业的净资产收益率越高,说明投资带来的收益越高。2011 年,中关村上市公司的净资产收益率为 9.7%,2012 年维持在这个水平,此后不断下滑,2015 年净资产收益率为 7.3%(见图 2.47)。

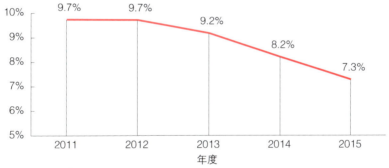

数据来源:WIND 资讯。

图 2.47　中关村上市公司净资产收益率

为解释这个变化我们进一步将净资产收益率分解为净利率、资产周转率和权益乘数的乘积,找到了每一年对净资产收益率影响最大的因素。2012 年,资产周转率下降 5%,但净利率和权益乘数的增加抵消了这种效果,因此净资产收益率维持不变。2013 年,净利率的下降(−6.8%)是导致净资产收益率下降的主要因素,而 2014 年主要是权益乘数的下降导致(−6.7%),2015 年主要是资产周转率的下降导致(−8.8%)。

如图 2.48 所示,2011 年至 2014 年,中关村境内上市公司的净资产收益率维持在 9% 左右,2015 年下降至 7.3%。美股公司净资产收益率 2011 年至

2013年保持在11%以上，2014年骤降至4.5%，2015年反弹至6.9%，为各资本市场最低水平。港股及其他公司的净资产收益率则由2011年的10.8%波动下降至2015年的7.4%。

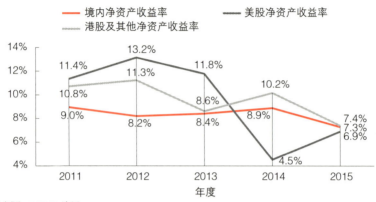

数据来源：WIND资讯。

图2.48　中关村上市公司各板块净资产收益率

净利润率与净利润

2011年，中关村上市公司的净利润率为4.5%，其后4年间逐渐下降，2015年下跌至3.8%；与此同时，净利润5年间持续增长，在2015年达到2011年净利润的约1.8倍，高达902亿元（见图2.49）。

数据来源：WIND资讯。

图2.49　中关村上市公司净利润率与净利润

> **学者说**
>
> 净利润率在近两年有降低趋势,说明中关村企业需要加强成本、费用和薪酬管控。**在大刀阔斧扩张期间,注重精细化管理的企业会具有更强的风险抵抗和可持续发展能力。**

如果分板块来看,如图 2.50 所示,2011 年后,美股上市公司的净利润持续下降,直至 2015 年略有回升,而净利率未升反降;港股及其他公司净利润率在五年间稳定在 3% 左右;境内上市公司的净利润率小幅上升,净利润表现不俗,在 2015 年突破 500 亿元大关。

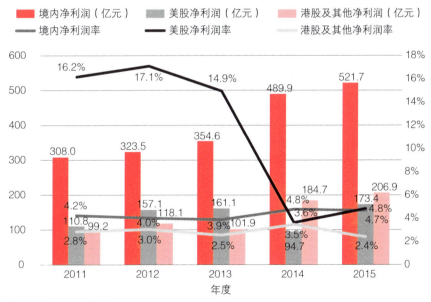

数据来源:WIND 资讯。

图 2.50 中关村上市公司各板块净利润与净利润率

> **学者说**
>
> 三大资本市场的净利润率差异与净利润较为不同,如境内市场净利润水平较高,但计算净利润率后,这一优势消失,这与境内上市企业规模较大相关。

图 2.51 与图 2.52 分别是 2011 年和 2015 年净利润率排名前 25 的中关村上市公司情况。

图 2.51　2011 年中关村上市公司净利润率排名（前 25 名）

> **学者说**
>
> 除了金融类企业，净利润率最高的是医药企业和互联网企业。这些企业净利润率远高于 A 股市场 4% 的平均水平。目前的高净利润率企业通常是行业领袖，但如果未来进入壁垒受到挑战，更多企业模仿起这些企业的商业模式，那么这种高利润率是否还可持续？

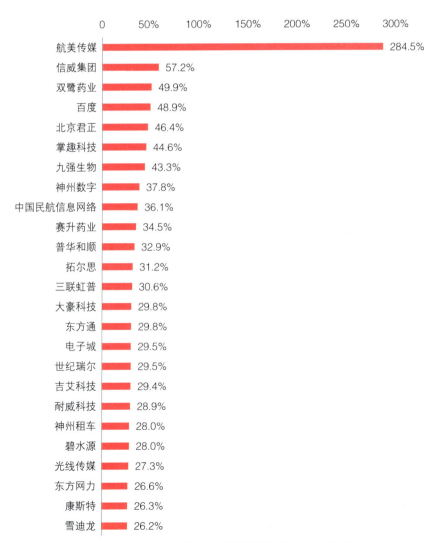

图 2.52 2015 年中关村上市公司净利润率排名（前 25 名）

资产周转率

2011年,中关村上市公司的平均资产周转率为82.5%,其后呈下降趋势。这可能是由于轻资产企业占比较大,至2015年平均资产周转率仍保持在70%以上(见图2.53)。

> **学者说**
>
> 由于轻资产特征,相对于全市场,中关村上市公司具有突出的资产周转能力。

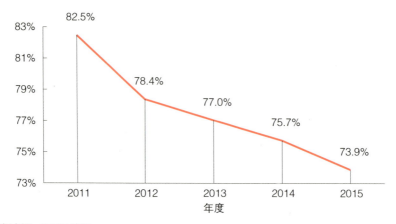

数据来源:WIND资讯。

图2.53 中关村上市公司资产周转率

如图2.54所示,美股及港股上市公司的资产周转率高于境内公司。5年间境内上市公司的资产周转率呈下降趋势,2015年低于中关村上市企业的平均水平10%左右;2014年以前,美股上市公司的资产周转率低于50%,2014年后迅速升至71.4%,并在2015年继续增长至75.4%;港股及其他公司的资产周转率虽然也呈下降趋势,但均保持在88%以上,资产周转表现良好,企业现金流充足。到2015年,境内、美股和港股及其他上市公司的资产周转率趋平。

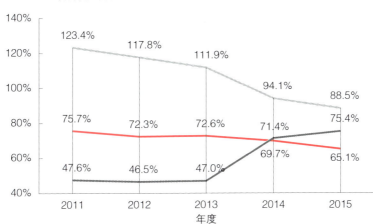

图 2.54　中关村上市公司各板块资产周转率

权益乘数

总体来看,中关村上市公司 5 年来的权益乘数维持在 2.6 左右（见图 2.55）,股东权益占总资产比重约为 40%,财务杠杆适中。

图 2.55　中关村上市公司权益乘数

中关村境内上市公司的权益乘数处于港股及其他公司和美股公司的平均水平之间。美股和港股等境外上市企业的财务杠杆近几年呈增加趋势，境内企业反呈下跌趋势，2015年达到近些年最低值2.41（见图2.56）。

数据来源：WIND 资讯。

图 2.56　中关村上市公司各板块权益乘数

税收贡献

2011年，中关村上市公司的税收总额为118亿元，2015年实现了税收翻番，达到280亿元（见图2.57）。其中持续经营企业贡献了税收的绝大部分，同时新增企业的税收贡献也在不断增加，从2011年的10亿元增加至2015年的59亿元。

数据来源：WIND 资讯。

图 2.57　中关村上市公司所得税

学者说

中关村上市公司的税收贡献虽然逐年增长，但其增长能力比利润增长稍弱，这与国家对中关村企业的税收优惠有关；国家重点扶持的高新技术企业，减免后可以获得 15% 的企业所得税率，体现了国家对于高新技术企业发展的支持。**为了持续享受这一优惠政策，企业需通过高新技术企业资格审查，通过研发活动保持在自主创新领域的竞争优势。**

如图 2.58 所示，2011 年至 2013 年，来自境内上市公司的所得税稳步上升，近两年更是以高于 20% 的幅度增加。2015 年实现纳税 137 亿元，是 2011 年所得税的将近 2 倍。美股和港股及其他上市的中关村企业纳税额也呈现出相似态势。2015 年美股上市公司的增幅更是高达 102.44%，实现一年内所得税翻番。

从来源上看，2011 年中关村境内上市公司贡献税收 60%，美股上市公司贡献 23%，港股及其他公司贡献 17%。2015 年，境内上市公司税收贡献下降至 49%，美股贡献增加至 30%，港股及其他贡献增加至 21%。

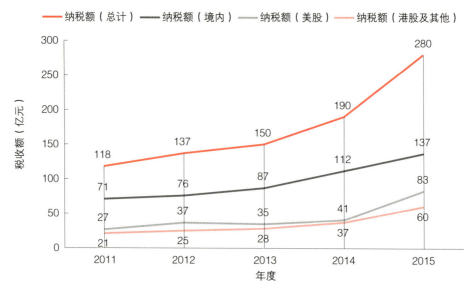

图 2.58　中关村上市公司各板块纳税额

融资：现状和影响因素

中关村企业早期的发展，得力于区域内活跃的投融资活动。当企业拥有一定的资源时，也更善于采取多种投融资手段来谋求自身发展和开拓生态圈。中关村上市公司的投融资趋向和现金资产，就是当期中关村投融资市场和政策情况的缩影。

现金含量分析

2011 年，中关村上市公司的现金及现金等价物总额为 2 782 亿元，此后增加速度越来越快，2015 年增幅为 30.3%，总额达到 5 034 亿元（见图 2.59）。中关村企业群体目前拥有较大数额的现金可用于投资和发展。

数据来源：WIND 资讯。

图 2.59　中关村上市公司现金性资产（单位：亿元）

分板块来看的话，美股上市公司现金性资产占比下降，与境内公司趋同。2011年，美股公司现金性资产占比31%，近两年出现大幅下跌，2015年占比18.8%。与此同时，境内公司前3年缓慢降低，2015年反弹至17.4%。港股及其他公司现金性资产占比稳中有降，2015年占比11.7%（见图2.60）。

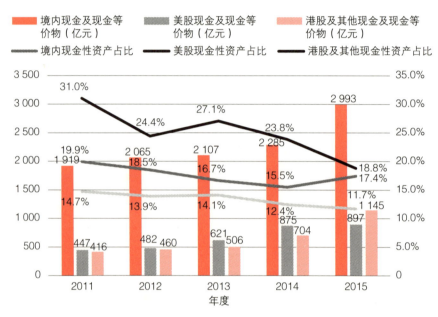

数据来源：WIND资讯。

图2.60　中关村上市公司各板块现金性资产

2011年，中关村上市公司中持有现金及现金等价物超过100亿元的有4家，2015年增加至7家；50亿元—100亿元的上市公司2011年有2家，2015年增加至10家；20亿元—50亿元的上市公司2011年有19家，2015年增加至28家（见图2.61）。再次说明这5年来中关村企业群体目前拥有的现金额巨大，很是"财大气粗"。

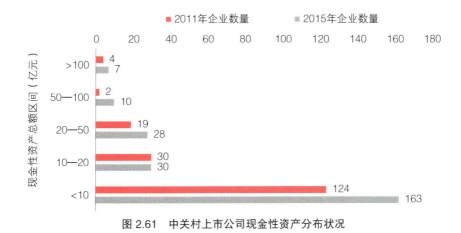

图 2.61 中关村上市公司现金性资产分布状况

经营性现金流量

经营活动产生的现金流量相当于企业的"造血功能",相对于净利润而言,经营性现金流量更能反映企业真实的经营成果。

如图 2.62 所示,2011 年,中关村上市公司的经营性现金流量为 327.4 亿元,占销售收入的比例为 2.9%。其后两年,经营性现金流量均以 67% 左右的速度增加,近两年增速放缓。与此同时,经营性现金流量占销售收入比例也在逐渐上升,从 2011 年占比 2.9% 上升至 2015 年的 5.8%。这说明中关村上市公司的盈利质量不断提高,现金流充足。

数据来源:WIND 资讯。

图 2.62 中关村上市公司经营性现金流量情况

> **学者说**
>
> 相比净利润的增长，经营性现金流量的增长速度更快，说明中关村上市公司的盈余质量较好，现金利润的增长有较好的态势。

分板块来看，2011年美股上市公司经营性现金流量占销售收入的比例为28.4%，远高于港股及其他占比的5.8%和境内的负值。2014年美股公司占比折半，2015年继续下滑，此时经营性现金流量占比虽然仍为各资本市场的最大值，但仅有8.2%。港股及其他公司小幅波动，2015年占比降至3.4%；反之，境内公司一路增长，2015年反超港股及其他，占比达到了6.8%，逼近美股公司（见图2.63）。

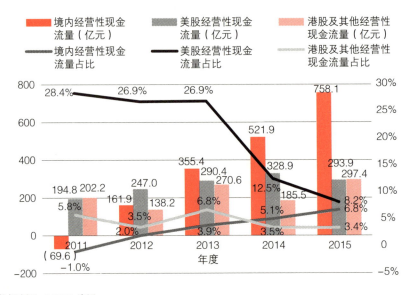

数据来源：WIND资讯。

图2.63 中关村上市公司各板块经营性现金流量

> **学者说**
>
> 境内大多数企业在2010年后随着中关村企业群体一起走向成熟阶段。因此，它们初期经营性现金流为负数很正常，之后逐步增长到6%，属于较为健康的发展趋势。

投资活动现金流量

2011年,中关村上市公司净投资额为1 173亿元,占经营性现金流量的比例为358.4%。2012年投资放缓,其后两年回升至最高点,2014年投资最为活跃,净投资额达到2 160亿元,净投资额占比为208.4%,2015年回落至148%(见图2.64)。

数据来源:WIND资讯。

图2.64 中关村上市公司净投资额

> **学者说**
>
> 投资包括固定资产投资、无形资产投资等。其中,研发投资是一种特殊的投资,具有周期性强、成本高、风险大和收益滞后的特点,因此与现金流关系紧密。综合对比现金持有量、投资额、筹资额等指标,我们发现:**期初现金持有越多对企业的研发投入越具有促进作用;企业现金持有可以为研发筹资提供缓冲作用,即现金持有具有平滑研发投资的效果;另外,较大的经营现金流波动会加强研发平滑效应,即经营现金流波动对现金持有平滑研发投资具有正向调节作用。**

分板块来看，2011年，境内中关村上市公司经营性现金流量虽为负值，但净投资额仍高达581.7亿元，此后4年经营性现金流量实现正值，净投资额占比从268%逐年下降至127%。相比之下，美股公司净投资额5年里呈波动上升趋势，由183%增加至205%。港股及其他公司2011年净投资额占比为116%，2013年降至最低点69%，2014年反弹至365%，2015年又回落至145%（见图2.65）。

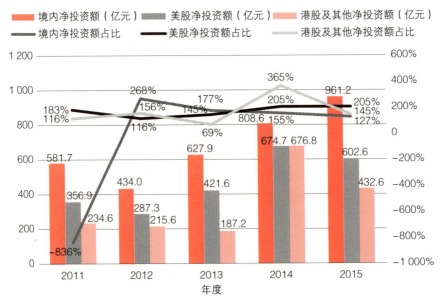

数据来源：WIND资讯。

图2.65 中关村上市公司各板块净投资额

筹资活动现金流量

2011年，中关村上市公司的净筹资额为947亿元，占经营性现金流量比例为289%。2013年下降至82%，2014年反弹至143%，2015年回落至102%（见图2.66）。

学者说

由于所研究的公司均为上市公司，筹资渠道较为通畅，同时，其货币资金较多，内部资金丰富。依据融资优序原理，企业将优先使用内部资金进行融资。因此，相比投资活动现金流量，筹资活动现金流量的占比显著降低。进一步说明中关村企业资金来源丰富。

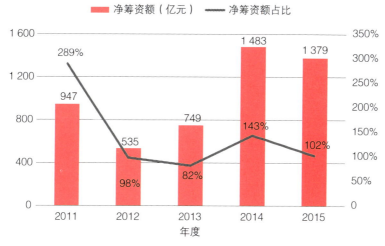

数据来源：WIND 资讯。

图 2.66　中关村上市公司净筹资额

分板块来看，2011 年，境内公司净筹资额为 727 亿元，由于当年经营性现金流量为负值，因此占比为 –1 045%。此后逐年下降，至 2014 年达到最低点占比 90%，2015 年反弹至 109%。2011 年美股公司净筹资额为 135 亿元，占经营性现金流量比例为 69%。2012 年大幅下降至 27%，2014 年反弹至最高值 153%，2015 年回落至 124%。港股及其他公司的净筹资额占比 2013 和 2014 年出现较大波动，其中 2013 年为 –1%，2014 年达到最高峰 274%，2015 年回落至 62%（见图 2.67）。

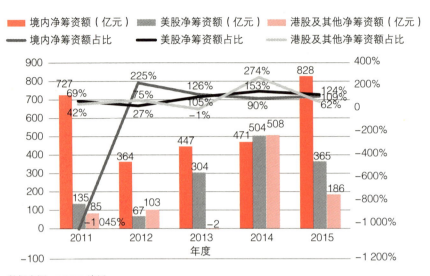

数据来源：WIND 资讯。

图 2.67　中关村上市公司各板块净筹资额

行业：互联网与非互联网的布局

为中关村企业进行行业分类，是个非常难的工作。中关村企业以信息技术发展为核心，逐渐拓展至智能制造、现代服务等多元领域。若采用中国证监会的标准行业分类法，中关村企业几乎等同于 TMT（Technology，Media，Telecom）范畴。以看似传统的轨道交通行业为例，典型的中关村企业是从轨道交通的系统控制为主，逐渐拓展至周边的软硬件设备。近年中关村企业更是在"互联网+"的潮流上，再叠加金融服务。像这样集多元行业于一身的企业，在中关村比比皆是，却又和传统产业向房地产等领域拓展有所区别。因此，本书一直采用中关村"641"行业分类标准[1]，避免与传统行业定义混淆。

中关村的"641"

"641"产业集群划分标准来看，中关村上市公司重点分布在IT服务业和高端装备制造业等产业，并呈高速发展态势。其中，2011年至2015年IT服务业从41家增加至60家，高端装备制造业从31家增加至46家，移动互联网从25家增加至31家，现代服务业从27家增加至32家（见表2.2）。除了下一代互联网出现下降情况，其他行业都在逐步发展壮大。

---

[1] "641"行业分类标准出自中关村管委会发布的"中关村战略新兴产业集群创新引领工程"中"加快下一代互联网、移动互联网和新一代移动通信、卫星应用、生物和健康、节能环保、轨道交通六大优势产业集群引领发展，推动集成电路、新材料、高端装备与通用航空、新能源和新能源汽车四大潜力产业集群跨越发展，促进现代服务业集群高端发展"。

表 2.2 中关村上市公司"641"行业分布状况

年度	2011	2012	2013	2014	2015
IT 服务业	41	48	48	56	60
高端装备制造	31	36	36	36	46
现代服务业	27	28	27	28	32
移动互联网	25	27	27	30	31
生物和医药	19	20	22	24	24
新材料	12	13	13	14	15
节能环保	10	12	12	14	15
下一代互联网	7	6	5	5	5
卫星及应用	3	3	3	3	4
新能源及新能源汽车	2	2	2	3	3
轨道交通	2	2	2	2	3

数据来源：WIND 资讯。

如表 2.3 所示，2011 年，移动互联网行业是中关村的主导产业，市值为 3 949 亿元，2013 年进入飞速发展，市值增幅达到 90.8%，2014 年和 2015 年保持 15%—20% 的稳定增长，至 2015 年市值为 9 957 亿元。与此同时，自 2013 年起，IT 服务业、现代服务业和高端装备制造三个行业也迈入发展的快车道。其中，IT 服务业连续 3 年保持高于 50% 的增速，2015 年市值增幅更是高达 119.8%，实现 10 355 亿元市值，反超移动互联网，成为中关村市值第一的行业。除下一代互联网外，生物和医药、节能环保、轨道交通等六个行业均保持高速稳定发展。

总体来看，实力雄厚的优势产业与潜力巨大的新兴产业形成了良好的互动关系，展现了中关村高新技术产业的完整布局。

学者说

IT 服务业近年来增长最为迅猛，赶超移动互联网在 2015 年成为中关村市值最高的行业。移动互联网行业市值在 2011—2014 年连续处于第一位，且与第二位有较大差距。尽管移动互联网的企业数量比 IT 服务业少，但市值贡献十分可观，可以看出，**市场普遍对移动互联网行业有较高的估值乘数。**

表 2.3　中关村上市公司"641"行业市值变化状况

年度	2011	2012	2013	2014	2015
IT 服务业	1 952	1 790	3 100	4 711	10 355
市值增幅	–	−8.3%	73.2%	52.0%	119.8%
高端装备制造	1 884	2 187	2 693	4 261	6 244
市值增幅	–	16.1%	23.1%	58.2%	46.6%
现代服务业	1 388	1 500	1 964	4 747	8 481
市值增幅	–	8.1%	30.9%	141.7%	78.6%
移动互联网	3 949	3 754	7 162	8 229	9 957
市值增幅	–	−5.0%	90.8%	14.9%	21.0%
生物和医药	987	1 219	1 831	2 011	3 188
市值增幅	–	23.5%	50.2%	9.9%	58.5%
新材料	496	584	565	834	1 620
市值增幅	–	17.6%	−3.1%	47.6%	94.2%
节能环保	434	675	1 190	1 408	2 620
市值增幅	–	55.5%	76.3%	18.3%	86.1%
下一代互联网	143	113	148	1 355	726
市值增幅	–	−20.9%	30.8%	813.2%	−46.5%
卫星及应用	225	215	380	599	957
市值增幅	–	−4.4%	76.4%	57.7%	59.7%
新能源及新能源汽车	679	569	796	1 230	1 145
市值增幅	–	−16.2%	40.0%	54.5%	−6.9%
轨道交通	553	668	595	1 994	2 884
市值增幅	–	20.7%	−10.9%	235.3%	44.6%

数据来源：WIND 资讯。

从毛利率来看，移动互联网、下一代互联网和节能环保产业表现突出。其中移动互联网高居榜首，各年毛利率均在 50% 以上。2011 年下一代互联网行业为 35.6%，此后两年连续下滑。2014 年或许由于技术变革的原因，毛利率水平突然大幅上升至接近 50%（见表 2.4）。

表 2.4 中关村上市公司"641"行业毛利率状况

年度	2011	2012	2013	2014	2015
IT 服务业	21.3%	20.0%	22.2%	22.9%	30.4%
高端装备制造	11.4%	13.3%	14.8%	15.9%	16.2%
现代服务业	24.1%	22.6%	24.6%	18.9%	17.5%
移动互联网	63.8%	53.2%	49.0%	57.2%	53.7%
生物和医药	30.7%	29.1%	28.8%	29.2%	30.0%
新材料	21.0%	21.2%	21.7%	19.6%	31.2%
节能环保	42.1%	37.8%	36.9%	35.7%	35.6%
下一代互联网	35.6%	34.1%	26.0%	49.0%	46.5%
卫星及应用	17.9%	17.8%	17.0%	19.7%	19.4%
新能源及新能源汽车	36.5%	29.2%	27.4%	19.9%	21.0%
轨道交通	10.4%	10.6%	10.5%	11.2%	11.7%

数据来源：WIND 资讯。

各行业的净利率所处区间不同，总体表现为 2012 年和 2013 年下滑，2014 年后有所回升。如表 2.5 所示，移动互联网和节能环保行业的净利率表现独占鳌头，服务业净利率下滑趋势明显，轨道交通和高端装备制造净利率较低（维持在 2% 左右）。

表 2.5 中关村上市公司"641"行业净利率

年度	2011	2012	2013	2014	2015
IT 服务业	6.6%	6.0%	6.9%	8.1%	10.7%
高端装备制造	2.6%	2.5%	2.7%	2.7%	1.3%
现代服务业	6.8%	5.9%	6.3%	0.3%	−0.9%
移动互联网	21.6%	25.9%	20.9%	13.2%	23.1%
生物和医药	10.7%	8.8%	5.9%	7.8%	8.4%
新材料	7.7%	3.8%	3.5%	7.7%	9.9%
节能环保	20.6%	20.8%	18.5%	16.2%	16.0%
下一代互联网	9.3%	−0.6%	−4.4%	14.7%	13.7%
卫星及应用	5.7%	6.8%	7.5%	7.9%	7.6%
新能源及新能源汽车	12.8%	12.9%	−2.1%	12.1%	5.7%
轨道交通	1.6%	1.7%	1.8%	1.7%	2.2%

数据来源：WIND 资讯。

> **学者说**
>
> 移动互联网、下一代互联网和生物医药行业的毛利率较高；计算净利率后，生物医药的净利率下降，节能环保行业反超。这可以由生物医药领域较高的研发投入以及研发投入的滞后效应解释。另外，制造业行业（如高端装备制造、轨道交通等）的毛利率相对较低，与其较高的生产成本和盈利模式有关。

互联网 VS. 非互联网

根据经济合作与发展组织（OECD）的观点，我们将中关村上市公司分成互联网企业与非互联网企业两类，也能看出一些有意思的事情。[1]

从"互联网/非互联网"行业分布来看，中关村上市公司的非互联网企业数量多，5年里从160家增加到203家，其中2012年和2015年增幅超过10%；互联网企业数量增幅相对较小，从19家增加到35家，2014年增幅最大，到了37.5%（见图2.68）。

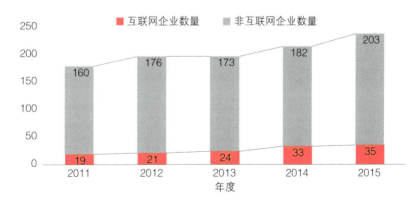

数据来源：WIND资讯。

图 2.68 中关村上市公司"互联网/非互联网"行业分布状况

---

[1] OECD认为互联网企业主要包含三类：基础与搜索服务、互联网安全及软件服务与互联网中间商。本书按照此标准筛选出中关村上市公司中的互联网企业，其他企业归为非互联网企业。

互联网企业，凭借极高的毛利率，为中关村上市公司贡献了大量的市值增长。

2011—2015年，中关村非互联网行业市值增加4倍，互联网行业增加1倍。中关村上市公司以非互联网企业为主，2011年市值为8 087亿元，发展稳定，连续3年增速超过40%，至2015年市值达到26 045亿元。相较而言，互联网企业2011年市值为3 567亿元，2013年互联网行业的市值出现增幅达93%的高速增长（见图2.69）。

数据来源：WIND资讯。

图2.69 中关村上市公司"互联网/非互联网"行业市值变化状况

2011年中关村上市公司中互联网企业的数量占比为11%，而市值占比达到31%；2015年，互联网企业数量占比增加至15%，而市值占比却反而下降至22%。从图2.70中可知，2013年市场对互联网企业的预期达到顶峰，其后两年连续下降。

互联网企业的毛利率始终高于非互联网企业，但二者的差距在不断减小。

如图2.71所示，2011年互联网企业毛利润总额为284亿元，毛利率高达69.5%。此后毛利润稳步增加，2014年翻倍，2015年实现毛利润1 193亿元。与此同时，其毛利率缓慢下滑，2015年降至33.2%。非互联网企业2011年毛利润总额为1 663亿元，连续4年持续增加，2015年实现毛利润3 501亿元。

相对于互联网企业，非互联网企业的毛利率水平较低，2011年为15%，4年间缓慢上升至17.6%。

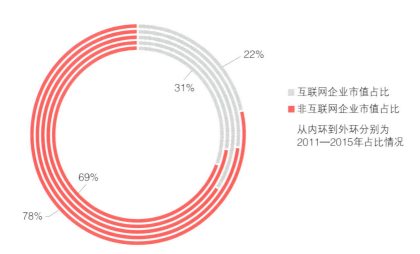

图 2.70　中关村上市公司"互联网/非互联网"行业市值分布状况

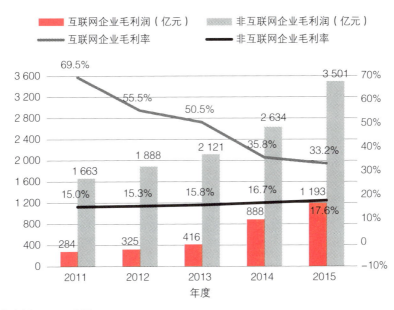

数据来源：WIND 资讯。

图 2.71　中关村上市公司"互联网/非互联网"行业毛利率状况

相较于毛利率的突出表现，互联网行业净利率下降更为明显，而非互联网行业则相对稳定。

2011年至2013年互联网企业的净利率维持在20%以上的高位，2014年骤降至3.9%，一度低于非互联网行业，2015年反弹至5.2%，略高于非互联网行业，二者的净利率趋同（见图2.72）。

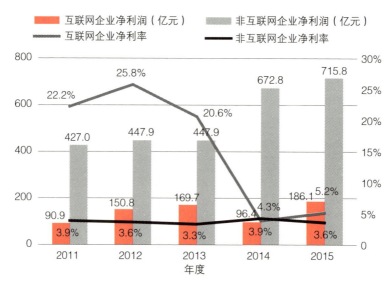

数据来源：WIND资讯。

图2.72　中关村上市公司"互联网/非互联网"行业净利率状况

> **学者说**
>
> 互联网行业盈利能力持续下降引人深思。相比盈利能力，互联网行业在业务成长初期，可能更加看重用户覆盖率、单位用户收入贡献、经营利润率等指标，**投入较高的市场开发成本，是导致其盈利能力下滑的主要原因。**

互联网行业固定资产占比约为非互联网行业的一半，轻资产特征更加明显。具体情况见图2.73。

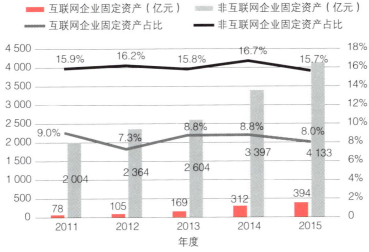

数据来源：WIND 资讯。

图 2.73　中关村上市公司"互联网/非互联网"行业固定资产状况

互联网行业的研发强度大约是非互联网企业的 3—4 倍。2011 年，互联网企业研发强度为 11.1%，连续两年上升至 2013 年达到最高点 15%，其后下滑在 2015 年下跌至 8.7%，基本稳定。非互联网企业 2011 年研发强度仅为 1%，2012 年翻倍后缓慢发展，2015 年达到 2.6%（见图 2.74）。

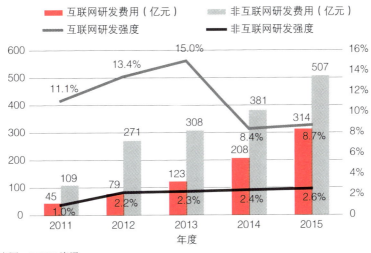

数据来源：WIND 资讯。

图 2.74　中关村上市公司"互联网/非互联网"行业研发投入

> **学者说**
>
> 互联网行业研发强度极高，且轻资产特征十分明显，核心资产多为从研发而来的无形资产，如软件专利等。中关村上市公司较高的研发强度大多是由互联网企业所贡献的。

2011 至 2012 年，非互联网行业的净投资额占经营性现金流量的比例都远高于互联网行业，2013 年被互联网行业反超，并逐渐拉开距离。

如图 2.75 所示，2011 年，互联网行业净投资额为 321 亿元，占经营性现金流量比例为 209%，经过下降反弹 2015 年进一步增加至 288%。2011 年，非互联网行业净投资额为 852 亿元，占经营性现金流量比例为 491%，远高于互联网行业，经过急速下降后 2015 年下降至 120%。

数据来源：WIND 资讯。

图 2.75 中关村上市公司"互联网/非互联网"行业净投资状况

2011 年，非互联网行业筹资活动远高于互联网行业，此后差距缩小，2013 年互联网行业反超非互联网行业。2011 年，互联网企业净筹资额为 147 亿元，占经营性现金流量比例为 95%，2012 年减少至 54%，但此后 3 年逐年增加，

2015年占比为211%。2011年，非互联网行业筹资活动最为活跃，占经营性现金流量比例为461%，此后逐年下滑，2013年达到最低点71%，2014年反弹至125%，2015年又落回80%（见图2.76）。

数据来源：WIND资讯。

图2.76 中关村上市公司"互联网/非互联网"行业净筹资状况

企业家说

如果把每一个上市公司比喻成一个有机体，那么中关村已经发育出很多个有机体。发育成为健康有机体的上市公司，都在市场中经历了从小到大的成长过程。早期这些拥有科技创新技术的人才，就像DNA一样隐藏在大学、研究院所的实验室里，支持科技创新的资金不断寻找这些DNA，并迅速与其整合，装配成"受精卵细胞"。科技创新的"受精卵细胞"在各种孵化器中就像胚胎一样发育成科技创新公司。是科技和资本两种基因使得小企业发育成上市公司这样的有机体。

（续）

　　中关村的科技基因是多样性的，中关村的资金是多通路的。多样性的基因与多通路的资金整合发育出不同的有机体，从而造就了中关村科技创新的生态系统，这种生态系统支撑了战略新兴产业快速在经济社会当中实现了广覆盖。

　　科技创新是一个整体性概念，是不同行业之间互动与协同的产物。在中关村，互联网行业带动IT技术，IT技术又带动科技服务业，科技服务业发展到一定程度又带动更好的环保、新能源及生物医药行业，而这些行业反过来又推动互联网行业的发展。如此循环往复，中关村上市公司已经形成多领域的广覆盖模式。

估值：投资者的看法

为求对科技创新型企业的客观价值，市盈率、市净率和市销率是市场和投资人普遍参考的数值，复加以对其未来价值的预判。但在不同的交易市场，存在不同的变化因素，因此不同交易市场的平均估值，往往被拟上市企业作为上市地选择的参考依据。

市净率

市净率是企业总市值与净资产的比率，体现了归属于母公司的股东权益。

如图 2.77 所示，2011 年至 2015 年，境内上市公司的市净率持续上升；美股公司在 2013 年达到顶峰 5.62 后有所下降，说明国外资本对美股上市的中关村企业的投资价值看好；港股及其他市净率一直维持在较低的水平，有利于吸引新资本注入。

数据来源：WIND 资讯。

图 2.77 中关村上市公司各板块市净率状况

> **学者说**
>
> 2011—2014年间,美股公司的市净率最高,其次为A股公司,港股公司市净率最低,但2015年,A股市场市净率反超美股。这可以解释近年一些中关村企业从美股市场退市、进而入驻境内市场的现象。为了获得更高的市值,有能力的企业将会选择更加合适的市场。虽然2011年以后,在美上市的中国公司受到"中概股"危机的影响,但Lee,Li and Zhang(2015)的研究表明,相比起美国公司,在美通过反向收购上市的中国公司更加成熟、长期市场表现更好。

从"641"行业分布来看(见表2.6),各行业的市净率都呈增长趋势。高市净率行业多是以卫星及应用、生物医药、节能环保为代表的国有资本为主的行业,低市净率行业多是以轨道交通、下一代互联网和新能源及新能源汽车等为主的朝阳产业。

表2.6 中关村上市公司"641"行业市净率

年度	2011年	2012年	2013年	2014年	2015年
IT服务业	1.85	1.11	3.36	4.09	6.61
高端制造业	1.36	2.14	2.46	2.45	3.22
轨道交通	0.71	0.83	0.67	1.97	1.90
节能环保	1.79	3.02	4.05	4.65	5.53
生物医药	2.63	3.39	3.97	3.88	5.26
卫星及应用	4.70	4.13	5.55	7.99	9.69
下一代互联网	0.68	0.89	2.32	8.54	3.76
现代服务业	1.91	2.00	3.74	4.29	4.65
新材料	2.68	3.02	2.75	3.38	4.48
新能源及新能源汽车	0.41	1.36	1.99	1.64	1.48
移动互联网	3.45	4.09	6.12	5.24	5.02

数据来源:WIND资讯。

从"互联网/非互联网"分布来看,互联网企业的市净率总体高于非互联网企业。两个行业的市净率大体均逐年增加,但互联网企业在2013年曾出现波峰（见图 2.78）。

数据来源：WIND 资讯。

图 2.78　中关村上市公司"互联网/非互联网"行业市净率

市销率

市销率是企业总市值与总营业收入的比率，如图 2.79 所示，2011 年，中关村境内上市公司的平均市销率为 0.95，随后 4 年持续增长，2015 年达到 2.92，逼近美股公司水平。相较于境内公司的一路上扬，美股公司的市销率波动下滑，2012 年降至 4.27，2013 年又回升至 6.51，在 2014 年后又下跌至 3.85，2015 年继续降至 3.19。港股及其他公司则一直维持在 0.5 左右的低水平状态。

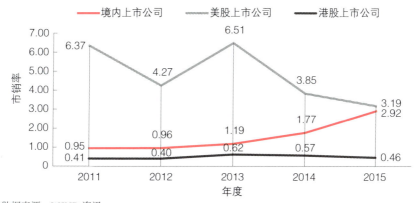

数据来源：WIND 资讯。

图 2.79　中关村上市公司各板块市销率

从"641"行业分布来看，高端制造业、轨道交通、现代服务业和新能源及新能源汽车行业的市销率较低，且现代服务业和新能源及新能源汽车行业有持续走低的趋势，而 IT 服务业、生物医药和新材料行业稳定在中等水平，节能环保、卫星及应用和移动互联网行业保持在高位。2013 年以前，下一代互联网行业的市销率较低，但 2014 年却突增至 15.4，结合投资活动现金流量（参见上一小节的行业分析）来看，这次上升可能与资本在 2014 年一齐涌入有关，2015 年回落至 7.45（见表 2.7）。

表 2.7 中关村上市公司"641"行业市销率

年度	2011 年	2012 年	2013 年	2014 年	2015 年
IT 服务业	1.50	1.20	2.24	2.72	6.94
高端制造业	0.61	0.63	0.72	1.00	1.41
轨道交通	0.12	0.14	0.11	0.32	0.44
节能环保	6.18	6.74	8.81	8.21	10.31
生物医药	2.39	2.06	2.44	2.40	3.50
卫星及应用	4.11	3.67	5.73	8.29	11.15
下一代互联网	1.48	1.40	2.95	15.40	7.45
现代服务业	2.31	2.03	2.50	2.17	1.38
新材料	1.79	2.33	2.37	3.27	5.09
新能源及新能源汽车	2.55	2.67	3.50	1.57	1.09
移动互联网	8.31	5.82	8.48	6.75	6.45

数据来源：WIND 资讯。

从"互联网/非互联网"行业分布来看，互联网企业的市销率呈波动式下降，2011 年至 2013 年处在高位，2014 年降至 4.31，2015 年继续下滑至 3.92。非互联网企业的市销率总体较低，但逐年稳步增加，2015 年上升至 1.72（见图 2.80）。

数据来源:WIND 资讯。

图 2.80 中关村上市公司"互联网/非互联网"行业市销率

学者说

股票市场对互联网企业的追捧程度有所降低,可能是由于部分互联网企业难以扭转长期亏损的现状,导致市场信心的下降。而非互联网企业呈现出滞后的增长,逐渐被市场发现,维持稳定的市销率增速。

市盈率

市盈率是总市值与净利润的比率,是反映企业盈利动力的主要指标。

如图 2.81 所示,2011 年,境内上市公司的平均市盈率为 22.58,其后逐年稳步上升,2015 年陡增至 64.34,逼近美股公司市盈率。美股公司的市盈率总体呈上升趋势,2014 年骤增至 106.61 后回落至 66.27。港股及其他公司的平均市盈率维持在 20 左右,远低于其他资本市场。

从"641"行业分布来看(见表 2.8),卫星及应用行业的市盈率远远超出其他行业,2015 年高达 147.48,这或许与当年我国成功发射天宫一号与神舟十号的事件相关。现代服务业在 2014 年经历了巨大增长,市盈率高达 678.15,又在 2015 年迅速跌至 -155.53;与之相反,下一代互联网行业的市盈率 2013 年跌至 -395.23,却在 2014 年跳回 74.84,新能源与新能源汽车也历经了相似变化。市盈率基本保持稳定增长的行业包括 IT 服务业、高端制造业、轨道交通、节能环保、生物医药、新材料和移动互联网等行业。

数据来源：WIND 资讯。

图 2.81　中关村上市公司各板块市盈率

表 2.8　中关村上市公司"641"行业市盈率

年度	2011 年	2012 年	2013 年	2014 年	2015 年
IT 服务业	22.62	19.96	32.41	33.74	64.64
高端制造业	22.97	23.02	24.18	34.09	99.36
轨道交通	7.51	8.17	5.82	19.06	20.44
节能环保	29.99	28.28	43.35	50.65	64.56
生物医药	22.43	23.12	41.51	30.79	41.58
卫星及应用	71.45	53.78	76.81	104.34	147.48
下一代互联网	18.08	97.42	−395.23	74.84	38.78
现代服务业	32.43	32.91	38.48	678.15	−155.53
新材料	19.26	49.44	51.82	32.13	41.40
新能源及新能源汽车	19.90	20.75	−166.60	12.99	19.26
移动互联网	37.83	21.93	39.26	48.72	27.91

数据来源：WIND 资讯。

从"互联网/非互联网"行业分布来看,互联网行业的市盈率总体高于非互联网行业,2014年达到102.01(见图2.82),说明外界对互联网行业的发展空间有较大期许,但两者走向趋于接近。

数据来源:WIND资讯。

图2.82 中关村上市公司"互联网/非互联网"行业市盈率

创富 100：企业家们的财富创造力

中关村造就了一批高科技、创新型企业，它们的成功为中关村更为中国经济注入了一股清新的力量。事实上，这些企业的成功，代表着中国新一代富人的诞生。每逢公司新上市，人们除了关注上市的融资额，更关注同时诞生的亿万富翁。现今的双创活动如火如荼，但老百姓能够理解和真正追求的，还是企业家的成功之路。

"创富100"的一系列分析指标是采用了股权资产来衡量中关村企业家们所创造的财富。从中关村创富 100 的分析，我们可以清楚地看到中关村致富梯队的成型，从早期的联想、新浪，到近期的京东、碧水源；从少数个人，到一个个创始团队；从信息技术行业，到覆盖全部战略新兴行业。一个个成功的致富案例，不但深深吸引着国内的有志之士，也同样吸引大量的海外精英回国创业。这些身价上亿的中关村企业家们，往往再利用他们的个人财富作为资本，重新投入创新创业的巨流中，这正是中关村最令人流连忘返的迷人之处！

股权结构

第一大股东持股比例

如表 2.9 所示，2011 年，中关村第一大股东持股比例小于 15% 的公司共 39 家，占比 21.8%，5 年间处于这个区间的公司数量及占比不断下降，至 2015 年仅剩 22 家公司，占比下降至 9.2%。呈现同样趋势的是持股比例大于 50% 的公司，这个区间的企业占比从 19.6% 下降至 14.3%。与此同时，持股比例在 15% 至 50% 之间的企业数量和占比均不断增加，至 2015 年趋于稳定。

表 2.9 中关村上市公司第一大股东持股比例状况

持股比例	年度 项目	2011年	2012年	2013年	2014年	2015年
0—15%	公司数	39	38	34	24	22
	占比	21.8%	19.3%	17.3%	11.2%	9.2%
15%—25%	公司数	41	46	49	63	68
	占比	22.9%	23.4%	24.9%	29.3%	28.6%
25%—35%	公司数	37	44	44	49	53
	占比	20.7%	22.3%	22.3%	22.8%	22.3%
35%—50%	公司数	27	33	35	49	61
	占比	15.1%	16.8%	17.8%	22.8%	25.6%
50%以上	公司数	35	36	35	30	34
	占比	19.6%	18.3%	17.8%	14.0%	14.3%

数据来源：WIND 资讯。

分板块来看，如图 2.83 所示，境内上市公司的第一大股东持股比例持续下降，2011 年平均持股比例为 36.31%，至 2015 年下降至 32.64%。与境内公司缓步下降的趋势相反，美股和港股及其他上市公司的第一大股东持股比例不断增加。其中，美股上市公司的第一大股东持股比例经历了大幅增长，2011 年仅为 10.61%，2015 年攀升至 30.97%。2015 年，各资本市场的第一大股东持股比例趋同，稳定在 30% 左右。

数据来源：WIND 资讯。

图 2.83 中关村上市公司各板块第一大股东持股比例状况

> **学者说**
>
> 中关村上市公司第一大股东持股比率较高，除部分国有资本持股的行业（如卫星、轨道交通等）外，均在 20%—45% 之间。一部分公司的第一大股东即为创始人，这显著降低了代理问题发生的风险，有利于公司的持续和有效经营。

从"641"行业分布来看，第一大股东持股比例超过 50% 的主要包括轨道交通和卫星及应用等行业，但卫星及应用行业在 2015 年下降至 44.53%。IT 服务业、高端制造业、节能环保、生物医药、新材料、新能源及新能源汽车等行业第一大股东持股比例 5 年来基本持平，维持在 30%—40% 区间。现代服务业、下一代互联网和移动互联网等行业的第一大股东持股比例在增大（见表 2.10）。

表 2.10 中关村上市公司"641"行业第一大股东持股比例

年度	2011 年	2012 年	2013 年	2014 年	2015 年
IT 服务业	31.22	30.64	30.28	30.20	29.34
高端制造业	35.84	35.95	36.13	35.38	34.69
轨道交通	55.55	56.27	54.71	50.95	57.27
节能环保	35.01	33.62	33.42	30.15	29.71
生物医药	33.07	33.37	32.79	32.49	34.81
卫星及应用	51.12	50.31	50.44	50.22	44.53
下一代互联网	13.17	14.00	10.51	23.72	25.12
现代服务业	25.97	26.64	27.65	29.75	32.28
新材料	40.53	40.52	41.07	39.45	39.79
新能源及新能源汽车	40.27	37.65	37.65	40.91	40.70
移动互联网	16.52	18.01	20.51	26.82	30.07

数据来源：WIND 资讯。

企业家说

建议改进同股同权制度[1]，以帮助企业领导团队更好地完成代际交替工作。同股同权是指同一类型的股份应当享有一样的权利，受这一制度制约的企业在面临领导团队更替时经常不得不面临问题：某家企业的董事长拥有公司的大量股份，退休之后他不再是经营团队的核心分子，公司的发展方向应交由新任经营团队把控。但由于同股同权制度，这位前董事长在进行股东大会表决时，能够一票否定新任经营团队的所有议案。这不仅会严重影响经营团队对企业的控制能力，还会打击他们的积极性。建议股东保持全部的股份收益权，但他可以授予部分或全部的股份表决权给所信任的经营团队，由此便能解决类似的尴尬局面。

从"互联网／非互联网"行业分布来看，2011年至2015年非互联网行业的第一大股东持股比例稳定在32%左右。互联网企业的第一大股东持股比例则持续上升，从14.78%迅速增长至32.14%，逐渐与非互联网企业趋同（见图2.84）。

数据来源：WIND资讯。

图2.84 中关村上市公司"互联网／非互联网"行业第一大股东持股比例状况

---

[1] 我国《公司法》第130条规定"股份的发行，实行公开、公平、公正的原则，必须同股同权，同股同利。同次发行的股票，每股发行条件和价格应当相同。任何单位或者个人所认购的股份，每股应当支付相同价额"。

前十大股东持股比例合计

从"互联网/非互联网"分布来看,互联网企业的前十大股东持股比例高于非互联网企业,但二者差异在不断缩小。

2011年,互联网企业的前十大股东持股比例为75.6%,2015年降至61.2%,互联网2011年比例为63%,缓慢下滑至2015年的58.5%(见图2.85)。

> **学者说**
>
> 从前十大股东持股比例来看,相对于第一大股东的持股比例,其他大股东持股比率很低(25%—30%左右),中关村上市公司股权分散程度不高。

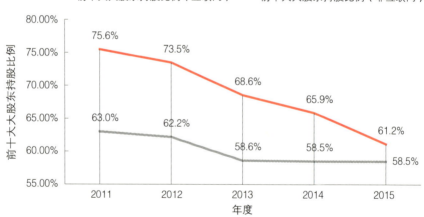

数据来源:WIND资讯。

图2.85 中关村上市公司"互联网/非互联网"行业前十大股东持股比例状况

从"641"行业分布来看,轨道交通和新能源及新能源汽车行业的前十大股东的持股比例维持在较高的水平,都在70%以上;其他行业在50%至70%的区间内波动,只有下一代互联网行业在2013年前这一比例处于低位,仅占35%不到,在2014年猛增至77.84%,2015年稍有回落(见表2.11)。

表 2.11　中关村上市公司"641"行业前十大股东持股比例状况

年度	2011年	2012年	2013年	2014年	2015年
IT服务业	62.85	61.93	58.56	58.59	56.80
高端制造业	65.09	64.32	59.99	59.99	60.97
轨道交通	78.54	78.90	78.53	78.70	80.87
节能环保	67.77	64.54	58.85	58.87	59.07
生物医药	67.86	68.22	63.04	61.84	62.84
卫星及应用	60.85	57.31	57.60	59.08	64.12
下一代互联网	41.28	33.86	34.59	77.84	70.93
现代服务业	59.53	59.33	56.92	57.88	55.78
新材料	61.83	61.29	58.06	56.04	58.83
新能源及新能源汽车	74.34	74.34	74.34	75.19	72.31
移动互联网	56.38	58.09	54.98	51.05	49.77

数据来源：WIND资讯。

机构持股比例合计

从"互联网/非互联网"行业分布来看，互联网行业的机构投资者股东持股比例低于非互联网行业，且波动较大。

2011年至2015年，非互联网行业的机构投资者持股比例整体呈下降趋势，从39.5%降至34.2%。2011年互联网行业机构投资者持股比例为32.4%，2012年/2013年升至37%左右，又在2014年回落至32.4%，2015年比例为33.8%，与非互联网行业趋同（见图2.86）。

从"641"行业分布来看，轨道交通的机构投资者持股比例远高于其他各行业，前4年整体维持在75%的水平，2015年接近80%；而新能源及新能源汽车的机构投资者持股比例远低于其他各行业，甚至在2014年跌至0.3%，虽然2015年勉强上升到了8.23%，但仍与其他行业的机构投资者持股比例相去甚远（见表2.12）。

图 2.86 中关村上市公司"互联网/非互联网"行业机构持股比例状况

数据来源：WIND 资讯。

表 2.12 中关村上市公司"641"行业机构持股比例状况

年度	2011 年	2012 年	2013 年	2014 年	2015 年
IT 服务业	37.49	34.24	36.27	31.78	32.63
高端制造业	36.97	34.31	34.08	34.09	28.41
轨道交通	74.26	75.14	74.46	75.25	79.47
节能环保	35.49	28.80	29.03	20.42	36.13
生物医药	53.69	58.34	55.33	51.31	52.84
卫星及应用	28.54	39.00	40.95	41.92	44.14
下一代互联网	45.75	26.27	32.15	45.39	26.58
现代服务业	41.71	41.84	38.59	36.38	29.69
新材料	43.13	45.61	43.68	40.50	39.77
新能源及新能源汽车	10.72	8.82	1.54	0.30	8.23
移动互联网	26.93	26.03	34.25	30.29	29.14

数据来源：WIND 资讯。

> **学者说**
>
> 轨道交通是国有资本持股较多的企业类型，且其行业稳定性较高，因此被机构投资者所青睐；生物医药由于具有极高的未来发展潜力，而普通投资者可能相对缺乏有关的专业知识，增长型的机构投资者会倾向于选择这类企业，因此该比例也相对较高。

中关村市值排名前十的上市公司发展特征

通过对 2015 年中关村上市公司市值进行排序，我们选出了市值排名前十的企业，并根据各企业市值、收入、净利润和净资产的变动情况，对其特点做了归纳总结，得出中关村市值排名靠前的企业可大致分为如下类型：

第一类 以百度、中国中铁、京东方、联想集团、奇虎 360 和同仁堂为代表的持续 5 年市值排名靠前，且市值基本保持不断增长态势的巨头型企业。这类型企业根据具体财务指标特征再细分，可大致分为三小类：

- 以中国中铁、联想集团为代表的连续 5 年市值排名靠前，且营业收入持续高于市值的成熟型企业。这类型企业市值、营收、净利润、净资产除在各别年度有小幅波动外，大体保持稳健增长态势，且各项指标历年数值也基本处于中关村上市公司的上游（见表 2.13 与 2.14）。

表 2.13 601390.SH 中国中铁

年度		2011 年	2012 年	2013 年	2014 年	2015 年
市值	市值（百万元）	53 676	64 752	57 084	198 089	249 460
	增幅	–	21%	–12%	247%	26%
收入	收入（百万元）	460 720	483 992	560 444	612 559	624 104
	增幅	–	5%	16%	9%	2%
净利润	净利润（百万元）	7 255	8 033	10 075	10 676	11 786
	增幅	–	11%	25%	6%	10%
净资产	净资产（百万元）	72 020	78 364	86 633	98 720	130 587
	增幅	–	9%	11%	14%	32%

表 2.14　3396.HK 联想集团

年度		2011 年	2012 年	2013 年	2014 年	2015 年
市值	市值（百万元）	43 370	58 773	77 119	89 389	73 245
	增幅	—	36%	31%	16%	−18%
收入	收入（百万元）	186 346	212 911	238 130	284 357	290 186
	增幅	—	14%	12%	19%	2%
净利润	净利润（百万元）	2 822	3 959	5 029	5 139	−934
	增幅	—	40%	27%	2%	−118%
净资产	净资产（百万元）	14 878	16 717	18 519	25 083	19 385
	增幅	—	12%	11%	35%	−23%

- 以百度、奇虎 360 为代表的美股上市且市值排名靠前的互联网软件与服务型企业。该类型企业在 5 年间市值排名持续靠前，但在个别年度市值有所起伏，这主要与近年来"中概股"在美遭做空有一定关系。除市值外，这类企业的营收、净利润或净资产三项指标在 5 年间均基本保持较大幅度的上涨（见表 2.15 与 2.16）。

表 2.15　BIDU.O 百度

年度		2011 年	2012 年	2013 年	2014 年	2015 年
市值	市值（百万元）	256 223	220 414	379 910	489 714	424 812
	增幅	—	−14%	72%	29%	−13%
收入	收入（百万元）	14 493	22 306	31 944	49 052	66 382
	增幅	—	54%	43%	54%	35%
净利润	净利润（百万元）	6 635	10 391	10 356	12 243	32 432
	增幅	—	57%	0	18%	165%
净资产	净资产（百万元）	30 340	26 055	38 425	51 526	80 256
	增幅	—	−14%	47%	34%	56%

表 2.16　QIHU.N 奇虎 360

	年度	2011 年	2012 年	2013 年	2014 年	2015 年
市值	市值（百万元）	18 064	17 223	62 995	45 179	61 199
	增幅	–	–5%	266%	–28%	35%
收入	收入（百万元）	1 058	2 073	4 092	8 509	11 718
	增幅	–	96%	97%	108%	38%
净利润	净利润（百万元）	98	293	597	1 323	1 644
	增幅	–	198%	104%	122%	24%
净资产	净资产（百万元）	3 002	3 013	4 493	6 294	7 740
	增幅	–	0	49%	40%	23%

- 以京东方、同仁堂为代表的市值在个别年度涨幅巨大的成熟型企业。这类型企业 5 年市值均处于中关村上市企业前列，且在个别年度市值得到爆发式增长。此外，这类企业的营收、净利润和净资产三个指标也稳定增长，历年数值也基本处于中关村上市企业的上游（见表 2.17 与 2.18）。

表 2.17　000725.SZ/200725.SZ 京东方 A/ 京东方 B

	年度	2011 年	2012 年	2013 年	2014 年	2015 年
市值	市值（百万元）	21 940	29 327	28 203	116 895	103 151
	增幅	–	34%	–4%	314%	–12%
收入	收入（百万元）	12 741	25 772	33 774	36 816	48 624
	增幅	–	102%	31%	9%	32%
净利润	净利润（百万元）	694	184	2 972	2 716	1 638
	增幅	–	–73%	1512%	–9%	–40%
净资产	净资产（百万元）	25 586	25 887	28 252	76 155	77 485
	增幅	–	1%	9%	170%	2%

表 2.18　1666.HK 同仁堂

年度		2011 年	2012 年	2013 年	2014 年	2015 年
市值	市值（百万元）	18 268	23 203	28 057	29 411	61 181
	增幅	–	27%	21%	5%	108%
收入	收入（百万元）	6 108	7 504	8 715	9 686	10 809
	增幅	–	23%	16%	11%	12%
净利润	净利润（百万元）	655	879	1 067	1 254	1 465
	增幅	–	34%	21%	18%	17%
净资产	净资产（百万元）	3 477	3 979	5 018	5 519	7 118
	增幅	–	14%	26%	10%	29%

第二类　以京东、58 同城为代表的近两三年新上市，且市值短时间内大幅上升的"强劲增长型"新兴企业。

这类型企业上市初便拥有庞大的市值，受到投资者的追捧，且市值在上市后的几年里迅速上升，从而使其体量不断增长，达到与上市多年的大型企业相比肩的状态。这类企业拥有高速增长的营收，表现出强劲的成长能力；但企业投入较多，盈利水平低，个别年度存在亏损情况（见表 2.19 与 2.10）。

表 2.19　JD.O 京东

年度		2011 年	2012 年	2013 年	2014 年	2015 年
市值	市值（百万元）	–	–	–	197 789	292 668
	增幅	–	–	–	–	48%
收入	收入（百万元）	–	–	–	115 002	181 287
	增幅	–	–	–	–	58%
净利润	净利润（百万元）	–	–	–	−4 996	−9 388
	增幅	–	–	–	–	−88%
净资产	净资产（百万元）	–	–	–	37 498	30 541
	增幅	–	–	–	–	−19%

表 2.20　WUBA.N 58 同城

	年度	2011 年	2012 年	2013 年	2014 年	2015 年
市值	市值（百万元）	–	–	18 569	22 421	60 622
	增幅	–	–	–	21%	170%
收入	收入（百万元）	–	–	889	1 621	4 642
	增幅	–	–	–	82%	186%
净利润	净利润（百万元）	–	–	119	139	-1 708
	增幅	–	–	–	16%	-1332%
净资产	净资产（百万元）	–	–	1 343	3 104	18 278
	增幅	–	–	–	131%	489%

第三类　以乐视网为代表的市值变动幅度巨大的"跃停现象式"企业，该公司在个别年度市值呈现飞跃式上涨，且多个交易日股价实现涨停。

就乐视网而言，在 2011 年时，其市值在中关村上市企业中处于中等水平，但其增速迅猛，2013 年尤其是 2015 年股价直线提升，两年市值涨幅均超过 300%。此外，其收入、净资产同样均保持大幅度增长，而净利润在各年间的变动幅度较大，但整体趋势同样上涨（见表 2.21）。

表 2.21　300104.SZ 乐视网

	年度	2011 年	2012 年	2013 年	2014 年	2015 年
市值	市值（百万元）	6 241	7 854	32 577	27 288	109 134
	增幅	–	26%	315%	-16%	300%
收入	收入（百万元）	599	1 167	2 361	6 819	13 017
	增幅	–	95%	102%	189%	91%
净利润	净利润（百万元）	131	190	232	129	217
	增幅	–	45%	22%	-45%	69%
净资产	净资产（百万元）	1 056	1 245	1 600	3 167	3 928
	增幅	–	18%	29%	98%	24%

第四类 以碧水源为代表的各项指标均持续"稳健增长型"企业。就碧水源而言，既不同于第一类企业在 5 年间均拥有大规模市值，也不同于乐视网市值增幅存在波动。碧水源在 2011 年的市值规模较小，但 5 年间基本以同等程度的增速（60%—70% 的增幅）获得持续不断发展。同时，其营收和净利润也基本以稳健的增幅增长，而净资产在前 4 年较为平稳增长，在 2015 年因增发股份增幅较大（见表 2.22）。

表 2.22　300070.SZ 碧水源

	年度	2011 年	2012 年	2013 年	2014 年	2015 年
市值	市值（百万元）	13 415	22 170	36 540	37 477	63 649
	增幅	–	65%	65%	3%	70%
收入	收入（百万元）	1 026	1 772	3 133	3 449	5 214
	增幅	–	73%	77%	10%	51%
净利润	净利润（百万元）	360	596	940	1 014	1 457
	增幅	–	65%	58%	8%	44%
净资产	净资产（百万元）	3 264	3 881	4 841	6 078	13 574
	增幅	–	19%	25%	26%	123%

学者说

第一类巨头型企业多为规模较大、较为成熟或是国有资本控股、国内知名度较高的公司；第二类强劲增长型企业多为新兴互联网企业，并且从客户发掘阶段走向业务拓展阶段，携带着大量的客户资源奔向高速发展；第三类跃停式增长企业有可能依靠并购等手段在短时间内获得急速的业务扩张；第四类稳健型增长企业，则多为从传统行业中依靠创新与行业新趋势脱颖而出的企业。

中关村上市公司企业家股权资产排行榜

榜单编制方法说明

- 本榜单数据基于2011—2015年中关村上市公司年报中所披露的自然人股东直接持股数量，公司股东通过特殊持股平台所持股份及所拥有房产等其他资产并未纳入。
- 自然人股东股权资产计算方式：自然人股东所拥有的股权资产＝所在公司当年度年报中所披露的直接持股数量 × 公司当年度12月31日收盘价数据。
- 本榜单以人民币为统一计价标准，所涉及人民币汇率均按当年度12月31日中国人民银行公布的交易中间价换算。

2011—2015年中关村上市公司股权资产总值和人均股权资产变动状况

连续5年，中关村上市公司利用科技创造的财富量持续上涨。如表2.23和图2.87所呈现，根据中关村上市公司公开年报数据，2011—2015年，历年所摘录的自然人股东数量分别为635人、740人、755人、789人、842人，自然人股东数量呈现逐年上涨的趋势；历年全部自然人股东所直接持有的股权资产总值分别为1 996亿元、2 242亿元、4 293亿元、5 977亿元、9 999亿元，股权资产总值连年上涨，连续5年涨幅高达401%；2011—2015年人均股权资产额[1]分别为3.14亿元、3.03亿元、5.69亿元、7.58亿元、11.88亿元，人均股权资产除在2012年有略微下滑外，其余年度依旧保持高速上涨，5年人均股权资产额增幅高达278%。

表 2.23 股权资产总值和人均股权资产变动状况

年度	2011	2012	2013	2014	2015	5年增幅
自然人股东数量（人）	635	740	755	789	842	33%
股权资产总值（亿元）	1 996	2 242	4 293	5 977	9 999	401%
人均股权资产（亿元）	3.14	3.03	5.69	7.58	11.88	278%

---

[1] 人均股权资产额＝总股权资产额/自然人股东总人数。

图 2.87 股权资产总值和人均股权资产变动状况

2011—2015 年中关村上市公司企业家股权资产排行榜（前 50 名）

2011 年，中关村上市公司企业家股权资产排行榜前 50 名见表 2.24。其中，百度创始人李彦宏位居榜首，且是唯一一位股权资产过百亿的中关村上市公司企业家；东方园林董事长何巧女、大北农创始人邵根伙、石基信息董事长李仲初、新东方创始人俞敏洪占据榜单第二、三、四、五位。

表 2.24　2011 年中关村上市公司企业家股权资产排行榜（前 50 名）

序号	证券代码	公司简称	自然人股东	股权资产（亿元）
1	BIDU.O	百度	李彦宏	> 100
2	002310.SZ	东方园林	何巧女	50—100
3	002385.SZ	大北农	邵根伙	50—100
4	002153.SZ	石基信息	李仲初	40—50
5	EDU.N	新东方	俞敏洪	40—50
6	YOKU.N	合一集团	古永锵	30—40
7	YOKU.N	合一集团	沙烨	30—40
8	300070.SZ	碧水源	文剑平	30—40
9	300104.SZ	乐视网	贾跃亭	20—30

（续表）

序号	证券代码	公司简称	自然人股东	股权资产（亿元）
10	002038.SZ	双鹭药业	徐明波	20—30
11	300070.SZ	碧水源	刘振国	20—30
12	SFUN.N	搜房网	莫天全	20—30
13	300182.SZ	捷成股份	徐子泉	20—30
14	QIHU.N	奇虎360	倪誉心	20—30
15	RENN.N	人人网	陈一舟	20—30
16	002151.SZ	北斗星通	周儒欣	10—20
17	SINA.O	新浪	曹国伟	10—20
18	TAL.N	好未来	张邦鑫	10—20
19	002410.SZ	广联达	刁志中	10—20
20	002383.SZ	合众思壮	郭信平	10—20
21	002392.SZ	北京利尔	赵继增	10—20
22	002065.SZ	东华软件	薛向东	10—20
23	300005.SZ	探路者	盛发强	10—20
24	002310.SZ	东方园林	唐凯	10—20
25	300003.SZ	乐普医疗	蒲忠杰	10—20
26	SFUN.N	搜房网	冷雪松	10—20
27	SFUN.N	搜房网	托马斯·尼古拉斯·霍尔	10—20
28	002439.SZ	启明星辰	王佳	10—20
29	002410.SZ	广联达	涂建华	10—20
30	002410.SZ	广联达	陈晓红	10—20
31	300055.SZ	万邦达	王飘扬	10—20
32	QIHU.N	奇虎360	齐向东	10—20
33	300157.SZ	恒泰艾普	孙庚文	10—20
34	300191.SZ	潜能恒信	周锦明	10—20
35	300156.SZ	神雾环保	王利品	10—20
36	300079.SZ	数码视讯	郑海涛	10—20
37	CYOU.O	畅游	王涛	10—20
38	002383.SZ	合众思壮	李亚楠	10—20

（续表）

序号	证券代码	公司简称	自然人股东	股权资产（亿元）
39	300002.SZ	神州泰岳	王宁	<10
40	300002.SZ	神州泰岳	李力	<10
41	300139.SZ	晓程科技	程毅	<10
42	QIHU.N	奇虎360	沈南鹏	<10
43	QIHU.N	奇虎360	曹曙	<10
44	300070.SZ	碧水源	梁辉	<10
45	300070.SZ	碧水源	何愿平	<10
46	300070.SZ	碧水源	陈亦力	<10
47	002642.SZ	荣之联	王东辉	<10
48	002385.SZ	大北农	邱玉文	<10
49	601908.SH	京运通	韩丽芬	<10
50	300005.SZ	探路者	王静	<10

2012年中关村上市公司企业家股权资产排行榜前50名见表2.25。其中，百度创始人李彦宏连续两年位居榜首；东方园林董事长何巧女股权资产首次过百亿，居于榜单第二位；石基信息李仲初仍旧保持第四名的位置；碧水源创始人文剑平、副董事长刘振国股权资产大幅上涨，分别位列第三名和第五名，两人共同跻身2012年中关村上市公司企业家股权资产排行榜前五强。

表2.25　2012年中关村上市公司企业家股权资产排行榜（前50名）

序号	证券代码	公司名称	自然人股东	股权资产（亿元）
1	BIDU.O	百度	李彦宏	>100
2	002310.SZ	东方园林	何巧女	>100
3	300070.SZ	碧水源	文剑平	50—100
4	002153.SZ	石基信息	李仲初	40—50
5	300070.SZ	碧水源	刘振国	40—50
6	YOKU.N	合一集团	沙烨	40—50
7	SFUN.N	搜房网	莫天全	40—50

（续表）

序号	证券代码	公司名称	自然人股东	股权资产（亿元）
8	YOKU.N	合一集团	古永锵	40—50
9	QIHU.N	奇虎360	周鸿祎	40—50
10	002385.SZ	大北农	邵根伙	30—40
11	300104.SZ	乐视网	贾跃亭	30—40
12	EDU.N	新东方	俞敏洪	30—40
13	002038.SZ	双鹭药业	徐明波	30—40
14	SFUN.N	搜房网	冷雪松	20—30
15	SFUN.N	搜房网	托马斯·尼古拉斯·霍尔	20—30
16	SOHU.O	搜狐	张朝阳	20—30
17	300182.SZ	捷成股份	徐子泉	20—30
18	QIHU.N	奇虎360	齐向东	20—30
19	002310.SZ	东方园林	唐凯	20—30
20	002658.SZ	雪迪龙	敖小强	20—30
21	002151.SZ	北斗星通	周儒欣	10—20
22	RENN.N	人人网	陈一舟	10—20
23	300005.SZ	探路者	盛发强	10—20
24	TAL.N	好未来	张邦鑫	10—20
25	002383.SZ	合众思壮	郭信平	10—20
26	002392.SZ	北京利尔	赵继增	10—20
27	002410.SZ	广联达	刁志中	10—20
28	002065.SZ	东华软件	薛向东	10—20
29	300055.SZ	万邦达	王飘扬	10—20
30	300191.SZ	潜能恒信	周锦明	10—20
31	QIHU.N	奇虎360	沈南鹏	10—20
32	300070.SZ	碧水源	何愿平	10—20
33	300070.SZ	碧水源	陈亦力	10—20
34	CYOU.O	畅游	王涛	10—20
35	002439.SZ	启明星辰	王佳	10—20

（续表）

序号	证券代码	公司名称	自然人股东	股权资产（亿元）
36	QIHU.N	奇虎360	曹曙	10—20
37	300309.SZ	吉艾科技	高怀雪	10—20
38	002410.SZ	广联达	涂建华	10—20
39	002410.SZ	广联达	陈晓红	10—20
40	300315.SZ	掌趣科技	姚文彬	10—20
41	300309.SZ	吉艾科技	黄文帜	10—20
42	300079.SZ	数码视讯	郑海涛	10—20
43	300156.SZ	神雾环保	王利品	10—20
44	300352.SZ	北信源	林皓	10—20
45	300003.SZ	乐普医疗	蒲忠杰	< 10
46	300157.SZ	恒泰艾普	孙庚文	< 10
47	SFUN.N	搜房网	周全	< 10
48	300070.SZ	碧水源	梁辉	< 10
49	002383.SZ	合众思壮	李亚楠	< 10
50	002642.SZ	荣之联	王东辉	< 10

2013年，中关村上市公司企业家股权资产排行榜前50名见表2.26。其中，百度创始人李彦宏连续三年位居榜首，且其股权资产远高于第二名；东方园林董事长何巧女、石基信息董事长李仲初股权资产较2012年虽有所上涨，但涨幅不大，滑出排行榜前五名；乐视网创始人贾跃亭2013年股权资产大幅上涨，位列第二，成为2013年榜单的最大黑马；搜房网董事长莫天全紧随其后，成为榜单新晋第三名；大北农创始人邵根伙重回榜单前五，位列第四名；奇虎360董事长周鸿祎成为榜单新晋第五名。

表2.26　2013年中关村上市公司企业家股权资产排行榜（前50名）

序号	证券代码	公司简称	自然人股东	股权资产（亿元）
1	BIDU.O	百度	李彦宏	> 100

（续表）

序号	证券代码	公司简称	自然人股东	股权资产（亿元）
2	300104.SZ	乐视网	贾跃亭	>100
3	SFUN.N	搜房网	莫天全	>100
4	002385.SZ	大北农	邵根伙	>100
5	QIHU.N	奇虎360	周鸿祎	>100
6	002310.SZ	东方园林	何巧女	>100
7	002153.SZ	石基信息	李仲初	50—100
8	300070.SZ	碧水源	文剑平	50—100
9	SFUN.N	搜房网	托马斯·尼古拉斯·霍尔	50—100
10	YOKU.N	合一集团	沙烨	50—100
11	YOKU.N	合一集团	古永锵	50—100
12	300070.SZ	碧水源	刘振国	50—100
13	QIHU.N	奇虎360	齐向东	50—100
14	QIHU.N	奇虎360	曹曙	50—100
15	300191.SZ	潜能恒信	周锦明	50—100
16	300315.SZ	掌趣科技	姚文彬	50—100
17	002038.SZ	双鹭药业	徐明波	50—100
18	300182.SZ	捷成股份	徐子泉	50—100
19	EDU.N	新东方	俞敏洪	40—50
20	WUBA.N	58同城	姚劲波	40—50
21	002658.SZ	雪迪龙	敖小强	40—50
22	TAL.N	好未来	张邦鑫	30—40
23	WUBA.N	58同城	程章伦	30—40
24	002410.SZ	广联达	刁志中	30—40
25	002065.SZ	东华软件	薛向东	30—40
26	WUBA.N	58同城	羊东	30—40
27	002151.SZ	北斗星通	周儒欣	30—40
28	300055.SZ	万邦达	王飘扬	20—30

（续表）

序号	证券代码	公司简称	自然人股东	股权资产（亿元）
29	WUBA.N	58同城	林欣禾	20—30
30	3888.HK	金山软件	雷军	20—30
31	300002.SZ	神州泰岳	李力	20—30
32	002410.SZ	广联达	涂建华	20—30
33	002439.SZ	启明星辰	王佳	20—30
34	002310.SZ	东方园林	唐凯	20—30
35	300157.SZ	恒泰艾普	孙庚文	20—30
36	DL.N	正保远程教育	朱正东&殷保红	20—30
37	300104.SZ	乐视网	贾跃芳	20—30
38	002410.SZ	广联达	陈晓红	20—30
39	300005.SZ	探路者	盛发强	10—20
40	QIHU.N	奇虎360	沈南鹏	10—20
41	BITA.N	易车	李斌	10—20
42	300070.SZ	碧水源	何愿平	10—20
43	300058.SZ	蓝色光标	赵文权	10—20
44	002642.SZ	荣之联	王东辉	10—20
45	300003.SZ	乐普医疗	蒲忠杰	10—20
46	300352.SZ	北信源	林皓	10—20
47	BITA.N	易车	达拉斯·S.克莱门特	10—20
48	300070.SZ	碧水源	陈亦力	10—20
49	RENN.N	人人网	陈一舟	10—20
50	300058.SZ	蓝色光标	陈良华	10—20

2014年，中关村上市公司企业家股权资产排行榜前50名见表2.27。其中，百度创始人李彦宏连续四年位居榜首；信威集团董事长王靖、京东创始人刘强东成为2014年榜单黑马，分别位列排行榜第二、第三名；石基信息董事长李仲初重回榜单第四名；乐视网董事长贾跃亭股权资产略微缩水，排名第五。

表 2.27　2014 年中关村上市公司企业家股权资产排行榜（前 50 名）

序号	证券代码	公司简称	自然人股东	股权资产（亿元）
1	BIDU.O	百度	李彦宏	>100
2	600485.SH	信威集团	王靖	>100
3	JD.O	京东	刘强东	>100
4	002153.SZ	石基信息	李仲初	>100
5	300104.SZ	乐视网	贾跃亭	>100
6	002385.SZ	大北农	邵根伙	50—100
7	300070.SZ	碧水源	文剑平	50—100
8	002310.SZ	东方园林	何巧女	50—100
9	600485.SH	信威集团	蒋宁	50—100
10	600485.SH	信威集团	王勇萍	50—100
11	QIHU.N	奇虎360	周鸿祎	50—100
12	600485.SH	信威集团	王庆辉	50—100
13	600485.SH	信威集团	吕大龙	50—100
14	SFUN.N	搜房网	莫天全	50—100
15	300070.SZ	碧水源	刘振国	50—100
16	600485.SH	信威集团	杨全玉	50—100
17	TAL.N	好未来	张邦鑫	50—100
18	002658.SZ	雪迪龙	敖小强	50—100
19	600485.SH	信威集团	李晓波	50—100
20	300324.SZ	旋极信息	陈江涛	50—100
21	300315.SZ	掌趣科技	姚文彬	40—50
22	300182.SZ	捷成股份	徐子泉	40—50
23	002373.SZ	千方科技	夏曙东	40—50
24	JMEI.N	聚美优品	陈欧	40—50
25	WUBA.N	58同城	姚劲波	40—50
26	002038.SZ	双鹭药业	徐明波	40—50
27	002151.SZ	北斗星通	周儒欣	30—40
28	300386.SZ	飞天诚信	黄煜	30—40
29	002439.SZ	启明星辰	王佳	30—40

（续表）

序号	证券代码	公司简称	自然人股东	股权资产（亿元）
30	MOMO.O	陌陌	唐岩&张思川	30—40
31	QIHU.N	奇虎360	齐向东	30—40
32	002065.SZ	东华软件	薛向东	30—40
33	002410.SZ	广联达	刁志中	30—40
34	300055.SZ	万邦达	王飘扬	30—40
35	300352.SZ	北信源	林皓	30—40
36	300296.SZ	利亚德	李军	30—40
37	EDU.N	新东方	俞敏洪	20—30
38	300002.SZ	神州泰岳	李力	20—30
39	300005.SZ	探路者	盛发强	20—30
40	300367.SZ	东方网力	刘光	20—30
41	002642.SZ	荣之联	王东辉	20—30
42	300003.SZ	乐普医疗	蒲忠杰	20—30
43	300191.SZ	潜能恒信	周锦明	20—30
44	MOMO.O	陌陌	张颖	20—30
45	002410.SZ	广联达	涂建华	20—30
46	300392.SZ	腾信股份	徐炜	20—30
47	002392.SZ	北京利尔	赵继增	20—30
48	600485.SH	信威集团	邱玉玲	10—20
49	300071.SZ	华谊嘉信	刘伟	10—20
50	300070.SZ	碧水源	何愿平	10—20

2015年，中关村上市公司企业家股权资产排行榜前50名见表2.28。其中，百度创始人李彦宏连续五年位居榜首，且与第二名的差距保持在200亿以上；京东创始人刘强东股权资产较2014年有所上涨，上升至排行榜第二名；乐视网董事长贾跃亭2015年股权资产大幅上涨，位列排行榜第三名；石基信息董事长李仲初位列排行榜第四位；信威集团董事长王靖股权资产有所缩水，位列排行榜第五位。

表 2.28 2015 年中关村上市公司企业家股权资产排行榜（前 50 名）

序号	证券代码	公司简称	自然人股东	股权资产（亿元）
1	BIDU.O	百度	李彦宏	>100
2	JD.O	京东	刘强东	>100
3	300104.SZ	乐视网	贾跃亭	>100
4	002153.SZ	石基信息	李仲初	>100
5	600485.SH	信威集团	王靖	>100
6	300418.SZ	昆仑万维	周亚辉	>100
7	300182.SZ	捷成股份	徐子泉	>100
8	002385.SZ	大北农	邵根伙	>100
9	300070.SZ	碧水源	文剑平	>100
10	002310.SZ	东方园林	何巧女	>100
11	002658.SZ	雪迪龙	敖小强	>100
12	QIHU.N	奇虎360	周鸿祎	50—100
13	300324.SZ	旋极信息	陈江涛	50—100
14	TAL.N	好未来	张邦鑫	50—100
15	300070.SZ	碧水源	刘振国	50—100
16	300485.SZ	赛升药业	马骉	50—100
17	002439.SZ	启明星辰	王佳	50—100
18	300352.SZ	北信源	林皓	50—100
19	SFUN.N	搜房网	莫天全	50—100
20	300315.SZ	掌趣科技	姚文彬	50—100
21	002373.SZ	千方科技	夏曙东	50—100
22	WUBA.N	58同城	姚劲波	50—100
23	300296.SZ	利亚德	李军	50—100
24	300191.SZ	潜能恒信	周锦明	50—100
25	300367.SZ	东方网力	刘光	50—100
26	002151.SZ	北斗星通	周儒欣	50—100
27	300384.SZ	三联虹普	刘迪	50—100
28	300431.SZ	暴风集团	冯鑫	50—100
29	002642.SZ	荣之联	王东辉	50—100
30	002038.SZ	双鹭药业	徐明波	50—100
31	600485.SH	信威集团	蒋宁	50—100

（续表）

序号	证券代码	公司简称	自然人股东	股权资产（亿元）
32	300496.SZ	中科创达	赵鸿飞	50—100
33	MOMO.O	陌陌	唐岩&张思川	50—100
34	300392.SZ	腾信股份	徐炜	40—50
35	WUBA.N	58同城	杨浩涌	40—50
36	300456.SZ	耐威科技	杨云春	40—50
37	EDU.N	新东方	俞敏洪	40—50
38	002065.SZ	东华软件	薛向东	40—50
39	300010.SZ	立思辰	池燕明	40—50
40	QIHU.N	奇虎360	齐向东	40—50
41	300055.SZ	万邦达	王飘扬	40—50
42	600485.SH	信威集团	王勇萍	40—50
43	002657.SZ	中科金财	沈飒	40—50
44	603598.SH	引力传媒	罗衍记	40—50
45	300318.SZ	博晖创新	杜江涛	40—50
46	600485.SH	信威集团	王庆辉	40—50
47	300003.SZ	乐普医疗	蒲忠杰	40—50
48	300353.SZ	东土科技	李平	40—50
49	600485.SH	信威集团	吕大龙	40—50
50	SINA.O	新浪	曹国伟	40—50

2011—2015年中关村企业家股权资产排行榜门槛变动状况

2011-2015年，中关村企业家股权资产排行榜前10名门槛、前20名门槛、前30名门槛、前40名门槛、前50名门槛均呈现连年上涨趋势（见表2.29）。其中，前10名的上榜门槛从2011年的28亿元提升至2015年的126亿元，上榜门槛5年内提高348%；前20名的上榜门槛2015年比2011年提高345%，达到78亿元；前30名的上榜门槛2015年比2011年提高274%，达到52亿元；前40名的上榜门槛2015年比2011年提高381%，达到46亿元；前50名的上榜门槛连续5年提升幅度最大，从7亿元上升至40亿元，远高于2011年前10名排行榜门槛，整体增幅高达477%。

表 2.29 中关村企业家股权资产排行榜门槛变动状况

年度	2011年	2012年	2013年	2014年	2015年	五年整体增幅
前10名门槛	28	39	66	75	126	348%
前20名门槛	17	21	43	50	78	345%
前30名门槛	14	12	25	36	52	274%
前40名门槛	10	11	19	27	46	381%
前50名门槛	7	9	17	19	40	477%

2011—2015 年不同区间股权资产人数变动情况

中关村上市公司自然人股东身价分别在 10 亿元以上、20 亿元以上、30 亿元以上、40 亿元以上、50 亿元以上及 100 亿元以上的人数在 5 年间呈现不断上升趋势。其中，身价在 10 亿元以上的自然人股东数从 2011 年的 38 名上涨至 2015 年的 200 名；身价在 20 亿元以上的自然人股东数从 2011 年的 15 名上涨至 2015 年的 114 名；身价在 30 亿元以上的自然人股东数从 2011 年的 8 名上涨至 2015 年的 65 名；身价在 40 亿元以上的自然人股东数从 2011 年的 5 名上涨至 2015 年的 50 名；身价在 50 亿元以上的自然人股东数从 2011 年 3 名上涨至 2015 年的 33 名；身价在 100 亿元以上的自然人股东数从 2011 年的 1 名上涨至 2015 年的 11 名（见图 2.88）。

图 2.88 2011—2015 年不同区间股权资产人数变动情况

> **学者说**
>
> 一方面，中关村公司企业自然人股权资产价值在逐年快速增长；另一方面，其极差和方差也快速拉开，企业家之间的差距逐渐显露。

2011—2015年中关村企业家股权资产排行榜（前100名）641行业分布状况

（1）排行榜前100名各行业人数分布状况

从中关村企业家股权资产排行榜前100名的各行业人数分布情况来看，整体而言，排行榜前100名中，IT服务业、移动互联网两个行业进入前100名的自然人股东最多，连续五年两个行业进入前100名的人数总和基本占据或超过50%的名额；现代服务业在前100名中的自然人股东数量居于前述两个行业之后；其次为高端装备制造、节能环保行业和生物医药行业；卫星及应用、下一代互联网、新材料三个行业每年也有个别自然人股东跻身前100名当中（见图2.89）。

纵观各行业五年的变化趋势，移动互联网行业在2012年和2013年达到27名，均为这两年各行业人数分布的最高值，而后在2014年出现波动，后又小幅上升；IT服务业在2012年的人数出现波动，后基本呈现上升态势；高端装备制造业在2013年和2014年较低，其余年度保持在12—14名范围内；节能环保行业存在略微下降的趋势，由2011年的12名跌至2015年的8名；生物及医药行业较为平稳，保持在5—6名的状态；卫星及应用行业数量较少，长期仅有1名前100的自然人股东；下一代互联网行业在前3年人数较少，在2014年人数猛增至8名后，在2015年又出现波动；现代服务业在2013年进入股权资产前100的人数达到峰值，其余年度均在15名左右；新材料行业同样保持在较低水平，5年内维持在1—3名。

图 2.89 排行榜前 100 名各行业人数分布状况

（2）排行榜前 100 名各行业股权资产值分布状况

从中关村企业家股权资产排行榜前 100 名的各行业股权资产值分布情况来看，整体而言，排行榜前 100 名当中，移动互联网行业的自然人股东股权资产总值连续五年占比最大，明显高于其他行业，产值在前 100 名股权资产总值当中的占比基本保持在 30% 以上；其次为 IT 服务业和现代服务业，两个行业的股权资产值在前 100 名股权资产总值当中的占比均处于 13%—25% 的区间；节能环保、高端装备制造、生物医药行业股权资产占比紧随其后；下一代互联网的股权资产值在 2014、2015 两年呈现跨越式增长；卫星及应用、新材料两个行业由于人数较少的原因其股权资产值历年处于较低水平（见图 2.90）。

纵观各行业五年间的变化趋势，各行业的股权资产总值整体上均保持上涨状态，其中尤其以 IT 服务业（五年增幅达到 531%）、高端装备制造业（五年增幅达到 501%）、下一代互联网（五年增幅达到 5 165%）增长最为明显。移动互联网行业在 2013 年达到较高峰值，后出现略微下降，但在 2015 年再次大幅度地提升，虽然五年间的增长率较小，但其各年的数值保持在各行业首位；IT 服务业除 2012 年有小幅波动外，其余年度均保持大幅度增长；现代服务业历年均保持稳健的上涨，其历年数值也处于各行业前列；高端装备制造业在前四年保持小幅稳定增长，在 2015 年有爆发式增长；节能环保和生物医药行业有相同的变动情况，均在 2013 年升至一个峰值后，在 2014 年出现小幅波动，之后再次上升，总体来看，五年依旧出现了一定的增长；卫星及应用行业各年的值均处于较低水平，其在前四年保持小幅度增长，在2015年存在一个跳跃式的提升；下一代互联网行业的变化情况较为波折，前三年存在小幅波动，2014年迅速提升，但在2015年再次下降，但从总体上看，该行业依然发生了迅猛的增长；新材料行业数值一直处于较低水平，五年间也在不断波动，总体有小幅上升。

图2.90　排行榜前100名各行业股权资产值分布状况

2011—2015年中关村企业家股权资产排行榜（前100名）互联网／非互联网行业分布状况

如图2.91与2.92所示，中关村上市公司企业家股权资产排行榜前100名当中，互联网行业人数少，但相对而言股权资产值占比较高。从人数分布状况来看，2011—2015年排行榜前100名当中，互联网行业自然人股东数分别为18人、26人、32人、20人、24人，占比分别为18%、26%、32%、20%、24%；非互联网行业自然人股东人数分别为82人、74人、68人、80人、76人，占比分别为82%、74%、68%、80%、76%。从股权资产值分布状况来看，2011—2015年排行榜前100名当中，互联网行业股权资产值分别为681亿元、771亿元、1 749亿元、1 714亿元、2 635亿元，占比分别为43%、45%、52%、38%、39%；非互联网行业股权资产值分别为895亿元、945亿元、1 645亿元、2 751亿元、4 060亿元，占比分别为57%、55%、48%、62%、61%。

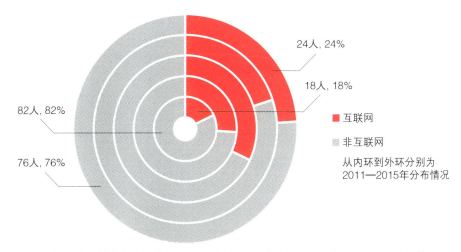

图 2.91 中关村企业家行业人数排行榜（前 100 名）互联网/非互联网行业分布情况

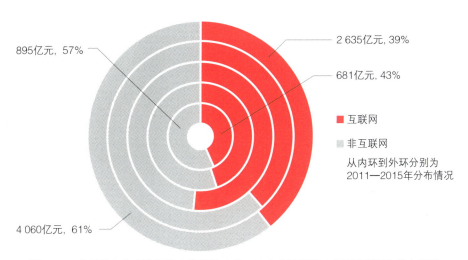

图 2.92 中关村企业家股权资产排行榜（前 100 名）互联网/非互联网行业分布情况

连续五年位列前 20 名的中关村上市公司自然人股东

经统计，共有 8 位中关村上市公司自然人股东连续五年位列中关村科技创富排行榜前 20 名，财富排名相对稳定。这 8 位自然人股东分别是百度创始人、董事长兼首席执行官李彦宏先生，乐视控股集团创始人、董事长兼 CEO 贾跃亭先生，石基信息创始人、董事长李仲初先生，大北农创始人、董事长邵根伙先生，碧水源创始人、董事长文剑平先生，东方园林创始人、董事长何巧女女士，碧水源副董事长刘振国先生，搜房控股创始人、董事长兼首席执行官莫天全先生。这 8 位自然人股东平均年龄 51 岁（见图 2.93）。

从财富增长情况来看，乐视网贾跃亭因连续五年来公司股价连续上涨，个人所拥有财富也因此大幅增长，为中关村上市公司自然人股东身价连续五年来涨幅之最，2015 年个人财富仅次于李彦宏和刘强东，跻身中关村科技创富排行榜第 3 名，也是 8 位连续五年位列排行榜前 20 名中的唯一一位"70 后"；石基信息李仲初同样因为资本市场对其公司看好股价大幅上涨，使得个人财富上涨，2015 年位列中关村科技创富排行榜第 4 名；碧水源董事长文剑平，以及副董事长刘振国先生两位五年来因公司股价上升及持股比例的上涨使其个人财富大幅增长，2015 年分别位列中关村科技创富排行榜第 9 名和第 15 名；搜房网莫天全同样因为股价大幅上涨和持股比例的增加使其个人身价五年连续上涨；东方园林何巧女因股价持续上涨及持股数在 2013 年的上涨使其个人身价大幅增长，2015 年位列中关村科技创富排行榜第 10 名，同时也是 8 位连续五年位列排行榜前 20 名当中的唯一女性。

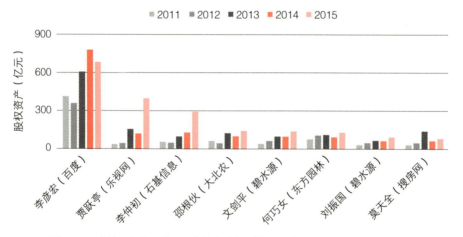

图 2.93　连续 5 年位列前 20 名的中关村上市公司自然人股东股权资产情况

企业家说

建议放宽跨境并购的资金要求和股份持有人的国籍管制。当前企业跨境并购只能通过现金完成交易,而且外籍人士不能持有境内上市的A股,这为我国企业进军海外市场带来了三个难点:其一,现金并购要求企业有充足的现金,企业并非缺少资金实力,但大量现金流的要求却会为企业运营增加不必要的困难;其二,人民币受到外汇管制是现金提取的较大阻碍,而现金不能取出将无法进行并购交易,直接导致并购计划失败;其三,被收购的外企核心团队也需要除了薪酬之外的长期激励措施,如公司股份,股权激励能够使员工的利益与公司的利益趋于一致,外籍人士不能持有A股的规定使得母公司无法对被收购的子公司团队进行股权激励。广联达希望海外并购不局限于现金交易,增加股权加现金交易的形式,这样既可以减少企业并购难度,也可以更好地激励被收购公司的团队。

2015年中关村上市公司企业家股权资产排行榜前200名

 300亿元—600亿元(3人)

李彦宏(百度)、刘强东(京东)、贾跃亭(乐视网)

 100亿元—300亿元(8人)

李仲初(石基信息)、王靖(信威集团)、周亚辉(昆仑万维)、徐子泉(捷成股份)、邵根伙(大北农)、文剑平(碧水源)、何巧女(东方园林)、敖小强(雪迪龙)

 50亿元—100亿元(22人)

周鸿祎(奇虎360)、陈江涛(旋极信息)、张邦鑫(好未来)、刘振国(碧水源)、马骉(赛升药业)、王佳(启明星辰)、林皓(北信源)、莫天全(搜房网)、姚文彬(掌趣科技)、夏曙东(千方科技)、姚劲波(58同城)、李军(利亚德)、周锦明（潜能恒信）、刘光（东方网力）、周儒欣（北斗星通）、刘迪（三联虹普）、冯鑫（暴风集团）、王东辉（荣之联）、徐明波（双鹭药业）、蒋宁（信威集团）、赵鸿飞（中科创达）、唐岩&张思川（陌陌）

 30亿元—50亿元（32人）

徐炜（腾信股份）、杨浩涌（58同城）、杨云春（耐威科技）、俞敏洪（新东方）、薛向东（东华软件）、池燕明（立思辰）、齐向东（奇虎360）、王飘扬（万邦达）、王勇萍（信威集团）、沈飒（中科金财）、罗衍记（引力传媒）、杜江涛（博晖创新）、王庆辉（信威集团）、蒲忠杰（乐普医疗）、李平（东土科技）、吕大龙（信威集团）、曹国伟（新浪）、童之磊（中文在线）、刁志中（广联达）、杨振华（飞利信）、吴强华（数字政通）、刘弘（乐视网）、管连平（东方国信）、张颖（陌陌）、钱永耀（京天利）、黄煜（飞天诚信）、盛发强（探路者）、李力（神州泰岳）、周全（搜房网）、邵学（华宇软件）、顾庆伟（鼎汉技术）、刘伟（华谊嘉信）

 20亿元—30亿元（49人）

陈欧（聚美优品）、高怀雪（吉艾科技）、张朝阳（搜狐）、李小龙（二六三）、高小离（华力创通）、李卫国（高能环境）、何愿平（碧水源）、吴敏（荣之联）、周泽湘（同有科技）、黄文帜（吉艾科技）、涂建华（广联达）、唐凯（东方园林）、郑建军（大豪科技）、佟易虹（同有科技）、郑海涛（数码视讯）、郭信平（合众思壮）、霍卫平（东方国信）、贾跃民（乐视网）、杨永松（同有科技）、张敏（梅泰诺）、阮寿国（鼎汉技术）、王代雪（北陆药业）、张庆文（邦讯技术）、陈一舟（人人网）、黄文佳（首航节能）、蔡迦（中科金财）、詹立雄（银信科技）、曹勇（乐视网）、王立群（汉邦高科）、陈亦力（碧水源）、王立伟（昆仑万维）、张齐春（东方通）、王琦（华力创通）、刘德宏（华录百纳）、郑素贞（大恒科技）、吴海宏（大豪科技）、雷军（金山软件）、董泰湘（久其软件）、赵继增（北京利尔）、沈继业（绿盟科技）、叶颖涛（掌趣科技）、孙志强（恒通科技）、刘开同（中科金财）、马丽（赛升药业）、林科（三聚环保）、孙成文（浩丰科技）、胡刚（华

录百纳）、王国红（真视通）、赵文权（蓝色光标）

 10亿元—20亿元（86人）

梁辉（碧水源）、 焦梅荣（石基信息）、刘学斌（三联虹普）、赵玉岭（大豪科技）、谭庆（大豪科技）、孙雪理（大豪科技）、蒋宗文（东方网力）、沈广仟（利德曼）、陈良华（蓝色光标）、杜国楹（同方股份）、王维航（华胜天成）、刘希（九强生物）、杜英莲（光线传媒）、曹忻军（飞利信）、李晓萍（光线传媒）、王宁（神州泰岳）、安梅（神州泰岳）、熊诚（捷成股份）、王铁（世纪瑞尔）、牛俊杰（世纪瑞尔）、曹曙（奇虎360）、李斌（易车）、赵福君（久其软件）、赵志宏（双杰电气）、陈绪华（中科金财）、方汉（昆仑万维）、罗爱平（九强生物）、柳传志（联想控股）、严立（启明星辰）、申万秋（海兰信）、刘迎建（汉王科技）、李伟（飞天诚信）、齐强（神州泰岳）、许志平（蓝色光标）、吴铁（蓝色光标）、黄松浪（神州泰岳）、林菁（佳讯飞鸿）、栗延秋（盛通股份）、刘泽刚（合纵科技）、陆舟（飞天诚信）、李德来（光线传媒）、李建辉（北斗星通）、程毅（晓程科技）、李毅（神州泰岳）、周子龙（潜能恒信）、李芃（蓝色光标）、熊运鸿（华力创通）、杨奇（博晖创新）、王金洪（广联达）、郝虹（博晖创新）、俞凌（安控科技）、刘亚超（好未来）、朱正东＆殷保红（正保远程教育）、江春华（恒华科技）、黄卿乐（首航节能）、刘强（北京君正）、陈洪顺（飞利信）、孙庚文（恒泰艾普）、袁学恩（双杰电气）、孙小林（九强生物）、邱玉文（大北农）、李国庆（当当网）、陈晓红（广联达）、胡小周（真视通）、王静（探路者）、郑贵祥（佳讯飞鸿）、黄松（惠博普）、张志平（千方科技）、赖志斌（千方科技）、霍向琦（荣之联）、傅盛（猎豹移动）、戴芙蓉（邦讯技术）、张恒（三夫户外）、钟耳顺（超图软件）、李慧珍（华录百纳）、杨全玉（信威集团）、韩少云（达内科技）、林淑艺（佳讯飞鸿）、傅乐民（北纬通信）、朱立南（联想控股）、程辉（九强生物）、宋春静（华谊嘉信）、甄国振（大北农）、孙陶然（蓝色光标）、刘惠城（掌趣科技）、林拥军（易华录）

中关村模式　The Z-Park Model in China

企业家说

本节基于市场公开数据对自然人持有的科技公司股票价值进行了分析和排列，并且连续五年做了这样的分析和排列。一方面，因为有很多科技创业的投资人是通过公司而非个人的名义来持有上市公司股票，所以他们所持有的股权财产有可能是被低估的；另一方面，因为股票是上下波动的，也是可以交易的，所以他们所持有的股权财产也可能是被高估的。但无论是被高估或者低估，我们想通过本节向读者传达这样一份理念：科技是可以创造财富的，科技创造的财富也是可以定量分析的，这种分析可以具体到每个人，所以这种科技创造财富的方式显得非常有吸引力。

然而，这些财富的持有人更专注于科技创造财富的持续性，而不是炫富、比富。这些科技创业者往往也会把所获取的财富继续投入科技创新当中，并且在股价波动的时候，他们通过增持的方式来传递信心；更有一些企业家在首次创业成功后，继而又创立了第二家、第三家公司，成为中关村典型的连续创业者，还有很多科技型企业家甚至设立了专门的基金来投资科技创新，这些是我们最乐于也最期望看到的。

结语

党的十八大报告提出要实施创新驱动发展战略，科技创新已被提升到了国家发展战略的高度，世界各国都在追逐科技创新，希望通过科技发展促进经济社会的快速、良性发展。科技创新创造财富的价值不仅应在公司利润中有所体现，更应该在资本市场的股价中体现出来。

中关村上市公司的科技创新成果一直被投资人关注并反映在股票价格上，中关村上市公司的科技创新会及时带来股价的变化，公司通过股票交易又可以及时地兑换财富，这种财富的创造过程是公开、透明的。连续五年来，中关村上市公司的市值、营业收入、利润、资产、企业家股权资产、税收等各项财务指标均实现了大幅度的增长，中关村上市公司通过科技创新在给企业及企业家自身创造财富的同时，也带动了所在区域经济的快速发展。科技创新创造财富的价值这种方式方法已经被广泛认可。

第三章

案例中关村

隐形英雄的转型与创新

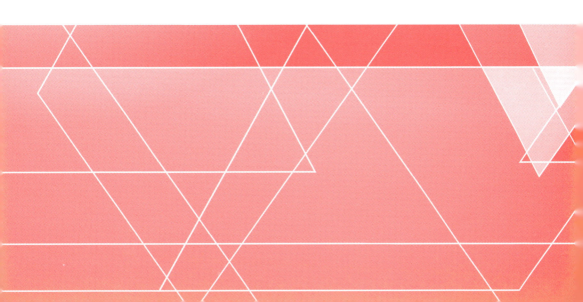

上一篇展开的数字图景是由238家科技型企业共同构筑的，本篇我们选取了8家不同行业的领军企业，从区域层面转换至企业层面近距离观察，通过鲜活的创业故事加强对中关村高科技企业的理解和认识。须知，正是一家家这样自强不息的企业，才汇聚成如今强大的中关村！

碧水源：水环保的草根"膜"法

在中关村自主创新著名品牌中，有一家环保行业、水务行业的领军企业——北京碧水源科技股份有限公司（以下简称"碧水源"）。碧水源矢志成为中国环保行业的思想者，以技术创新、商业模式创新、管理与机制创新为引擎，经过十六年的发展，目前已是全球最大、产业链最全的膜技术企业之一。

创业背景

碧水源成立于2001年，将科技创新作为企业的核心动力，积极投身于解决中国"水脏、水少、饮水不安全"问题的事业中，立志成为改善中国水生态环境的中坚力量。

碧水源的创始人文剑平早年曾先后任职于国家科委社会发展司和中国国际科学中心。这两段工作经历让他对环保养成独特的敏感性，接触了很多前沿技术。1998年，文剑平辞去公职，远赴澳大利亚攻读博士学位，选择的就是市政工程水资源管理专业。2000年的悉尼奥运会上，文剑平作为志愿者参与其中。悉尼奥运会当时在污水处理方面采用了MBR[1]技术支持，这让他深受启发。长

---

[1] MBR指膜生物反应器污水处理技术，是Membrane Bio-Reactor的缩写。它是20世纪60年代产生的一种将膜分离技术与传统生物处理技术相结合的新兴水处理工艺技术，主要工艺原理是用超/微滤膜分离技术取代传统活性污泥法的二沉池和常规过滤单元，实现了高效固液的分离和生物菌群的截留，经其处理后的出水直接达到高品质再生回用水标准。

时间从事生态环境相关工作，文剑平对中国水脏、水少、水分配不均、饮水不安全等问题有切身的感受，抱着"为国家做一点点事情"的情怀，2001年留学归来的他选择了弃仕从商，创办了碧水源。碧水源有一句口号，"袁隆平发明杂交水稻解决中国人吃饭问题，碧水源要解决中国人喝水问题"。

碧水源自创立以来，始终坚持实业报国、造福社会的理念，始终秉承"承担社会责任，建设生态文明"之企业宗旨，致力于解决国家在实现可持续发展中水资源匮乏的重大困扰，成为国家解决这一难题的可靠力量。（董事长文剑平）

与以往"应付排放指标"的污染处理方式不同，碧水源从最初就确立了"把污染物变成资源，彻底解决环保问题"的思路。文剑平在开始之初就对自己将要踏进的市场有着较为全面的认知，过去科技部的工作经历让他非常了解中国环保特别是水的状况，后来到国外念书也接触到了先进的技术。

他当时就产生了一个想法：要做水，就要把水污染和水资源短缺的问题同时解决，而这只有膜技术才能做得到。（董秘何愿平）

然而，核心技术无法引进，也不适用于中国国情。碧水源决定自主研发，经过不懈的努力，最终成功研发出了自己的MBR膜处理技术，填补了国内空白。

但在当时，我国处理污水的技术多为传统工艺，而碧水源主推的MBR技术比较新，还没有得到市场的广泛认可；做污水处理的企业也多是国有企业，一个刚刚起步的民营企业要想涉足并非易事。无奈之下，文剑平采取了"用技术换市场"的策略。通过自己掏钱做示范项目，MBR技术得到了市场特别是政府的充分肯定。尽管如此，碧水源在接下来的两三年内仍然干着"赔本赚吆喝"的买卖。

2006年碧水源迎来了其发展中的重要转折点——"样板"工程密云再生水厂项目。该项目规模达到了4.5万吨/天，是我国首个万吨级以上规模的MBR污水资源化工程。这个项目的成功在中国具有里程碑式的影响，从此国内开始"言MBR，必称碧水源"。自此，碧水源建设的工程规模逐渐扩大，日处理污水能力由数百吨扩大到数千吨，并屡次在政府相关项目的招投标中中标，先后接手了北京顺义引温济潮奥运配套工程、北京奥林匹克公园中心区龙形水系自然水景工程等重大工程,实现了跨越性发展。

2007年,针对环保领域政府控制市场、行业垄断、民营企业创新技术推动困难的现象,碧水源提出走"公私合营"的发展模式,实现政府和企业双赢:政府赢在主导和监管(占股51%),赢在GDP,赢在就业,赢在税收;碧水源(占股49%)赢在运营管理合资企业,赢在创新技术有了用武之地。这一模式在全国逐渐形成星火燎原的态势。截至2016年,作为环保领域最早试水PPP模式[1]的环保企业,碧水源与全国30多个省市的国有水务公司组建了逾100余家PPP合资企业。2015年5月,碧水源与云南城投合资成立的云南水务在香港成功上市,成为中国第一家PPP模式上市公司。PPP模式的不断深化推广也不断推动碧水源的膜技术进入了新区域与新水务市场,大大增加了市场份额,公司发展驶入"快车道"。

16年来,碧水源资产从40万元发展到如今的600多亿市值(见图3.1),从一家中关村高科技企业成长为全球膜产能最大的企业,从专注于水处理的工程公司延伸到涵盖水务全产业链的企业。目前,碧水源已建成数千项膜法水处理工程,占全国膜法水处理市场份额的70%以上,已成为全球大型MBR工程数量最多的企业,每天处理总规模近2 000万吨,每年可为国家新增高品质再生水近70亿吨。一路走来,碧水源已经成为中国环保水处理领域的龙头企业。

---

[1] PPP(Public-Private-Partnership)模式,意为公共私营合作制,是指政府与私人组织之间,为了合作建设城市基础设施项目,或是为了提供某种公共物品和服务,以特许权协议为基础,彼此之间形成一种伙伴式的合作关系,并通过签署合同来明确双方的权利和义务,以确保合作的顺利完成,最终使合作各方达到比预期单独行动更为有利的结果。

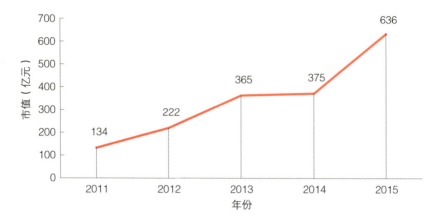

图 3.1 碧水源 2011—2015 年市值

战略布局

文剑平在一开始就清醒地认识到：草根出身，要想成功，只有勤奋。唯有创新才能成为碧水源发展的源泉与核心竞争力。

草根做事，只有靠勤奋。碧水源是一家民营企业，民营企业唯一能做的就是创新、创新还是创新。（常务副总裁何总）

在这种思想的指引下，碧水源确立了"技术创新、商业模式创新和管理创新"三足鼎立的发展战略，立志成为一家有灵魂的创新型环保领军企业。在技术上，碧水源坚持自主研发国际一流技术，支撑企业和国家战略目标，在膜材料制造技术领域、膜设备领域及膜技术水处理工艺技术领域保持领先优势。目前，我国环保领域有上百家上市公司，碧水源自信在技术上没有竞争对手。在商业模式上，碧水源在 PPP 机制的大背景下发挥已有丰富经验的优势，探索更适合中国的水处理与环保商业模式，将企业做大做强。在管理上，碧水源重点关注激励机制和分配机制的改革，培养核心人才，激发创新潜力，提升综合管理水平，力争与公司的发展速度、规模相匹配，加快公司发展的步伐。

创新研发

文剑平强调"技术立本",坚信民营企业要做大只有依靠技术创新,没有任何其他捷径,否则很容易被国企击败。碧水源每年将营业收入的近5%投入技术研发,研发类人才已近600人。目前,碧水源研发中心已形成各类膜及相应模组器组建的规模化生产线。还建有"博士后工作站"和"国家工程技术中心",并先后与清华大学、浙江大学、新南威尔士大学成立联合研发中心。截至目前,碧水源已拥有超过350项专利技术,并多次获得"中国专利优秀奖"。由碧水源全球首创的超低压选择性纳滤(DF)膜产品也先后获得了中国百强"最酷黑科技"和"中关村十大创新成果"等荣誉。

凭技术创新要比凭关系、凭价格更有竞争力。我们的DNA就是创新,这就是我们的路。(常务副总裁何总)

创新原则

从国家高度和国际视野出发,碧水源确立了"自主研发为主,同时保持开放性开展国际合作"的技术创新原则。

站在国家的高度看,中国水污染体量巨大,水资源需求也巨大,对水处理技术的要求比其他国家更高,因此技术研究要走在国际前沿。而当前的水资源管理措施,如南水北调工程、水污染治理标准等,仅能解决燃眉之急,并没有从根本上改变水资源短缺和水污染严重的恶性循环。

只有技术创新才能从根本上解决中国的水污染、水短缺问题。(董事长文剑平)

从国际的角度看,在"从无到有"构建核心技术优势的路上,碧水源最初也寻求过与国外企业合资或与国内高校合作,但在核心技术的获取上都遇到了巨大障碍,加上国外引进的膜材料往往因为成本高昂无法打开市场,最终碧水源只能选择走"自力更生"的道路。从根据专利尝试研发概念,到聘用国际专家带领研发团队，碧水源的研发实力逐渐增强，并向国际顶尖水平迈进。

文总始终强调，"核心技术拿不来，核心技术国外是不会卖给你的，一定得靠我们自己"。能从国外引进的技术都是固定的配方、设备、产品，无法了解进一步改进的方法，不了解对方的技术储备。核心技术一定要靠自主研发，保持开放性，开展广泛的国际合作。（研发中心副主任刘总）

双元研发模式

在研发布局上，碧水源对激进式创新和渐进式创新都非常重视。渐进式创新能够降低成本，适当扩大市场份额。而要满足战略规划中的大幅度提高，则要通过激进式创新推出颠覆性的新产品来实现。碧水源通过"全民研发"的方式在生产过程中持续进行渐进式创新，一线员工的新想法在4小时内就能得到迅速反馈。相较而言，激进式创新的频率则要低得多，碧水源大约每季度进行一次技术更新，每年实现一次大型的产业升级。

我们两条腿走路，持续改进和前瞻性研究并行。持续改进的过程任何公司都会有，但只能降低成本，适当扩大市场份额，比如说今年碧水源做100个亿，老板说现在我们战略规划要做到120个亿，那么可能我们的产品优化就能实现这个规划目标，但像文总、何董、陈总都提出来，战略发展要做到500个亿，那就不是仅考虑产品优化就能实现的目标了。（研发中心副主任刘总）

在前瞻性技术的预判上，碧水源有两个思路：一方面是根据市场需求。碧水源的生产与研发紧密融合，大量研发员工派驻在生产一线工作，对市场需求十分敏感。在充分满足现有市场需求的基础上，碧水源还会基于已有的技术储备创造新需求。例如，目前市场的净水器五花八门，将有益的和有害的物质全部过滤掉。而碧水源的纳滤膜净水器，可以只过滤有害物质，保留有益物质，并将市场需求与互联网结合，通过APP对净水器的运营状态和水质情况进行监控。另一方面，激进式创新的方向还来源于研发人员的直觉。这些直觉得益于碧水源公司丰富的技术储备和广阔的国际前沿视野。例如，碧水源将国际会议作为常态化管理的一种方式，鼓励员工参与国际间学术交流。研发中心也会经常邀请国外专家到公司交流，寻找技术商业化的切入点。对于研发人员提出的新思路，公司建立了类似申请国家课题的完善筛选机制，最终采纳与否根据市场意见由技术委员会决定。

自主研发

碧水源最早做工艺集成，把膜材料用在污水处理过程中。但此时，水处理的核心设备，包括膜材料、核心部件都掌握在国外企业手中。当时我国95%的膜材料都从日本进口。外购核心设备的中国企业，不仅让渡了盈利空间，更重要的是，不掌握核心材料，在战略上就处于被动状态。公司决策层认识到，要想不受制于人，必须自己进行技术研发。就这样，碧水源决定成立自己的膜技术研发部门，开始走上快速自主研发的道路。

一个公司要发展，必须要自力更生，掌握膜材料、核心部件的技术，那个时候我们就决定要从无到有，再从有到好，一步一步往下走。（常务副总裁何总）

传统的污水处理工艺，已经走了一百多年了。但采用膜技术来进行污水处理的企业很少。当时文总做这样一个工艺的时候，也是很大胆，市场未必全部认可你，包括一些设计院的专家们，对这个技术也画了种种问号。（研发中心副主任刘总）

凭着对膜技术全面的理论知识和实践经验，碧水源组建了一支由国外聘请专家和国内专业人士组成的研发队伍。膜材料是自主研发的关键。为了开发高性能膜，碧水源公司投入当年收入的1/3进行膜材料研发。2008年，碧水源投资1亿在北京怀柔雁栖经济开发区建设的亚洲最大的膜生产基地建成投产，结束了我国污水处理用膜依赖进口的历史，同时也使碧水源迈入了全球膜生产三强之列。持续的高强度研发投入，造就了碧水源水处理膜的优异性能，它的处理效率、稳定性比肩于GE、三菱等国际知名品牌，而总价格只有进口产品的三分之二，从而使碧水源自主研发的MBR膜产品占据了国内70%的市场。DF膜也成功应用于自来水厂与新水源厂，为我国水脏、水少与水不安全问题提供了解决途径。

第一步是从无到有，研究别人的专利。我们买了一个专利，组建了一个团队，从概念开始尝试，一年差不多试出个样子了。第二步是从有到好，用全球眼光来做。我们曾花2 000万元从加拿大聘请了世界最著名的膜专家，与我们的研发人员一起研发产品、做生产线，我们的研发人员大多是从美国各地的科研院所来的博士和博士后，基础也很好，两年时间里我们的研发人员也带出来了。（常务副总裁何总）

其实刚开始做膜的成本非常高，开拓市场的过程也非常艰难：往往一个单子几十万、上百万，有的工程完工后大部分余款找不着人付，"处于死亡边缘"。

我们高管有一句口头禅，手里有技术，心里不发慌。拥有了核心技术，研发的投入迟早可以收回的。（常务副总裁何总）

这样的坚持在北京奥运会的时候迎来了转机，碧水源通过北京市和中关村管委会给的机会在市场中终于站稳了脚跟。现在碧水源每年坚持投入近5%的营业收入在技术研发上，工资最高、每年奖金最高的都是研发部门。

研发特点

坚持高水平研发投入。即便是在艰难的早期创业阶段，公司高管个人生活节俭朴素，对研发的投入却毫不吝啬。碧水源每年研发投入大致占营业收入的5%，看上去似乎并不高。公司研发副总解释，生产和研发紧密融合，很多投入并没有反映在会计报表中的研发投入上。

我们鼓励研发部门多花钱，因为这些能带来产出。（常务副总裁何总）

创业之初，碧水源仅凭40万元起家，2005年，碧水源才25人。一开始我们只做应用创新，后来拿到了一笔4 000万元的风险投资，我们就开始投入核心技术的研发，2006年，我们花60万元买了一项膜技术专利，招聘了几十个人开始尝试，2008年继续将仅有的2 000万元投入研发。（常务副总裁何总）

自2009年起，碧水源开始涉足DF膜[1]领域。从想法到实现产业化共计用了三四年的时间。研发时使用两条中试线（用于配方研发和产品性能研究），每

---

[1] 即碧水源全球首创的超低压选择性纳滤膜。

条每天费用约6万元,当时一年365天有300天都在运行。想法从实验室中诞生后,需要在中试线上重复,寻找关键节点和配方调配,做了大量的储备工作。中试线后开始进行产业化尝试,从中试线到产业化的阶段十分艰难,很多科研机构不具备这个条件。这个过程中,(我们)投入大量资源,开发出近20款产品,只有DF膜成功了。(研发中心副主任刘总)

对标世界一流水平。碧水源的研发团队包含来自欧美的顶尖膜技术专家和海外归国的博士、博士后学者。国外技术专家在研发团队中主要起到引领和启蒙的作用,他们所积累的丰富研发经验帮助碧水源迅速了解实验误区,大大减少了摸索试错的时间。从2010年起,碧水源将参与膜相关、水相关的重要国际会议作为常态化管理,鼓励员工进行国际层面的沟通交流。

全民研发理念。碧水源鼓励员工拥有主动创新的意识,在生产线的每个细节都提出改进措施,针对研发相关的问题反馈信息和贡献意见。鼓励员工拥有主动创新的意识,对生产线的每个细节都提出改进措施。员工有新想法随时汇报,小幅度的改进意见在4个小时内就能走完决策流程,得到及时反馈。并且一线员工有机会将自己的创新想法反映给公司管理层。碧水源的员工具有很强的创新动力,积极进行自我革新,研发人员都有"革自己的命"这种感受。

具备战略耐心。面对研发风险和研发失败,企业高层一方面通过借鉴国际经验、实施标准化研发流程以降低研发风险,做到及时止损;另一方面对失败保持宽容心态。研发从来"不以成败论英雄",因为项目失败并不是盲目尝试导致的,而是在预先缜密设计的情况下,经过尝试发现不可行。所以,失败对研发来说也具有很高的价值,它是后续成功的基石。同时,碧水源对研发的产出周期从不设限,问题变化、发展的速度太快,只能在发展中解决问题。

只要不是个人导致的人为失败,公司都可以接受。研发就是在失败的累积中才能成功。失败本身就是家常便饭,成功只有一次,但失败是不可计数的。(常务副总裁何总)

研发"不以成败论英雄",员工并不会因为研发失败而遭受损失或惩罚。(研发中心副主任刘总)

结合中国国情。领先技术的实施,既要考虑技术上的可行性问题,还需要考虑成本问题。碧水源针对中国水体复杂、水处理环境复杂、国外技术成本高昂等问题进行技术攻关，其自主创新产品之一 DF 膜就是在这样的背景下研发出的。尽管国际上已经有纳滤技术，但这种技术将水中所有离子全部去除，要求很高的压力，能源消耗极大，不适合中国国情。因此，碧水源从市场实际需求出发，进行自主创新研发，保留水中对人体无害的离子，能源消耗降低至国际要求的 1/3，从超高压变为超低压，大大降低了运行成本，为污水资源化提供了战略选择，为解决我国的缺水问题提供了技术上的突破。碧水源研发中心还专门下设了项目管理部，负责把控、对接政策，进行国家课题申报。

在 DF 膜研发之前，依据膜上孔的直径大小可以将膜分为四类——微滤、超滤、纳滤、反渗透。纳滤指膜中孔的直径是纳米级别的膜，能够除去水中的离子，可以满足市政污水处理需要。而反渗透则使用几十个大气压的操作压力，去除水中的无机盐，把水当中无论是有用的还是无用的，好的、坏的全部都去除掉，能够满足我们饮用水的需求。新加坡新生水厂采用的就是反渗透技术，需要巨大的压力驱动。我们就提出来，能不能做一款压力更低、耗电量更低的膜，能够把有害的离子去掉，而留下对于人体没有影响或者有益的离子。如果说我们只是跟踪现在的技术模仿别人，我们也能做得很好，但是它不一定适合中国国情（对成本的要求更高），我们找到了这样的一个需求。（研发中心副主任刘总）

我们有一个独立的部门，叫项目管理部，它负责把控国家政策，申报课题，对接项目，我们这样一个独立的部门，大概有十个人，一般企业可能没有这样一个部门，或者可能把它作为一个行政管理部门，我们不是。我们是在研发里面有这样一个团队。（研发中心副主任刘总）

研发流程

碧水源的研发与生产紧密融合。研发部门共有 300 多人，分为两大部分：一部分进行前瞻性的研究，支持公司战略储备；另外更多的一部分是为生产服务，派驻到各个生产部门的技术部，由研发中心进行一体化管理，为生产过程中出现的实际问题提供技术支持。一线的研发人员都要求具备一定的课题研发经验，以有助于在生产过程中对产品进行持续改善和提升，同时锻炼提升自身能力。这种高度融合模式有助于研发人员从不同视角解决问题，充分交流，并迅速做出决策。更重要的是，研发具有以应用为导向的特征，实验室中的技术尝试、创新想法能够很快在生产线上得到验证和反馈。

碧水源的研发流程是集成化的，在流程设计上结合了国际经验和本地化情境，使得研发成果能够在"小试——中试——生产线实验——工业化大批量生产"的环节中经历反复求证，为技术的快速产业化提供了流程和机制上的保证。

实验室中创新出来的新材料、新工艺或者新方法和实现产业化还有很大距离。产品要想投入市场，需要对客户有质量承诺，例如保证五六年的寿命，而新产品需要复杂的过程才能实现这种寿命承诺。在碧水源，首先通过"小试"做出一个初级产品，进行产品性能评价；然后进入"中试"，在中试体系中进行产品抗污染性、化学清洗性等产品特殊性评价。通过"中试"后，还需要在大型的实验基地中进行实地实验。例如，我们在运营很多污水处理厂，这些污水处理厂的一部分由我们研发中心来管理，用于进行产品的性能评价。让产品在自然条件下运行若干个生态周期，经历一年四季各种强度的水冲击负荷后才能投向市场，最后进行工业化生产。（研发中心副主任刘总）

合作研发

保持开放心态。除了大力投入自主研发外，碧水源还保持开放性，积极开展国际合作。在合作的过程中，碧水源始终强调"开放心态"，这种心态来自于技术自信，也来自于对合作共赢的认识。同时，为避免企业核心竞争力稀释或引起专利纠纷，碧水源在合作中尽量绕开核心技术，对周边技术采用合作研发的方式。

在知识共享这方面。像陈总他们心态很开放。如果说这个技术我只要让人家看一眼就会了，那就不叫技术了。（研发中心副主任刘总）

在与其他公司合作研发技术的时候，我们往往绕开核心技术，而在关联技

术上合作，关联技术是一些比如我们目前用不到，未来可能有用的技术。（研发中心副主任刘总）

建立合作研发中心。碧水源先后与清华大学、浙江大学和澳大利亚新南威尔士大学合作成立了清华大学—碧水源"环境膜技术"研发中心、浙江大学—碧水源"膜与水处理技术"研发中心，以及"膜污染控制"研发中心。承担了"重大水专项"、"863"计划、"国家科技支撑计划"等多项国家级课题，牵头组建了膜生物反应器(MBR)等产业技术创新战略联盟。

成立合资公司。碧水源在自己没有研发出高精度膜的时候，都是购买日本三菱公司的产品。当时，三菱的膜事业部有50%的产品都销售给碧水源。公司高管意识到，基于日本企业的膜产品进一步研发，其实是为别人作嫁衣，帮日本企业赚钱，因此提出要自主研发替代性产品。自此，研发团队开始铆足干劲进行研究，到2009—2010年自己的产品上市后，再也没有买过三菱的膜。三菱销量下降一半，曾有意收购碧水源，被文剑平拒绝。三菱公司经过对碧水源的严格实地考察，对公司的技术和生产能力有了充分认可，双方达成战略合作，成立了合资公司，三菱公司自此退出中国市场。碧水源在合作中充分汲取了国外成熟的生产线和工程建设经验。同时，碧水源在与三菱建立合资公司的过程中，形成了一套倒逼机制，即双方生产同质化产品独立投标，由市场自行选择性价比高的产品。这种倒逼机制使得合资公司和碧水源生产线都保持了高度活力和持续创新的良性动力。

在合资建厂的过程中，日本工程师提出了一些生产线标准，而我们碧水源则根据中国国情，应用先进的技术对原生产线适度改造。与日方合资，在管理模式和研发整体模式上都给我们带来启发，比如，日本的集约化设计非常好，系统集成度很高。但是，每一条生产线只生产固定的产品，这一点与中国国情不符合。我们借助自己研发体系的优势，即不仅做配方工艺研发，而且还做设备研发，建成了能够做多种差异化产品的生产线。（研发中心副主任刘总）

构建创新生态网络。碧水源还致力于通过研发和推广新技术引领新的消费需求，发掘新的市场蓝海，开辟新的市场空间，构建一个围绕水资源、膜技术、生态环保等主题的企业生态系统。膜技术是一项高新跨学科技术，其发展得到了许多国家的高度重视,我国已将膜技术产业列入了国家战略新兴产业发展规划。碧水源也与其他行业的企业例如纳米材料企业展开了广泛合作,进行知识共享。

我们并不是抢别人的饭碗,靠把别的企业搞垮、搞死(来发展壮大),而是创造了新的市场需求。(研发中心副主任刘总)

人力资源

企业的竞争是人才的竞争,碧水源通过外部引进与内部培养相结合的方式组建了一支强大的管理团队,以适应业务快速增长的需要。同时,通过不断完善和优化用人机制,特别是强化激励机制,实施公司股权激励计划,来吸纳优秀人才,建立科学的人力资源管理体系,不断增强企业的核心竞争优势。

研发团队

目前,碧水源的员工总数约为3 000人,按专业构成看,生产人员占比近50%,研发技术人员约占21%。碧水源的研发团队不是按照技术类别来组建,而是按照产品工艺流程来组建。北京怀柔研发中心约有300人左右,其中专家级别员工约50人,划分为7个部门,包括产品开发部、装备开发与项目建设部、工艺研发室、评价分析中心、项目管理部、超微滤膜研发室和反渗透膜研发室。

高端人才是技术的保障,碧水源为吸引人才落户可谓用心良苦,例如开出几百万年薪,给予住房补贴,配车等。目前,这支由博士、硕士组成的科研团队,囊括了高分子材料、环境工程等学科专业的人才,还有碧水源重金引进的来自澳大利亚、加拿大、美国的4位专家。这支国际化的研发团队承担了国家科技支撑计划、国家火炬计划、国家重点新产品计划等多项国家重大项目课题。

我们有一个国际化团队,会找来自北美、欧洲的顶尖膜技术专家进行广泛合作,邀请他们作为顾问来给我们一些指导。在我们的顾问团队中,有多个国

外千人计划人才和北京市海外高层次人才。（常务副总裁何总）

国外技术专家的主要作用是启蒙和引领，基本上把他们积累的几十年的基础性、应用性成果都教给我们了，大大减少了我们摸索试错的时间。他们用两年时间，带动我们的人，搭建一个他们熟悉的研发的形式，再在这个形式上创新，这就是国际视野。（常务副总裁何总）

碧水源选拔人才有三个要素：第一看理想，第二看品行，第三看能力。

品行不好能力再高也不会用，监控成本要高于这个人带来的收益。（常务副总裁何总）

整体来看，碧水源员工的流动率相对较低，研发人员工作热情很高，这得益于碧水源的考核机制和激励机制。

考核机制

碧水源在考核机制上提倡精简。公司不以结果为导向，对研发人员的绩效考核主要分为两方面：创新能力和工作态度。创新能力看中他产生的间接效益，基础研发的员工的期权数并不少于应用性研发的员工，有些情况下甚至可能更高。对态度的评判由研发团队的核心骨干完成，目前这个团队只有几百人，这种模式仍然适用。研发人员在碧水源的待遇是最高的，人才流失很少。

考核越简单越好，如果一个公司花大部分时间去考核，我觉得那个人力资源做得太糟糕了。（常务副总裁何总）

考核研发人员看他产生的间接效益，研发人员在碧水源的待遇是最高的。（常务副总裁何总）

激励机制

管理创新的核心在于激励机制。

企业的宪法就是分配机制。企业赚钱，员工分钱，何乐而不为。员工不赚钱，企业别想赚钱。（常务副总裁何总）

按照创新贡献进行物质奖励。这种方式有助于激发那些直接产出难以衡量的研发人员的工作热情。尽管从薪酬上看，碧水源的研发人员在业内居中等水平，但在此技术上公司会给予配套期权、鼓励性半价股票等，将研发人员的收入和公司捆绑在一起，总体收入是行业最高的。

我们是谁有创新性贡献谁就牛，白猫黑猫抓住耗子的就是好猫。（常务副总裁何总）

我们根据研发人员的创新贡献来分配奖励……包括交换期权、限制性股票、分红、职位奖励等。（研发中心副主任刘总）

强调成长机会比物质奖励更重要。碧水源对员工的激励不仅限于待遇、荣誉等物质层面的，更高的是提供实现理想的精神激励。公司的远大愿景为员工提供了个人发展的良好平台。在碧水源，员工只要有创新方案，并且通过课题认证是可行的，都能够得到支持。研发团队打破论资排辈的升职天花板，完全参考个人能力评判，为很多年轻、有能力的员工创造了成长机会。目前，公司的研发室主任都是不超过40岁的人，很多员工经过2—5年都可以凭借能力拿到课题。

年轻人在这里也能够承担重要工作。加入公司五六年、七八年的三十几岁的人在研发上是挑大梁的。也就是说，公司对员工的激励机制，不仅限于待遇、荣誉等物质层面的，还提供实现理想的更高层次的精神激励。（研发中心副主任刘总）

以社会责任激励员工实现自我价值。研发人员刚加入团队时可能会比较迷茫，慢慢就会领会到"承担社会责任，建设生态文明"的企业宗旨，感受到自己的工作，能真正解决中国的实际问题，对社会和人类有所贡献，工作热情越来越高涨。公司市值的连续增长也给了研发人员强大的信心：目前的研发具有广阔的市场空间，能为环境保护做出重要贡献。

刚刚加入这个团队里面的小孩开始是比较迷茫的，慢慢就感觉到自己在做什么样的工作，对于社会和人类会有什么样的贡献，要解决中国当前什么样的问题，在实现这个（愿景）的过程中，可能收益就有了，自己的价值也发挥出来了，但是这些都是应该得的。（研发中心副主任刘总）

我们这里八九点钟回去很正常，没有人要求你加班。你会感觉做这个事情特别有激情，特别有意义。（研发中心副主任刘总）

给予人文关怀。科研团队工作时认真严谨，甚至苛求，但生活中彼此关照，团队有家的氛围。例如，在六一儿童节，高管会给研发中心的妈妈们每人送一辆童车。同时，碧水源倡导"努力工作、享受生活"，每年会组织多项文体活动，让员工在工作之余身心得以放松。

结语

习近平总书记说过，"绿水青山就是金山银山"。十几年来，碧水源通过自主研发并广泛应用微滤、超滤、纳滤和反渗透膜技术，就是在通过实际行动构筑这座金山银山。自公司成立那天起，碧水源就印上了"承担社会责任，建设生态文明"，这12个字至今仍然伴随碧水源。它坚信要依靠技术撬动市场，必须通过创新开发出治疗"疑难杂症"的良方，才能成为常青树。今天，在中国所有的水环境敏感地区，都能看到碧水源的身影。问渠哪得清如许，为有源头活水来。碧水源不遗余力地为解决我国"水脏、水少、饮水不安全"的问题贡献自己的智慧。我们也期待碧水源未来能够成为全球"保护水环境、开发新水源、保障饮水安全"的核心力量！

学者说

走出碧水源的怀柔研发中心，耳畔还回响着文剑平董事长的一句话："袁隆平发明杂交水稻解决中国人吃饭的问题，碧水源则要解决中国人喝水的问题。"笔者对这家企业充满了敬意，因为这是一家因社会责任和爱国情怀而诞生的民营企业，也是一家因国际视野和钻研精神而迅速成长的中国企业。这种国家高度和社会情怀注定了这家企业将选择自力更生的自主研发道路，而它的国际视野和钻研精神又注定了它的研发实力必将跻身世界前列。

（续）

面对全中国严峻的饮水、用水形势，一时的心血来潮或一两句口号来得轻易，难的是对水净化处理问题的解决保持长久的热情和不懈的追求。与很多中国企业一样，碧水源的成长过程充满挑战和挫折：成立之初就面临"体量极大、成本极低"的世界性水处理难题，初涉研发就遭遇国外企业集体技术封锁的局面，初涉市场又被迫走低价策略以赢取市场信任……碧水源有过"技术立本"的决心，有过"以市场换技术"的妥协，最终摸索出"技术创新、商业模式创新和管理创新"三足鼎立的发展战略。回顾碧水源从一家草根企业成长为一个全球膜产能最大、水务产业链最全面、膜处理技术最先进的企业，我们认为，其关键成功要素如下（见图3.2）：

第一，一把手"以天下为己任"的社会责任感。这种从国家高度、社会民生角度提出的企业战略为企业带来一种天然的企业凝聚力，一种踏实、朴实的工作作风，以及一份持久不衰的奉献热情。许多员工坦言"承担社会责任、建设生态文明"的企业宗旨让他们感受到了工作的价值和意义。

第二，研发中心坚持"全民研发"的理念和"国际一流"的视野。尽管反映在公司年报表上，研发人员不到碧水源员工总数的21%，但事实上，占公司总人数近50%的生产人员都具有相当的研发功底和经验，全公司能够在研发技术和工艺上提出和实施改进的人员占公司的70%，是名副其实的"全民研发"。研发和生产看上去是独立的团队，但由于衔接紧密、沟通频繁，很多员工同时具备生产知识和研发能力，这大大加速了专业知识的流动，也大大加速了研发的渐进式和激进式突破。在碧水源的研发团队中，长期大量聘请来自欧美的顶尖膜技术专家和海外归国的博士、博士后学者。这些新鲜的血液能够为公司研发带来新的理念和启发，更重要的是，与这些国际化人才合作，碧水源能够以最快的速度积累领先企业的研发管理经验和最规范的工作流程，为企业的长期发展打下基础。

第三，市场开拓坚持样板和示范工程，向高标准看齐。当企业不被理解和信任的时候，碧水源也没有降低自己的标准，而是用良心工程树立起

（续）

"言 MBR 必称碧水源"的企业品牌。PPP 公私合营的模式尽管新颖有效，但离不开市场对企业品牌的信心，更离不开企业过硬的技术功底和工程能力。未来，文剑平董事长"为国家做一点点事情"的情怀将带领碧水源走出国门，服务全球。我们相信，碧水源将继续开拓创新，成为中国在世界环保事业中的一张闪亮名片。

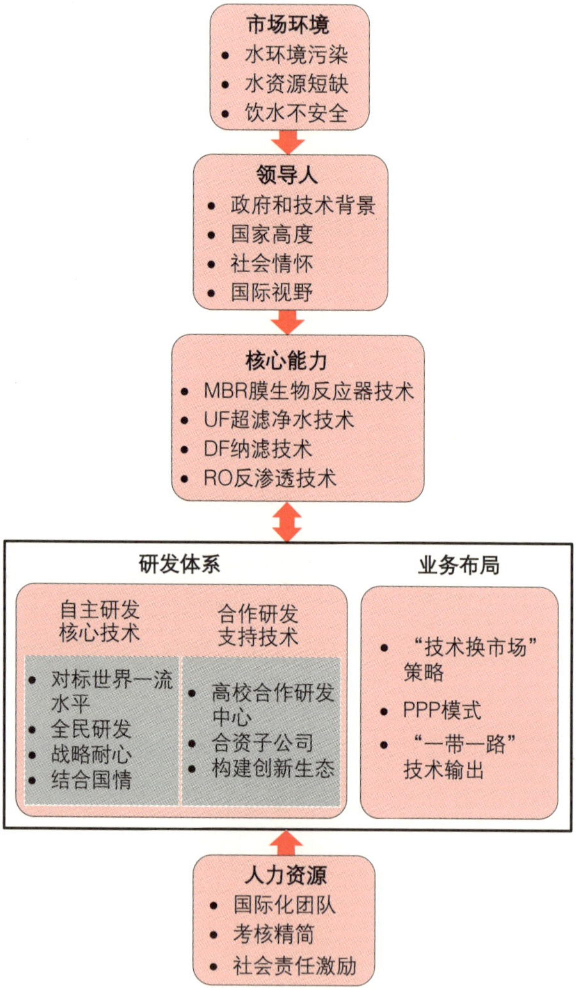

市场环境
- 水环境污染
- 水资源短缺
- 饮水不安全

领导人
- 政府和技术背景
- 国家高度
- 社会情怀
- 国际视野

核心能力
- MBR膜生物反应器技术
- UF超滤净水技术
- DF纳滤技术
- RO反渗透技术

研发体系

自主研发核心技术
- 对标世界一流水平
- 全民研发
- 战略耐心
- 结合国情

合作研发支持技术
- 高校合作研发中心
- 合资子公司
- 构建创新生态

业务布局
- "技术换市场"策略
- PPP模式
- "一带一路"技术输出

人力资源
- 国际化团队
- 考核精简
- 社会责任激励

图 3.2　碧水源发展模式

东华软件：多行业应用的幕后软件英雄

东华软件股份公司（以下简称"东华软件"）是国家规划布局的重点软件企业、国家火炬计划重点高新技术企业，是中关村这片创新发展的热土上孕育出来的代表性企业。

企业背景

东华软件前身东华合创数码科技有限公司成立于2001年。2006年，东华软件在深圳中小企业板上市。经过十余年的发展，目前已成长为国内领先的信息技术服务提供商。

成立之初，公司也曾进行技术进出口业务，代理和自营各类软件商品，主要为金融、医疗、政府、通信领域的客户提供服务。随着企业自身的技术能力不断提升和市场范围的不断扩大，东华软件逐渐形成了内生式加外延式的发展战略，并确立了应用软件开发、信息系统集成和信息技术增值服务三大核心业务能力。如今，其业务范围拓展至包括金融、医疗、电力、水利、通信、交通运输、政府、农产品、物流、保险及制造等20多个行业。

这家上市11年的高科技公司，常常受到投资人的质疑："这样宽泛的业务布局未免有些追逐热点的嫌疑"，给投资人和分析人留下过分浮夸的印象。而事实上，这家公司非但不浮夸，反而处处体现着实干深耕的作风。图3.3是东华软件2011—2015年市值的变化情况。

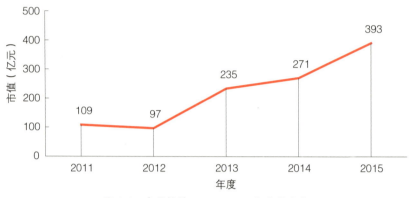

图 3.3 东华软件 2011—2015 年市值变化

创始人和董事长薛向东先生是高级工程师,长期从事行业应用软件开发及计算机信息系统集成工作。在公司十多人的高管团队中,同为工程师且具有较强的技术背景的成员就有 6 名,占比接近 50%。而且,多数高管密切关注国外先进的技术动向,兼具技术背景与国际视野。针对东华软件业务范围广泛、缺乏聚焦的质疑,东华董事长薛向东回应要"拒绝诱惑"和"避免盲目多元化"。

我们希望做成一个牵引式的公司。如果未来三到五年东华要有一个显著的身份识别,我的定位是软件和互联网行业,这也是企业多年专注的产业方向。我们面临的是多元化的市场,所以我们可以服务于不同的行业。但是,企业并不是盲目进入市场,它进入的市场既要精准,又要有社会效益,即解决社会的难题。(董事长薛向东)

业务布局

应用软件开发、信息系统集成和信息技术增值服务是东华软件的三大核心业务能力。其中,软件开发和系统集成是传统业务,涉及各个行业。由于客户群较稳定,且主要以长期合作为主,东华软件在传统业务上积累了良好的资源,为其后续业务的扩展打下了基础。截至 2016 年年底,东华软件已铺设 60 多个线下网点,完成全国技术服务覆盖。

在技术快速发展、消费者需求不断变化、政府强化引导的新形势下，东华软件推出了信息技术增值服务。这些增值服务包括传统企业的"互联网+"转型业务和网络安全业务。其中，传统企业的"互联网+"转型业务是新的增长点，主要聚焦医疗和金融领域，2015年医疗和金融领域的收入占到总营收的50%；网络安全业务主要是为政府和警务客户提供网络流量监控、控费等服务。

选择医疗领域切入，一是我们在医疗领域深耕十多年。公司最早成立的时候就有医疗部，做医院信息化，我们的优势在于对这个领域有深入的了解和稳定的积累，我们了解医生们的研发和工作流程，在平台上也沉淀了不少医疗数据。这些都是我们推进精准医疗和智慧生态圈的基础。二是我们有良好的市场表现，我们在高端的医院中占有接近三分之一的市场份额。全国前100家三甲医院中，我们有20多家用户，包括协和、301、华西等。金融行业也是一样，我们有长期积累的不错的业绩，相对有一些竞争优势。（软件研究院院长刘总，市场部副经理吕总）

东华金融部规模很大，且经营的时间很长，金融行业客户群很庞大也很稳定。公司的银行信息化产品包括核心业务类软件、中间业务类软件、管理类软件等软件和完整的银行核心业务系统解决方案；客户包括四大国有银行、众多股份制商业银行，以及大量城商行等。中低端市场现已成功签约一百多家村镇银行。在这些资源的基础上，我们再来开展金融领域新的业务。（高级副总裁王总）

未来，东华软件计划开启软件企业的国际化之路，一方面将软件服务送出国门，以股权投资或战略投资的方式为其他国家输送软件服务；另一方面，通过与美国、英国软件公司合作、并购等方式学习海外前沿的技术。

创新研发

为了支持公司的业务布局，东华软件不仅需要做好传统信息技术服务，还需要布局和探索互联网产品及新的经营模式。针对利用式创新和探索式创新并重的研发需求，东华软件采用内生式和外延式并举的发展战略。在内生式研发战略方面，东华软件在全国各地建立了多个软件研发基地及软件开发与技术支持中心，不断加大研发的人才和资金投入，并摸索出一套感知、跟踪、优化和应用新技术的方法。在外延式研发战略方面，东华软件对合作伙伴与并购对象的选择、管理方式与商业化价值实现等都有独特的见解。

内生式研发

创立伊始，东华软件率先成立了软件研究院及多个软件和系统集成专业技术委员会，深入了解主流计算机软、硬件技术，并跟踪未来信息系统技术的发展方向。东华软件的研发投入从2011年的不足4%，逐年提高到2015年的15.7%。除了近5年北京人工成本大量提升带来的研发投入提升，更主要的原因是业务增长、新方向及新领域的布局往往需要大量且昂贵的研发投入。

研发经费每年正常波动，也没有什么瓶颈，主要是按需。也没有完全预算。这个可能是（我们）跟国有公司的区别。（软件研究院院长刘总）

对于功能改进型的利用式技术创新，公司常用对标和滚动更新的方法，以"市场和客户需求"为导向。

我们对标经常会找一些美国公司。第一个版本比较稳定后，我们先卖给客户，滚动更新，在模仿中寻找自己的风格。我们基本上不是为技术而技术，我们还是市场和客户导向的公司。如果客户或首席技术官（对某个前沿的内容）感兴趣，我们团队可能会关注这个点。实际上我们现在大量的行业性的解决方案，都是来源于客户。（软件研究院院长刘总）

对于偏离原来技术轨道的探索式创新，公司则通过前沿扫描、提前储备、避开成熟领域及"打散弹看痛点"四个方法保持行业领先地位。

前沿扫描有五个信息来源：一是从部委、央企国企等客户处追踪国家政策，包括与高校合作申请课题等；二是从行业协会和顾客反馈中发现行业热点；三是从创业型公司中选择前沿技术；四是内部人员通过学习和共享获取最新资讯。例如，企业的领导人薛总就常常与员工分享自己看到的前沿信息，及时委派前沿跟踪任务。五是从开源社区里获取最先进的技术。

技术上最前沿最核心的想法在开源社区里，公司和开源社区在研发上的差异在于前者需要将研发产品或想法商品化。（软件研究院院长刘总）

提前储备是指东华对创新节奏的把握，既不做太超前的创新，又要保持一定的领先。

有的机会需要有点准备，投标的把握性才会大。如果完全只是看到标书（才开始积累），我们或许有这个能力，但用户不见得可以接受我们。我们想超前做一点东西，但又不会太超前，市场机会和自己的节奏，也是比较难把握的一件事。（软件研究院院长刘总）

避开成熟领域是指不做其他企业的优势业务，即便是常规传统业务，也需要尝试新的方式。

最后，"打散弹看痛点"的方法即广泛布局、分散试错，目的是找到准确的研发方向，持续后续投入。

布局医疗行业的时候，由于有一些长期业务积累，我们大致知道一些方向，但并不知道具体的痛点在哪里。（我们把）将近2 000名技术人员和销售人员聚集到一个群里讨论。医疗部的人每礼拜六开会，刚入职的都要参加，一弄半天一天的都是头脑风暴。（高级副总裁王总）

公司早前还曾通过发行可转债的方式投资了东华的技术基础架构和云服务平台，包括东华基础架构云平台、中小商业银行一体化云服务平台、区域性数字医疗服务信息云平台、新一代IT运维管理系统、智慧城市一体化解决方案和智慧矿山一体化信息平台等六个项目。

外延式研发

除了内生式研发策略，东华软件还大量借助并购和战略合作方式充分利用外部资源。自2006年上市起，东华软件共进行了10次并购尝试，参股和投资42家子公司，如表3.1所示。这种借助资本优势，采用收购、参股和再融资利用外部资源的做法曾一度被报道为"东华模式"，许多企业竞相模仿。但薛向东认为，这种外延式战略有其行业特殊性，"软件行业是一个竞争充分的行业，东华在业内地位不算低，但市场占有率也不是很高，整合的空间相当大，适合行业集中度比较低的行业"。[1]

在选择并购标的时，东华软件主要考虑并购标的是否能够与企业形成技术能力或业务范围上的互补。通过并购联银通、厚盾科技和神州新桥，东华软件分别补充了银行核心系统、预算管理软件和网络系统集成的能力，而通过并购威锐达，东华软件将业务范围扩展至能源电力领域和行业客户。而2014年对深圳至高通信的并购，不仅使东华软件获得了移动端技术解决方案，而且还进入了军警和政府领域，推动了东华软件的"云+端"一体化解决方案。

表 3.1　东华软件并购情况一览表

时间	并购对象（交易金额：万元）	并购动机	备注
2008.02	联银通（28 900）	**技术能力互补**：银行核心系统	完成
2009.10	厚盾科技（600）	**技术能力互补**：预算管理软件	完成
2011.02	神州新桥（34 700）	**技术能力互补**：网络系统集成	完成
2014.07	威锐达（58 300）	**业务范围互补**：能源电力领域，行业客户	完成
2014.11	深圳市至高通信技术发展有限公司（8 000）	**技术能力互补**：至高通信的移动端技术解决方案与东华的营销能力互补 **业务范围互补**：帮助东华进入军警和政府领域，助力东华推出了"云+端"一体化解决方案	完成，入选2014中关村十大并购案例
2015.05	万兴兴锐51%股权（15 300）	**业务范围互补**：DRGs分组诊疗	完成
2015.08	南大通用1.83%股权（4 000）	**技术能力互补**：以数据库管理系统为核心的数据管理和数据安全软件开发	完成
2016.07	群立科技（8 500）	**技术能力互补**：数据中心云计算解决方案和多媒体视讯系统 **业务范围互补**：进入电力、教育和科研机构，以及江浙沪地区的市场	失败

---

[1] 中国证券报, http://www.stcn.com/2014/1203/11885382.shtml, 2014-12-03。

（续表）

时间	并购对象 （交易金额：万元）	并购动机	备注
2016.07	云视科技（5 880）	**技术能力互补**：区域地理测量数据及服务，农产品种植管理系统，农村土地流转信息**业务范围互补**：地理信息服务，农产品种植	失败
2016.07	联旺信息（4 120），70% 股权	**业务范围互补**：地理信息服务	失败

资料来源：依据《中国证券报》和公开资料整理。

我们对并购对象的选择主要考虑两个条件：第一，在业务上与我们形成互补的。例如，病人看病的定价体系，我们可以考虑并购，作为我们解决方案的补充。这两年并购了一些金融的、医疗的企业，支持当前的业务布局。第二，在技术上有突出优势的，因为这样的公司有最顶尖的研究成果和人才。（董事长薛向东）

如美国最大的物联网技术公司 C3 LoT（企业物联网平台和应用软件的全球领导者），擅长工业及能源大数据分析，如果采用它的平台和技术，那么我们的很多电力客户，能够节省 30% 以上的成本。（高级副总裁王总）

并购完成后，如何管理被并购企业是决定并购成功与否的关键因素。对于产品体系较完整的被并购企业，东华软件尽量不随意打破原有的管理体系，保持其相对独立。事实上，东华软件从最开始就采用敏捷开发平台，避免全公司大而全的统一管理平台，以保证各个业务的灵活性。而对于业务范围互补的被并购企业，薛向东表示，"并购后更重要的不是资产融合或技术融合，而是产品的交叉销售"。与此同时，东华软件也在积极培养和提高企业并购后的核心竞争力，进一步规范公司的集团化管理能力。

对于无法通过并购实现的技术和业务互补，东华软件则采用多种形式的战略合作实现，包括与高校和知名高科技企业合作感知前沿的技术研发方向，与知名高科技企业合作释放本地市场需求，以及与热点领域的企业合作迅速积累业务和技术经验等。东华软件上市以来的主要战略合作情况如表 3.2 所示。

对于一些我们暂时无法收购的优秀企业，如 C3 LoT——全球最大的物联网技术公司，我们选择合作。合作有不同的方式。第一种是业务合作，相对容易实现。C3 LoT 需要市场和本地化改进，我们可以提供中国巨大的市场和产品本地化的能力。第二种是技术合作，比如我们结合 C3 LoT 的技术和应用案例，研发自己的物联网技术，为我们的客户推出物联网应用。第三种是资本合作，比如我们投资参股有潜力的成长型企业。（董事长薛向东）

表 3.2　东华软件战略合作情况一览表

时间／对象	东华输入	合作对象输入	合作形式与期望成果
2014.7／阿里云	技术、产品、解决方案、服务、市场营销能力	平台服务和推广	● 双方成立联合工作组，建立定期例会机制，双方在移动互联网、大数据、智慧城市等领域进行全方位交流与合作
2014.7—2017.2／盘锦、新郑、贵阳、海南等多个地方政府	技术、产品、解决方案、服务、市场营销能力	资金支持和城市业务需求	● 试点智慧医疗、智慧教育、智慧农村、智慧社区和智慧公安产品 ● 解决大容量存储、高并发、高性能、高稳定性难题，推进大数据在收集、处理、存储、分析、挖掘和共享服务方面的技术工作等 ● 推进大数据产业、智慧城市、云业务发展
2015.2／趋势科技	优质行业市场，包括医疗、金融、运营商和政府等	服务器生产和网络安全防御产品及技术	● 寻找应对网络威胁的最佳策略与解决方案
2015.4／超图科技	行业市场与经验，工业自动化 3D 远程智能监控系统	网络及移动地理信息系统（GIS）平台和技术	● 实现技术、应用和市场融合，共同布局工业 4.0
2016.7／华为技术有限公司	东软的智慧城市解决方案和实践经验	华为智慧城市解决方案和实践经验	● 智慧城市发展建设趋势和行动计划 ● 联合发布智慧城市解决方案
2016.8—2017.2／中国人寿、上海人寿、商业养老保险	软件实现能力，业务流程梳理，技术能力和品牌	医疗、保险行业知识和数据从业牌照	● 摸索"互联网+"业务流程，把精准医疗、智慧医疗等新业务与传统业务结合起来 ● 东华软件的信息化系统和 DRGs 服务形成产业协同，从而打通医保控费的支付闭环

（续表）

时间/对象	东华输入	合作对象输入	合作形式与期望成果
2016.10/ IBM	长期和海量的医疗数据、与优质线下医疗资源的合作经验	人工智能、深度学习、语音识别等技术在多种疾病治疗中的应用	• 建立联合团队和共同工作模式，共同开展针对精准医学的医学数据分析与转化方面联合开发 • 推动医学科研成果向临床应用转化 • 引进人才
2016.7/ 北京光谱信息和天鸿科技	大数据相关技术，市场营销能力	专利产品和大数据相关技术	• 大数据综合运营平台开发建设 • 专利产品"带有wifi模块的智能家用软水机"的商业化 • 推出"户联网"产品和解决方案
2017.3/ 美国物联网技术公司 C3 LoT	行业用户和市场，包括石油、智慧城市、智慧医疗、电信、能源电力市场等	基于云计算、大数据分析和机器学习的物联网应用和行业应用经验	• 推动中国能源互联网、工业大数据领域的建设及数字化转型

2016年8月，南海云都互联网产业启动仪式在海南儋州举行，东华软件海南大布局全面铺开

中关村模式　The Z-Park Model in China

人力资源

人才是董事长薛向东最关心的管理议题。公司目前 7 000 多人，拥有 60 多个分支机构，核心业务遍布 20 多个行业。多元的业务和多变的市场对东华软件的人才配置和激励措施提出了巨大的挑战。

人才配置

在人才配置方面，首先，公司在地域上分散研发人员，降低人力资源成本。算法模型的开发主要集中在北京地区，便于依托中关村的高端人才和配套科技力量，规模约 2 000 人。测试和运维等工作则移交给山东、武汉、西安、河北等地的 3 000 多名员工。其次，公司根据业务需求区分了三种人力资源配置方法：第一种按照行业布局配置具有行业背景的、稳定的事业部。事业部中有各自的技术、销售和服务支撑体系，结构和人员保持相对稳定，例如公司设有医疗和金融事业部，其中医疗事业部员工 1 700 多人，金融事业部员工近 2 000 人。第二种是围绕产品配置熟悉技术和市场的人员，并保持相对稳定。第三种则是针对临时的市场机会采用"动态资源池"配置。公司通过内部培养和猎头推荐等方式扩充人才队伍，形成"资源池"。这些人才不固定在某个事业部，也不指定特定的产品，而是根据公司战略需要，"动态地"匹配新兴的业务需求。当这些新兴的业务需求逐渐成熟而市场需求逐渐清晰时，这些人才从资源池中剥离出来，组成围绕产品的团队或形成固定的事业部。而当新兴的业务需求探索失败，这些人才则转向其他的新兴方向继续探索和积累。相对于固定行业专业岗位的人才而言，资源池里的人才具备更丰富的综合能力和知识广度，更适合管理岗位。"动态资源池"可以帮助企业灵活应对市场需求，同时，持续储备高级人才。

一些需要应对大环境变化、抓住时机完成的工作，我们主要采用"资源池"的做法。比如，国家政策导向可能带来临时的、行业性机会，这些机会往往利润丰厚或前景良好，但又充满不确定性、难以确切估计未来收益和可持续性，我们可能利用资源池中的人才来探索方向。比如，国家近两年大力投入水利，我们最初使用资源池里的人才积累行业信息和技术，然后当机会成熟，我们便将其拆出，成立固定的技术和销售团队。（软件研究院院长刘总）

人才激励

在人才激励方面，东华的经验可以总结为"靠待遇"和"靠感情"。公司自2012年起实施股票期权激励计划，侧重对技术人才的激励作用。在工资待遇上，中层员工的工资与行业持平，而高层员工的工资待遇高于行业水平，目的是激励员工借助公司平台快速成长。公司也尝试资助员工借助公司平台自主创业。

企业内部自主创业，就是你自己有想法，有招数，需要我们搭一个平台，你自己出一部分钱，公司平台也给你一些资助，同时为你提供一些支持，在企业内部由你主导来发展一些项目。（高级副总裁王总）

"靠感情"则体现在关心员工发展机会、注重公平晋升环境和领导人个人魅力三个方面。在东华，公司的新进员工往往能够很快进入工作状态，在短时间内积累大量知识。同时，公司设有技术岗和管理岗两条晋升路线，以保证不同专长的人才能够得到提拔和重视。很多副总级别的高层管理者，都是从销售岗位慢慢提拔的。东华的公平晋升环境和社会责任感也体现在对残疾员工的一视同仁上。东华软件集团累计招收了140多名残疾人，多数集中在北京办公区，工作在秘书、前台、财务和技术等多个岗位上。在东华看来，"对公司做出贡献并适时对公司的运作管理提出合理的意见的人"都是对公司最有价值的员工。

我们公司残疾人比较多，但他们跟普通员工一样。我们一个员工腿不好，但他从一个普通的技术员，经过不到十年的努力，成为经验丰富的项目经理，做得非常好。我还整理过客户给他的表扬信，说他的工作非常到位。（市场部副经理吕总）

最后，领导人个人对公司人才的激励也不可忽视。在很多员工看来，他们的薛总平时虽忙碌，却务实好学，他几乎不需要文秘准备文稿，熟悉业务且常常亲力亲为。

中关村模式　The Z-Park Model in China

扶残就业践行公益，2017年1月，薛向东董事长荣获感动海淀十大文明人物

薛总接受新信息的能力很强。我们刚开始来的时候，公司经常在学习平台上发很多东西，薛总会在杂志上圈点（一些内容），推动大家跟踪进展。后来他是利用微信每天关注大量的行业信息，常常在事业部的群里推送值得关注的行业动态，有时候也会持续跟进一点一滴推动进展。

薛总这个人比较务实，也很平易近人，很多员工觉得跟他沟通起来很顺畅，也许因为对这个董事长很认可，对这个企业也更加认可。（市场部副经理吕总）

结语

作为IT界的翘楚，东华软件始终围绕软件开发、系统集成和技术增值服务三项核心能力支撑其多元且前沿的业务布局。一方面，它借助内生式和外延式的研发战略强化和补充核心能力。另一方面，借助以"动态资源池"为特征的人力资源配置方案和以"感情和待遇并重"为特征的人才激励措施支撑其灵活多元的业务需求。近年来，随着云计算、大数据、物联网等新技术的蓬勃发展，东华软件紧跟行业趋势积极转型，布局互联网领域，并开始在移动医疗等领域崭露头角。

学者说

东华软件的薛向东董事长是一位为人低调稳重,非常具有亲和力、同时学习能力也很强的管理者,他很少要求秘书帮他准备参会或演讲的材料,甚至常常向各个研发团队推送前沿热点资讯,分享他的洞察心得。由他创立的东华软件公司似乎也带着类似的印记:低调,亲和,敏锐。说它低调,是因为作为一家幕后软件企业,消费者的眼中找不到东华的身影,而东华却渗透在金融、医疗、政府、通信、能源电力、水利等与人们生活息息相关的生活服务中;说它亲和,是因为这样一家放眼全球的高科技企业,它并没有拒人千里之外的冷酷姿态,而是为一百多名残疾员工提供了公平的就业和成长平台;说它敏锐,是因为作为一家以技术为核心能力的企业,它并没有远离市场和需求,也没有拒绝变革与转型,而是不断地扫描环境动态,提前储备技术,主动摸索和尝试新的机会。

从成立至今的16年里,东华软件斩获了软件开发和系统集成领域的多项创新和技术荣誉,同时,它的业务也从最初的医疗行业逐渐扩展到了包括金融、政府、通信、能源、电力等在内的二十多个行业。前者是东华在技术领域坚持深耕的结果,后者是东华在业务领域的持续开拓结果,这看似矛盾的两种活动究竟是如何实现的呢?通过访谈,我们认为东华的深耕和开拓离不开四个要素(见图3.4)。

第一,找准产业链定位,深耕和迭代核心能力。东华软件将自己定位为软件企业,在价值链中对其他企业和用户提供支撑与服务,始终坚持"软件开发、系统集成、技术增值"三项核心能力。如薛向东董事长所说,东华软件面临多元化的市场,要求多元化的经营,但核心能力必须专注。

第二,以政策导向和国际视野为方向,积极整合新兴业务,快速融合现有资源。相对于其他行业,软件行业所面临的环境波动性更加明显:技术变革频繁,需求波动明显,竞争格局也常常变化。这为企业长期规划提出了巨大挑战。为了降低探索和变革的风险,东华软件选择跟随国家政策导向,为企业的研发和市场开拓创造相对稳定的未来环境。

（续）

第三，以"资源池"为特征的人力资源制度帮助企业动态配置有限资源，在鼓励积极探索的同时，降低激进式创新的风险。"资源池"制度不仅能够使企业更灵活地配置资源，而且能够更好地培养和锻炼员工，为企业储备综合能力更强的员工，也是一项有利于企业长期发展的措施。

第四，一把手的学习态度和社会责任成为全体员工的学习榜样，吸引着企业员工的不断追随。

也许，东华软件成为像 IBM 那样的"牵引式"企业并不是遥远梦想，我们相信，东华软件一步一个脚印，也会走出一条出色的国际企业之路。

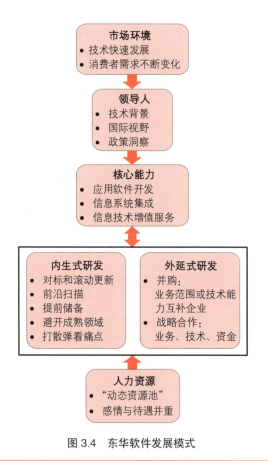

图 3.4　东华软件发展模式

广联达：智慧建筑的数字管家

走进中关村软件园二期园区，一幢现代感十足的红色建筑引人注目——广联达信息大厦。这栋占地一万平方米、总建筑面积三万平方米的建筑物可谓是现代数字建筑的集大成者。不仅大厦的空间结构、体型外观、交通流线采用了三维设计，甚至全年能耗、风环境、采光状态、人员疏散等都经过周密的模拟分析。2015 年，广联达信息大厦通过了美国绿色建筑协会的 LEED 认证考核，被誉为建筑界的"诺贝尔奖"，代表着绿色建筑的最高标杆，也是广联达技术和能力的最佳体现。

企业背景

广联达成立于 1998 年，是我国建设工程领域信息化产业的首家软件上市公司，致力于为客户提供建设工程全生命周期的信息化解决方案。公司掌握 380 余个软件著作权、30 余项核心技术、近 20 项专利，其中，3D 图形算法居国际领先水平。在针对项目全生命周期的 BIM[1] 解决方案、云计算及管理业务技术平台方面，广联达亦有深厚积累。

---

[1] BIM，即建筑信息模型（Building Information Modeling），是以建筑工程项目的各项相关信息数据作为模型的基础，进行建筑模型的建立，通过数字信息仿真模拟建筑物所具有的真实信息。

中关村模式　The Z-Park Model in China

2010 年 5 月，广联达登陆深交所主板。上市后的广联达并没有停下脚步，而是开始思考如何运用资本提高企业竞争力。2010 年至 2014 年期间，广联达完成国内外四次并购，通过收购拥有创新产品或技术的企业来补充自身能力的短板，拓展服务范围。2015 年至 2016 年，公司从套装软件开发商向建筑产业互联网平台服务商转型，产品从单一的预算软件发展到工程造价、工程信息、工程施工、工程设计、企业管理、教育培训、电子政务及面向各类客户的互联网应用等八大类、七十余种，并被广泛应用于房屋建筑、工业工程与基础设施建设三大行业。

董事长刁志中毕业于沈阳航空航天大学，本科毕业后成为一名工程师，从事计算机信息化的研发工作，结合企业的业务特征做软件开发。刁志中没想到的是，他和同伴开发的预算软件不仅在公司内部得到了应用，同行企业也纷纷使用起这套免费又好用的软件。这令刁志中精神一振，软件行业是不是蕴藏着巨大商机呢？当时以用友为代表的财务软件已经兴起，刁志中与合伙人通过对建筑市场的了解和分析，在软件热潮中选择了竞争少、前景好的造价软件作为公司主营产品，带领着广联达如火如荼地加入了"甩图板"的热潮中。

广联达在创业之初的目标是成为"全国工程造价软件行业第一"，经过十余年努力，公司如愿成为行业领头羊，在造价软件市场的占有率超过 50%。但更加开放的全球化竞争与协作、突飞猛进的建筑、材料、信息等技术的发展、工程规模的复杂化，以及迫在眉睫的能源与环境问题，都要求建筑行业以速度更快、节能更多、成本更低、风险更小、管理更科学的方式发展。同时，国家也提出了"绿色发展"的方针政策，身处建筑行业这一能耗大户、污染大户的各家企业都面临着转型改革的关口。广联达的管理层敏锐感知到了市场和政策的变化，2015 年公司开始逐渐向建筑服务平台提供商转型，进行"二次创业"。这次的广联达更加雄心勃勃，目标直指"世界第一"。图 3.5 显示了广联达近 5 年的市值情况。

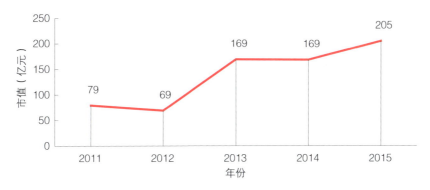

图 3.5　广联达 2011—2015 年市值

战略布局

广联达定期为未来的三年、六年和九年制定短期、中期和长期的战略目标，这使得企业高层对行业发展大势有敏锐的嗅觉。管理层通过对比国内外建筑行业的信息化发展发现，与美国和欧洲成熟的建筑运维产品相比，中国的建筑运维才刚刚起步。发达国家现代建筑行业的重点是"对存量市场的信息化投入"，我国目前还处于"增量市场的信息化投入"阶段。因此，管理层预见十几年后的中国一定会成为全球最大的运维市场。广联达发现了运维这片蓝海，想从"造价岗位信息化"上升到"数字建筑平台信息化"，利用数字平台进行项目管理、工程建造乃至工程运维。虽然广联达目前的产品是项目施工、项目招投标、项目设计，但广联达的未来目标是为项目运维提供解决方案。

现在要转型，我们让整个产业上升到用数字建筑的这个平台上，利用数字平台进行项目管理，进行工程建造，乃至后面的工程运维。（董事长刁志中）

从全球行业信息化的角度来讲，中国的运维刚刚开始。美国和欧洲的运维很成熟，它们建筑业的特点是对存量市场的信息化投入，中国的建筑业还处于增量市场的信息化投入。可以预见，十几年以后，中国一定是全球最大的运维市场，会超过美国。（董秘张总）

企业转型

广联达最初的定位是为建筑行业的预算员提供套装软件的产品制造商，公司也朝着这个方向稳步前进，成为行业领先企业。2015年，国家住建部的新改革方案提出了未来建筑行业的新设计——"金字塔式"格局：上层是主营EPC[1]、PPP[2]业务的核心企业，下层是承包工程劳务的企业。这样明确的企业级分工使广联达重新审视自己在行业中的位置。此外，全球化竞争、建筑行业技术的飞速发展，以及迫在眉睫的能源环境问题，都对企业提出了新挑战，广联达也顺势而为，开始逐渐向建筑服务平台提供商转型，谋求更大的市场空间，进行"二次创业"。为了实现突破，一把手带头学习，带领管理层共同研讨，探索转型方向。公司设置了多个突击队，将刁志中的想法进行试点，在试验过程中不断校正思路和方向，确定转型节奏。每个突击队有七八人，皆是精兵强将；研究方向也各不相同，包括进度管理软件的开发研究、钢结构设计研究等。

做一个公司确实能体会到张瑞敏所说的"胆战心惊""如履薄冰"，尤其是在转型升级的时候。刚开始很纠结，现在慢慢自信了，走出去看、聊，就越发坚定了。（董事长刁志中）

在"二次创业"开始之前，广联达对"一次创业"进行了系统分析和复盘。在实现"全国工程造价软件行业第一"的过程中，广联达首先顺应了经济制度转型的潮流，抓住了甲乙双方对工程预算软件的刚需；其次，精准地找到了市场定位——造价员，ToC[3]业务较ToB[4]业务而言有更广阔的市场，广联达

---

[1] EPC (Engineering Procurement Construction)，即工程总承包，是指公司受业主委托，按照合同约定对工程建设项目的设计、采购、施工、试运行等实行全过程或若干阶段的承包。

[2] PPP (Public-Private Partnership)，即政府和社会资本合作，是公共基础设施中的一种项目运作模式。在该模式下，鼓励私营企业、民营资本与政府进行合作，参与公共基础设施的建设。

[3] ToC，即To Consumer。ToC产品是发现用户需求，定义用户价值，并准确地推动项目组达成这一目标。

[4] ToB，即To Business。ToB产品是根据公司战略或工作需要，构建生态体系，或者推动流程系统化，提高效率。

更是从价格策略上给予支撑，使其在同类产品中立于不败之地；再次，在产品策略和推广策略上下足了功夫，一方面通过政府背书让用户放心使用，另一方面为用户提供免费培训，增强用户黏性，还建立了自己的直销渠道传递产品价值；最后，广联达对自主研发的重视和对技术的专注和耐心是支撑公司成长的核心力量。

在总结了过去的经验之后，公司在战略层重新思考了企业定位，从套装软件制造商转变为建筑服务平台提供商，实现企业从专业化向平台化的战略转型。广联达的管理层通过务虚会和中高层战略研讨会分享信息，通过上下互动达成共识，借助集体学习方式明方向、定节奏，持续寻求自我突破的机会。

在业务部门，公司开始实行部分业务线的改制，分为跟投和创投两种方式。如果一个项目是员工想出来的新点子，成熟度偏低，离公司的战略支撑还比较远，那么公司就做小股东，让创业团队来当大股东，公司在资金、技术、市场、品牌方面给予资源支持；对于一些公司既有业务，已经进入发展轨道，但还没有完全成长起来的项目，公司就占大头，赋予团队20%左右的股权，放手让他们去奋斗。这两种方式都要求创业团队实际出资，并约定好协议。内部股改机制让一批优秀人才成为子公司的股东，随着业务的发展获得回报，并能够通过真正的经营打拼出来，晋升成为公司的核心骨干。

为具有企业家精神的员工提供创业空间。公司以参股或控股的方式鼓励员工成立子公司，支持内部创业，这个机制解决了"公司的成功与我何干"的问题，比去改一个渠道、改一个O2O更彻底。（CEO 贾总）

研发新产品也是广联达在转型过程中的核心环节。广联达特别注重方法论的提炼和总结，形成了一套对新业务阶段控制的评审流程——产品孵化论。产品孵化论通过完整的业务创意、产品孵化和商业孵化三个环节对新的业务想法进行产品化。由新业务团队提出商业计划，由IPMT[1]业务战略管理团队负责

---

[1] IPMT（Integrated Portfolio Management Team），即集成组合管理团队，是IPD体系中的产品投资决策和评审机构，负责制定公司总的使命愿景和战略方向，对各产品线运作进行指导和监控，推动各产品线、研发、市场、销售、事业部、服务和供应链等部门全流程的协作，制定均衡的公司业务计划，并对新产品线的产生进行决策。

审查，经过多轮评审以保障产品有创意、有市场、可推广。借助产品孵化论的指引，广联达用不到三年的时间，实现了技术和商业模式设计、前期试验、实践成型和规模化推广，实现了高速发展。

广联达希望走专业化、平台化、全球化的发展道路，在国内充分利用产融互促[1]方式实现双轮驱动，在国外积极并购有潜力的企业，以最终实现成为建筑产业互联网平台服务商的愿景。2016年，转型后的广联达整体业务拓展至软硬件专业应用、产业大数据、产业征信、产业金融等新领域。

国内布局

广联达通过自主研发核心技术、深耕国内市场，使自身产品——建筑造价员套装软件的市场占有率在公司上市前就达到50%以上。上市后，广联达为了快速提升企业的核心竞争力，在注重内部研发的同时也在积极并购扩张。广联达在收购时不拘泥于形式，或采取一次性收购的方式，如收购北京梦龙软件公司、上海兴安得力软件公司、芬兰Progman；或采用分期收购的方式，如收购杭州擎洲公司。

2015年后，广联达开始使用更加灵活的方式控股或参股其他创业公司——投资产业基金，如与英诺资本与启赋资本两家投资公司合作投资。广联达与投资公司分工明确，由广联达在建筑行业或互联网行业选择相关技术或产品公司，由投资公司做一般合伙人(GP)，广联达做有限合伙人(LP)，再加上由投资公司组织的其他LP募集资金进行投资。值得一提的是，在选择投资对象时，广联达非常看重拥有5D技术的公司，因为这与广联达自身的技术优势更契合，也使未来可能的合作更加便利。

---

[1] 产融互促，即企业通过成立产业基金的形式，以一定的出资比例，并依托国有企业为其背书，撬动社会资本，来对其自身的产业链及上下游进行投资，从而强化其产业链关键环节，并通过资本市场退出或回售给集团上市公司获取高投资收益。产融互促既可以借助企业金融资源和手段促进集团的主业发展，也可借助主业资源和优势提高金融业务投融资收益。

跟英诺和启赋的投资都是为广联达做产业内的投资并购服务的，它们（英诺、启赋等）的价值体现是解决资金的优势。（董秘张总）

国际布局

广联达英文名为 Glodon，don 取自 development，寓意"永不止息的开拓与发展"；选择 global 中的 glo 作为名称的一部分，代表广联达开启全球化的视野，国际化发展将成为新时期的重要增长引擎。广联达管理层对未来全球发展战略已经有了比较成熟的考量：立足东南亚和欧洲市场，积极突破美国市场。对于未来建筑业的主战场，广联达有自己的思考：未来中国、美国和印度三个国家的建筑业体量将占到全球的 60%，所以在保障国内市场份额的同时，也需要突破美国和印度两个巨大的潜在市场。为了突破美国市场，广联达将以欧洲为先导，先在欧洲市场做大做强，运用资本力量采取并购措施，不需要过多人力资本和长时间的本地化运营就能在欧洲市场快速布局。事实上，广联达已经在 2014 年并购了芬兰企业 Progman 作为开拓欧洲市场的先行军，后期将设立英国子公司等。

建筑市场全球最大的是中国、美国、印度，未来十年这三个国家，将占到全球建筑业的 60%，所以我们一定要把美国和印度拿下来。美国那边我想不会是中国这种开拓市场的模式，一定是收购的方式，发挥资本的力量。（董事长刁志中）

广联达在进行并购公司的选择时，对技术型公司更看重团队的稳定性，尽可能避免因为公司变动而影响员工工作积极性。比如对芬兰技术型公司 Progman 的收购，为了避免对方团队产生不愿被中国企业收购的心理，广联达让其香港子公司在卢森堡这个税收和关贸协定比较友好的地域先设立三级子公司，再通过卢森堡公司完成并购。Progman 在被收购之后营收增长速度非常快。

如果是技术公司，我们更看中人，比如说对芬兰公司的并购，我们看中团队的稳定性，千万不要并购过来人都走了，给我们留一堆代码是没有用的，这是我们的一个朴素认知。在并购芬兰 Progman 之后，公司高层邀请对方高管团队访问广联达，介绍了公司的战略愿景、发展现状与企业文化。他们听完介绍后都非常激动，感受到广联达的价值观和未来广阔前景，也非常愿意积极地融入广联达这个大家庭中来。（董秘张总）

2014 年，广联达成功收购芬兰技术型公司 Progman

创新研发

广联达从创立到现在经历了近 20 年的积累和扩张，已经成为一家拥有多项自主知识产权的公司，其 BIM 技术更是处于国内领先地位，从 2004 年开始 2D 技术研发，到 2008 年实现 3D 技术突破，再到 2013 年从三维模型角度实现进度和成本管理的 5D 技术。信息时代来临，大数据、云计算和物联网的快速发展给了建筑这个传统行业焕发新生的机会。广联达牢牢把握住已有的技术优势，以"数字建筑"为目标，不断向前迈进。

自主研发

广联达坚持高强度的研发投入,近3年投入超过12亿,2016年研发投入超过5亿,积累了30余项核心技术、380余个软件著作权、20余项专利,在其自主研发的历史进程中有两个关键的时间点——2008年和2012年。2007年,行业内还在做二维平面图时,广联达就立项要做三维图形技术算量产品。当年,广联达与清华大学开始合作进行前期的技术探索,研发团队经过一年的拼搏,终于在2008年得以初步突破三维图形技术;后来又派技术骨干专门前往美国学习研究,回国后进行很多BIM相关的产品研究,经过实验、舍弃、再实验的循环历程在2012年迎来了新的突破。2012年,广联达承接了广州东塔项目的BIM和项目管理整合系统。东塔项目应用了广联达当时最新一代的图形平台,基于BIM实现"目标设定——模拟优化——跟踪展现——分析调整"的完整进度管控流程,实时跟踪并预警进度信息项目。团队成员长期在广州驻场,条件非常艰苦,与客户紧密配合,最终项目大获成功,工期提前60天,材料损耗低于行业基准值30%—35%,预估节约成本1 200万以上,东塔也成了国内施工总包基于BIM的项目管理标杆项目。广联达坚定自主研发的决心,成立自己的研发团队持续钻研。从开始"不想受制于人"的意气,发展到"要给中国人做自主知识产权的图形平台"的愿景,广联达的发展历经艰辛。

从最早我们不想受制于人,到现在公司提出来我们要给中国人做自主知识产权的图形平台,从国家信息安全战略上看也是很重要的。(研发经理周总)

技术的突破需要一定时间的铺垫和积累,在过程中遇到挫折,或者是失败,这些是很正常的。(研发经理周总)

广联达有比较完整的研发流程,主要包括技术研究、实验室产品、样板客户试点和大规模市场推广。前期由个人或团队提出想法,待到实验室立项、技术研究具备可行性之后才能在实验室进行产品生产,成品制作完成后送到客户处检验它完成实际工作的能力,此后再进行样板客户的小规模推广,最终进行规模化销售。广联达借助孵化方法论指引技术研究的实践,使之在行业内始终处于领先地位。

广联达在创新研发方面的双元能力主要体现在"721"法则上，即 70% 的研发是渐进式创新，聚焦近期或者短期内为公司贡献主要收入、支持公司运营的主营产品和业务；30% 的研发进行激进式创新，其中 20% 突破中期（1—3 年）新业务；10% 布局长期发展（3—9 年），基于此进行前瞻性的技术研究、原型开发或深度实践。在这样的法则指导下，公司的技术水平一直处于行业领先地位。

广联达对员工的考核机制也与"721"法则相呼应，结合员工的不同岗位进行矩阵式的绩效管理。岗位分为产品类、测试类、运营类、技术研发类等，其中技术研发细分为短期、中期和长期，与客户相关或是基础研究等。

合作研发

处于行业技术领先地位的广联达还与高校合作开展探索式创新，比如北京研发中心与清华大学合作、上海研发中心与上海交通大学合作专攻 BIM 研究。对高校的每一个研究课题，在广联达内部都有一个对接人，他不仅要参与研究过程，还要定时向公司的管理层汇报高校的研究进展、落地实践的可能性，这种对接人制度大大提高了科研到产业界的转换效率。

除了与高校合作之外，广联达的国内外研发中心也有内部的合作研发。公司研发中心分别位于美国硅谷、马里兰中美科技园、芬兰，以及国内的北京、上海、西安和济南等地。广联达各研发中心的分工各有不同，形成了一套流畅的合作模式：美国硅谷有业务基础和研究基础，主要负责产品研究；北京、上海有比较好的人才基础，主要负责产品开发；西安和济南则主要负责产品测试；等等。

合作研发最大的难点在于如何保障团队的协作效率。广联达通过建立对接团队、正式化沟通制度、固定面对面交流来解决问题。2015 年在建造硅谷大数据中心时，美国团队回京考察，北京方面派各业务线的技术人员、产品人员等为他们讲述业务流程和产品形态，着重介绍产品与数据的关系。经过两个星期的沟通和讨论，负责人回到美国继续进行研发，北京方面安排一个小组进行对接。但团队管理相对松散，成员联系不够紧密，双方都只停留在解答疑问的阶段，无法实现理想的深度合作，13个小时的时差更降低了视频会议等通信手段的沟通效率，使得双方交流受限。2016年上半年，公司专门成立了北京团队，首先，在工作制度上建立了定期沟通机制，每周在固定时间开例会沟通工作情况；其次，任务统一安排，大家的讨论变得更有针对性，美国团队在技术上优势明显，但对公司的业务和产品了解不深，而北京的团队可以很好地弥补这个缺陷，并且每过一段时间双方互相交换成果，及时了解对方的进展；最后，增加面对面交流的机会，2016年5月美国团队来北京和中国团队直接交流两个星期，一起开会、讨论、聚餐，使得合作的程度、理解的深度陡增。这三种措施极大地提高了异地团队的协作效率，使得研发项目向前发展了一大步。

与此同时，广联达还在全球广泛进行技术的投资和兼并，除了上文提到的芬兰 Progman 这家全球领先的 MEP 设计和施工软件公司，在以色列还投资了园区模型技术公司，以及在美国硅谷投资了手机逆向建模公司，这种技术通过手机对房间快速扫描、上传到云端计算就能直接进行逆向建模。

知识管理

在知识管理方面，首先，企业高层不断研究商业本质，通过发现规律确立战略制定的基础与方法；其次，组织对产业环境保持高度敏感性，积极了解行业和技术动态，向先进学习、向客户学习；同时，公司通过不断提升组织能力，制定环境适应性发展策略，调配资源，集中力量谋求发展。

从个人层面来看，董事长刁志中具有极其敏锐的洞察力和学习力。他不断走访全球相关企业拓宽视野，深化对技术的深刻理解，提高对产业发展的前瞻性预判，寻求企业发展的新机遇和创新空间。平日里，刁志中董事长有读书的习惯，并且会将看到的有价值的文章扫描后发给高管和员工共同讨论学习。微信的兴起使得知识分享更加便捷，2016年刁志中董事长仅通过微信分享给员工的好文章就多达1 300余篇。

从组织层面来看，广联达设置了研究院，专门收集关于技术动态、客户、行业友商、其他行业领先企业的各类信息，推送给公司高管和战略委员会。广联达在打造自身的学习型组织之余，还将学习成果分享给客户和合作伙伴，寻求跨界创新。公司的官网首页设立了"精英直播间"和"共读一本书"两个栏目，利用视频直播的方式请专家讲课，激励行业相关人员共同阅读行业发展报告。此外，广联达的研发部门会定时举办竞赛活动，如"黑客马拉松"，希望员工在活动中展现自己的知识积累，并将其最终沉淀为公司的知识资产。

人力资源

广联达把人才战略作为企业发展的重点，"以人为本"的发展战略受到了业界的高度认可，连续多年荣获"年度中国人才发展最佳企业奖"及"年度最佳雇主"称号。公司重视人才培养，通过为员工提供职位发展指导、持续的内部员工培训、鼓励员工通过内外部职业资格认证等，不断提升员工素质及专业能力，以实现员工与企业的共同成长。在广联达公司的企业文化体系中，企业的使命是"追求全体员工的物质和精神幸福，用科技创造美好的生活和工作环境"，"员工的幸福"始终是公司关注的焦点。

招聘与培养机制

在人才招聘方面，广联达采取校园招聘和社会招聘并行的方式，注重以企业愿景感召人才。一方面，广联达对一些"985""211"等技术类院校开展校园招聘，培养应届毕业生与企业共同成长。另一方面，广联达也在积极地引进社会高级技术和管理人才，以开放的心态迎接有能力、有目标的新同伴。这种双轨并行的方式使得公司的人才结构保持平衡，既稳固又不失创新性。胸怀理想的优秀人才纷纷加入，为广联达实现"工程建造领域全球第一的产业互联网平台服务商"共同奋斗。

公司的愿景使命确实是激动人心的，把这些人召集过来，他要是没有内驱力肯定做不好，所以我想第一就是事业的感召。这些人确实想实现我们刚才说的，成为全球NO.1，成为一个让中国人骄傲的企业……这些人都是很优秀的人，越优秀的人，他越希望有这种使命感和成就感，就跟当年中国搞"两弹一星"的科学家一样，虽然隐姓埋名但是心里是热乎的。（董事长刁志中）

在人才培养方面，广联达有一套完善的、颇具特色的员工培养体系，不仅有研发系列、销售系列、项目管理类和新员工等培养计划，更有"E-Learning在线学习平台"帮助员工随时随地进行知识更新和积累。广联达的特色任职资格体系[1]也在逐步落地实施，该资格体系与员工培训、员工发展紧密结合，为公司持续输送管理和技术人才。

考核机制

2013年起，广联达开始在公司试点"阿米巴经营"[2]模式，通过内部结算的方式对试点部门进行考核，2014年推广至各部门。对有收入的利润中心而言，考核效益是比较容易的，但对某些职能部门、非利润中心（如财务部门、人力资源部门）来说，如何量化它的价值是比较困难的。以财务部门为例，财务部门分为很多组，如核算组、预算组等都可以成为"阿米巴经营"实体。预算组的工作是分析公司预算的执行程度，它可以具体到每个业务执行的预算情况。广联达有非常完整的预算管理体系，每个月有针对各部门的预算分析表、分析报告，通过报表可以清晰地看到各业务的预算执行表现，如果预算组做得好、对提升预算管理是有帮助的，改善的程度可以通过内部结算的方式量化，由此就可以体现出财务预算组的价值。广联达通过"阿米巴经营"的内部结算来考核PC类部门和NPC类部门[3]的效益，大大提高了公司各个子单元的运行效率。

我们要一层一层剥开，去看每一个经营单元在组织里面的价值体现是什么样

---

[1] 广联达的任职资格体系为每一类岗位（如研发、营销、运营等）的不同级别设置了不同的任职资格，由专门的委员会负责评定员工的个人能力及其对应的级别。

[2] "阿米巴经营"是日本稻盛和夫先生的一套理论，其逻辑是把一个庞大的组织和体系尽可能化成最小的经营单元，考核每一个经营单元的投入和产出。如果每一个最小的经营单元都有很好的价值贡献，它能带动一个部门、公司都健康发展。

[3] PC，即Profit Center，利润中心；NPC，即Non-Profit Center，非利润中心。

子,通过"阿米巴经营"内部结算的方式来激活每个经营单元的活力,这是它对整个组织和公司的贡献。(董秘张总)

"阿米巴经营"模式还为公司培养了大量"技术商人"——有技术背景也有经营意识的员工。成为一个"阿米巴经营"主体的组织者意味着他的身份从执行者转换为经营者,必须要考虑这个部门或小组的收入、成本和利润,大大促进了员工经营意识和能力的快速成长。这些"技术商人"正是公司干部的后备力量。

从执行者到经营者的转变之后,如果一个人有非常好的经营意识,不管通过开源还是通过节流,最后使经营体的利润体现非常好的话,他就是一个合格的经营者,以后会成为一个业务的合伙人。在业务合伙人中如果再表现优秀的话,他将会成为公司的合伙人。这实际上是帮助员工在公司这个组织里快速成长。(董秘张总)

激励机制

为了促进公司稳步发展、实现战略目标,广联达不仅以企业愿景吸引人才,更建立了以"价值创造——价值评估——价值分配"为主线的激励机制和约束机制,保障员工的物质和精神幸福,实现组织与员工的良性共赢发展。广联达还为参与内部创业的员工设立了合伙人制度,根据对子公司的参股程度,广联达为员工的工作岗位和福利提供相应的保障措施:对广联达控股的业务改制公司员工而言,他们仍隶属广联达,享受广联达员工的所有福利。对由广联达参股的业务改制公司员工而言,会一分为二地看待:发展较好的子公司可能由广联达重新控股,此时子公司的员工也回归广联达;对发展不够理想的子公司员工,广联达仍为他们敞开大门,尽力为他们协调工作岗位,只是需要他们以新员工身份入职。虽然这样会重新计算晋升年限,但他们比一般的新员工更了解企业,有更多的工作经验,也会有更多的竞争优势。

"以奋斗者为本"是广联达的核心价值观之一,公司在福利体系方面亦是不断探索,推出了包括补充医疗体系在内的弹性福利体系,积极为公司员工解决宿舍之类的实际问题。

要做一个以人为本的公司,首先要让大家能够安下心来工作。(董秘张总)

结语

从榫卯构筑到夯土承台,从殿阁宫堂到高楼大厦,建筑业历经了几千年的时代变迁。当下,以物联网、大数据、云计算、移动设备、人工智能为代表的信息技术,必将从支撑建筑产业发展转变为引领建筑产业现代化变革,在这个古老产业掀起一场信息革命。相较其他产业,建筑业一直较为粗放,转型升级将重新定义工程项目标准——高效率、高质量、高能效交付,从过去的粗放向精益化、工业化转型,从过去的高能耗、低质量向高效节能、绿色智能、人文生态转型。广联达深耕建筑领域近20年,"让造价员甩掉计算器",经历从服务产业到融入产业再到重塑产业的过程,现在则基于产业互联网转型升级,开始二次创业成为建筑产业互联网平台服务商,奋力从全国工程造价行业的NO.1向世界第一的数字建筑产业平台迈进。

学者说

外观简洁大方的广联达大厦,内部却是别有洞天。根据光照自动调节的玻璃穹顶、通风清新的会议室、独具匠心的疏散楼梯和精心计算数量布局的电梯、洗手间,无不让人叹为观止,谁曾想到一栋大厦也能暗藏诸多玄机。

董事长刁志中先生沉稳内敛,但谈起行业变化和企业战略滔滔不绝,非常兴奋。他胸怀天下,立志带领公司成为让国人骄傲的全球第一,做一家基业长青的百年企业;他心系员工,坚信"先安居后乐业",致力全体员工的物质和精神幸福,共创大事业、大家庭。作为深耕建筑领域近20年的上市公司,广联达一直对市场发展趋势有自己的预判,坚持自主创新让广联达在企业发展中不受掣肘;更是在互联网时代来临时拥抱产业互联网、坚定转型升级的想法,致力于打造专业化、平台化、全球化的建筑产业互联网平台服务商。广联达期望用科技的力量让每个项目成功,共创工程造价行业新生态,共促建筑产业新发展,共建美好的生活和工作环境。

（续）

广联达从一家初创公司成长为行业领头羊，关键要素有以下几点（见图3.6）：

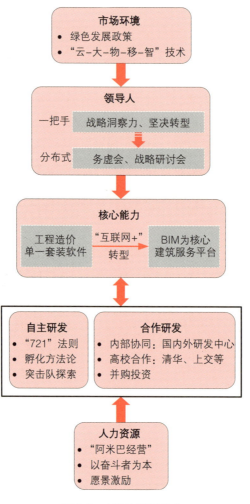

图 3.6　广联达发展模式

第一，一把手对市场的发展趋势有敏锐的嗅觉，在"云计算—大数据—物联网—移动互联网—人工智能"技术兴起的风口能够及时认识到企

（续）

业未来的发展方向，毫不犹豫地投入转型。广联达是一个学习型组织，不仅积极了解行业和技术动态，向先进学习、向客户学习，一把手的战略远见还会通过务虚会、战略研讨会的方式分享到组织管理层，形成分布式领导力。

第二，广联达坚持高强度的研发投入，按照"721"法则进行布局。通过对一次创业成功经验的复盘总结"孵化方法论"，形成完整的研发流程指导研发过程。国内外的多个研发中心各有分工，高效协同。同时，广联达善于挖掘行业中有潜力的创业企业，以并购或投资的方式对其控股或参股来增强自己的技术竞争力，并且以创投和跟投两种方式鼓励内部创业，激发员工的创新热情。积极与高校合作，建立紧密的对接管理机制，加快科研向产业的转化速度。

第三，广联达在人力资源管理方面创造性地引入"阿米巴经营"，不仅在绩效考核等方面为公司提供便利，更是为企业发展培养了后备管理力量。广联达坚持"以奋斗者为本"，通过愿景激励员工共创大事业。

蓝色光标：数字化转型之路

企业背景

蓝色光标传播集团是一家为大型企业和组织提供品牌管理与营销服务的领军企业，主营业务为整合营销、电子商务、移动互联和大数据。集团旗下拥有蓝色光标数字营销机构、蓝色光标电子商务、智扬公关、思恩客广告、精准阳光、博杰传媒等本土业务品牌，以及 Metta 广告、We Are Social、Fuse Project、Vision 7 等海外业务品牌。公司持续服务于约 2 000 个国内外领先客户，涵盖信息技术、汽车、消费品、房地产、互联网、金融、文化娱乐等各个行业，其中位列财富 500 强的企业客户近百个。作为 A 股的上市公司，蓝色光标市值最高的时候达到 500 亿。2016 年，蓝色光标营业收入为 123 亿元，实现利润总额 6.42 亿元。

董事长赵文权 1991 年毕业于北京大学政治学与行政管理系（现政府管理学院）。他的职业生涯开始得并不如意，原本的理想是成为一名外交官，却阴差阳错地被分配到王府井商场卖布鞋。他每天清晨 6 点起床，上班途中辗转几次公交，工作时间还需要一直保持微笑服务。这段经历让他第一次体会到什么叫真正意义上的服务。不久后在同窗兼室友孙陶然的劝说下，他辞职加入了四达集团公关部，彼时他还不知道什么是公关。1994 年，赵文权受邀担任公关公司路村咨询的总经理。他发现，随着互联网技术的快速发展，本土 IT 公司逐渐崛起，同时越来越多的跨国企业开始进入中国市场。赵文权注意到，相对于海外公关公司，这些跨国公司及本土巨头更希望雇用"土著"以避免水土不服。直觉告诉他公关行业未来在中国会越来越重要，于是他找到孙陶然，又邀请了许志平、吴铁和陈良华三人一起创业。

1996年，赵文权和创业伙伴们齐聚北京大学南门外的中成大厦，合伙创立了蓝色光标。这个名字来源于企业最初聚焦的IT行业，光标代表鼠标，而IBM有"蓝色巨人"之称，因此他们将企业命名为蓝色光标。蓝色光标初创时定下的三年规划是：第一年利润100万，第二年营业额1000万，第三年净资产1000万。受益于20世纪90年代末国内的互联网浪潮，新公司最初的发展很轻松，三年规划全部实现。至2000年互联网泡沫破灭，IT业发展速度大幅下降，蓝色光标开始向汽车、消费品、游戏等不同行业延伸拓展。此时的服务内容是跟传统的媒体报纸、杂志、电视台打交道，为企业进行品牌推广和危机管理等。2006年，BBS的出现和后来微博、微信等SNS（社交网络）的崛起，为营销行业带来了翻天覆地的变化。2007年，在一次非正式的交流中，员工写出了一个"囧"字让赵文权猜，说这是互联网上非常流行的一个词。赵文权敏锐地意识到，越来越多的消费者开始通过互联网而不是传统媒体获取信息，并且每个人都成为信息的传播者，由社会化媒体煽动而起的蝴蝶翅膀将极大地影响营销的效果，蓝色光标的业务形态也迅速随之转变，从传统媒体向新兴社会化媒体转型。

2010年，蓝色光标以国内公关第一股的身份上市深交所创业板，"插上资本的翅膀"，自此拥有更多资源，可以通过并购丰富业务内容，加速企业发展，开始从公关公司向整合营销传播集团转型。2012年，蓝色光标跃升为亚洲最大的公关公司。翌年，蓝色光标参股英国知名公关集团Huntsworth，并且收购全球最大的社会化媒体传播公司We Are Social。

2014年，为构建智能营销新模式，蓝色光标成立了蓝标电商，并在大数据和移动互联方面开展广泛布局：收购北美传播巨头Vision 7，投资国内领先营销数据技术公司Admaster、大数据公司晶赞科技、程序化营销企业iClick，收购移动互联广告公司多盟和移动广告公司亿动等。

上市以来，蓝色光标通过内生式与外延式双重发展，从一家只有3亿多收入的公关公司，成长为一家年收入超过100亿元、覆盖营销全产业链、业务和团队遍布全球的大型传播集团，2016年跻身全球TOP10公关公司之列。这是全球公关排名TOP10榜单上首次出现中国公司的名字,从而打破了长久被欧美公关公司独占的格局。

战略布局

董事长赵文权认为,企业发展"最关键的在于战略前瞻性",他的重点工作就是把握企业发展方向,明确核心竞争力,以及如何进行布局。在平时的工作生活中,赵文权都有意识地关注前沿信息,及时更新自己的知识结构,挖掘对企业发展最具价值的内容。这些信息不仅仅是最新的技术发展,还有年轻人的关注热点。他非常注重广泛的沟通,无论去到哪里,都会花大量的时间和年轻人特别是技术人才聊天,了解他们的想法、词汇,时刻保持同步。

对于企业来说首先是战略决策。蓝标从成立到今天,我们始终都高度关注企业战略方向的选择和战略决策。战略确定之后,剩下的就是资源配置,怎么以有限的资源进行合理的配置,这也是很重要的能力。(董事长赵文权)

赵文权有着敏锐的战略洞察力,往往能凭"直觉"准确预测未来的行业走向,并且对于自己认定的方向非常坚定。有时他甚至无法条分缕析地解释这种战略预判,但内部共同成长起来的核心管理团队之间经年累月形成的默契和认同,大大降低了沟通成本,这种信任无疑是转型最大的助力。对于蓝色光标的定位,赵文权始终明确只做营销服务,希望蓝色光标成为具有世界一流水准的营销传播公司。

我们核心的企业定位就是做营销服务,不会跨出这个范围。即便是相关的,比如游戏、电影,我们都会非常非常谨慎,原则上都不做。因为资源是有限的,资源配置决定你能走到哪,所以我们有限的资源一定是配在我们的核心业务上的。(董事长赵文权)

2015 年，蓝色光标董事长赵文权先生（图左）被授予北大校董

创始团队的五人中有四位都来自北京大学，赵文权也具有鲜明的"北大烙印"，崇尚思想自由、兼容并包。他在战略方向上十分独裁，但对于具体的实现路径却很是开明包容。他制定好战略后，会充分激发员工的热情，鼓励大家"捍卫说话的权利"，有创造性地实现目标。

老赵是一个特别有远见的人，他认定这个方向之后必须往那儿去，快点慢点无所谓，怎么过去的都无所谓，所以他也是一个特别包容的人，包容我们各种人、各种思路。（COO 熊总）

战略转型：营销智能化

随着信息技术和媒体环境的发展，营销行业发生了深刻改变。借助移动支付、物联网、WIFI 网络、LBS 等诸多技术，每一笔广告投入都有数据依据，每一次受众影响都可监测，每一笔订单交易都可追溯。信息技术的发展使得对消费者需求和行为的洞察变得更加重要而且可能。蓝色光标提出"营销智能化"转型，将企业的传统公关能力与数字化新能力融合，帮助客户特别是大中型企业提高营销效率,"把钱花得更加精准"。

转型最大的挑战在于能力要求的变化。过去做媒体投放,无论是报纸还是电视的排期,都由人来完成。但今天在互联网上,当一个人出现在手机的某一个APP或某一个网页上,需要在10毫秒之内判断出这个人的特征。这种情况下发送广告请求、竞价、再投放广告,是人力无法实现的,必须建立在数据和用户画像的基础上依靠机器完成。这种营销技术和能力是蓝色光标不具备的。并且,传统专注内容的创意人和严谨甚至有些刻板的技术工程师是完全不同的两类人,要想在一起高效合作存在一定困难。

与此同时,行业环境变得空前复杂。除了传统的行业参与者,来自其他各行的巨头纷纷加入战场,Facebook、BAT,甚至是Adobe、德勤这样的公司都在营销行业快速布局,并且已经有了规模不小的数字营销部门。

面对这样的转型困境,蓝色光标找到了一条最适合自己的独特道路。互联网公司和软件公司这些新兴对手的长处在于它们的技术能力,能提供平台化和标准化产品。而蓝色光标的优势在于持续积累的客户黏性和深入的消费者洞察,也就是为大客户做量身定制的服务。蓝色光标服务于国内外各个行业的众多顶级企业,与高科技、快速消费品、汽车、房地产、游戏等产业的大型客户有着长年且深入的合作。这些大型企业的营销需求无法通过标准化产品得到满足,并且对于这些企业来说,更换合作伙伴是件很麻烦的事情,公关公司对企业的认知了解、团队组建和双方人员磨合都需要很长过程。因此,如果产生了新的需求,而蓝色光标又有能力提供产品的话,就具有先天优势。比如,蓝色光标已经为联想服务了近20年,有一个超过200人的团队全天候服务,对客户企业具有深入了解和洞察。

这也是我们这个行业最重要的一个门槛,比如说新兴的广告技术公司,可能它的产品不错、能力不错。但是它无法轻易把这些客户拿走,尤其是这些所谓大的500强的客户,这些客户我们会始终牢牢地把握在手里。(董事长赵文权)

对于奥美这样的传统对手,蓝色光标快速地构建数字业务能力进行升级转型。2007年,蓝色光标开始将业务从传统渠道迁移到数字渠道,到2016年数字业务收入占比将近80%,在所有的传统营销传播集团中占比最高。转型阻力很大程度上来自内部的中低层员工，大家并不理解为什么放着好端端的高利润业务不做，去折腾新的事情。后来，随着赵文权的反复沟通动员和客户需求的转变，员工很快感知到整个市场环境已经发生了变化。

  后来发生变化的速度是超出我们想象的。两年以后我们就发现已经不再是领着大家（客户）跑了，有时候要追着客户的需求跑。（董事长赵文权）

  蓝色光标对新技术保持高度关注，包括最近很热的VR（虚拟现实技术）、AR（增强现实技术）、人工智能等，这些技术的发展在对行业带来冲击的同时也伴随着巨大机遇。关注新技术一方面有助于交流沟通，更重要的是对新技术领域进行投资布局。

  在转型过程中，蓝色光标将更多的资源配置到新业务上，包括资金、人员以及其他相关的资源，甚至不惜牺牲阶段性利润培养新能力。大数据等新业务的投入大，但尚未形成规模产出，2015年净利润同比下降90%，这给作为上市公司的蓝色光标带来很大挑战。

  这两年对我们的挑战也很大，像去年我们的整体利润突然变成只有前年的十分之一了，当然市场上就会有影响。但对我们来说，该做的事情还是要坚决地去做，对蓝标来说，这几年可能重要的真的不是说我每年多赚两个亿还是少赚两个亿，而是说我一定要把这个新的能力培养出来。所以，你能不能在这个战略上很坚决，行动上也很坚决，能不能忍得住市场对你的挑战（是转型成功与否的关键）。（董事长赵文权）

  下一阶段蓝色光标将在上下游全面深化整合运营。面向客户，推行"关键客户战略"（KA战略）。蓝色光标挑选出贡献30%—40%收入的8个大客户，通过各项业务的整合提供Big Blue的全方位服务，产生1+1>2的效果，以提高客户满意度。面向供应商，筹建媒体集采中心，将各子公司的媒体集采额集中化管理，以得到更多的返点和更长的账期，提高运营效率。

  未来蓝色光标的发展方向是成为一家具备科技公司基因的整合营销传播集团，通过向新技术、大数据、建模的转型，创造新的服务模型，提高客户依赖度。

我们自己打比方说，我们正在经历一次变革，叫"在高速飞行中换发动机"。你要保持这个飞机以足够的速度在飞，但同时你要换发动机，所以这是非常具有挑战性的任务。我们看到越来越多希望，新的引擎在形成，开始运转提供新的动力，这个应该是值得欣慰的事情。（董事长赵文权）

市场布局：业务全球化

蓝色光标在市场布局上提出"业务全球化"的核心目标，即具备在全球市场为客户提供服务的能力。蓝色光标的客户群体瞄准各行各业的顶尖企业，这些大客户往往都是跨国公司，业务具有国际化特征，对营销服务也更看重全球化服务能力。蓝色光标希望成为一家全球化的传播集团，在国际市场上为更多客户提供高价值的营销服务。目前，蓝色光标也是唯一一家在全球做业务布局的中国本土的营销公司。

目前，蓝色光标的国际化布局着重成熟市场，以北美和西欧为主。一方面成熟市场聚集了顶级营销人才，代表着行业最高的服务水准；另一方面最大的客户都主要分布在成熟市场，其市场规模也是最大的。在全球化布局上，蓝色光标主要走外延式发展道路，依托并购快速拓展市场。因为依靠自身从头培养当地市场的服务能力非常缓慢，甚至是几乎不大可能的事情，通过并购方式能够快速地获取服务能力并切入市场。目前，蓝色光标的国际业务板块主要包括总部位于加拿大的 Vision 7 集团，总部位于伦敦的 We are social 公司，总部位于旧金山的 Fuse Project 公司，以及总部位于香港的 Metta 公司。蓝色光标在成熟市场的业务网络已初具规模，2015 年国际业务收入占比达到 20%。

蓝标非常明确也是非常坚定的，我们会加大在海外的投资。目前，我们整体的收入里面大概有 20% 来自海外，有 25% 的人在海外。未来（收入占比）希望至少要提升到 50% 的比例。所以，现在离这一目标还是有很大差距的。（董事长赵文权）

创新研发

传统媒体时代是报纸、电视台的时代，营销公司投放广告无法选择对象，而是暴露给所有人。公司的收入主要依靠需求整合，通过媒体集采、返点盈利。但移动互联时代，用户看到的广告"千人千面"，每条广告都能实现因人而异。客户不再看中发行量、播放次数，而是根据最终效果——转化率来结算，也就是有多少人真正点开链接，甚至是真正购买了产品。那么，如何精准地投放给目标消费者，以最小的投入获得最高的商业回报？这就成了新时代下营销企业的核心竞争力。

蓝色光标的创新研发靠两条腿走路，采用内生式与外延式并重的方式。在内生式研发上，蓝色光标成立了数字业务部门，专门研发数字营销能力。在外延式发展路径上，蓝色光标过去几年在国内投资和并购了很多技术公司，将各个公司的新能力吸收整合为整体业务布局的一部分，同时将公司内部和并购公司的技术团队进行整合。

内生式研发

蓝色光标将自身技术研发定位在应用层面即渐进式创新上，"永远只领先半步"。因为在底层技术上，相较于互联网公司它并不具备竞争优势。蓝色光标更重视技术的业务基础，成熟技术如何与传统业务整合，将技术应用直接转化为客户需求。

对新技术研发方向的确定，蓝色光标有两个来源：一个是战略方向推动，这种情况下各业务部门往往尚未观察到市场需求，由集团承担开发成本，强势推行子公司应用。另一个是业务部门预测到的技术需求，提出项目开发申请后，由大数据部门成立项目组对接需求，通过需求分析建立模型，并不断跟踪迭代更新。如果确实符合市场需求、产生收益，那么研发成本分5至10年从利润中收回；如果项目开发提得很草率，并不符合实际需求，那就一次性计提成本。这种机制也促使各部门做事更加谨慎负责。

在自主研发方面，2007年蓝色光标成立了一个很小的部门专门发展数字业务，最初只有4个人。公司从美国聘请了一位数据建模专家担任大数据业务主管，这位"海归"拥有跨学科背景，既有在中国做营销的经验，又有在美国大银行里做数据模型和数据分析的能力。当时推行数字业务极其困难，因为客户都在各项目组手中，各项目组原有的业务很多，没有动力去做新的事情。针对这个难题，公司设计了"双重计算模式"，激励传统业务带动数字业务发展。在这种计算模式下，传统部门只需要把客户引荐给数字部门即可，但KPI双方都按照100%的额度计算。经过一年左右的时间，数字业务团队就发展到70多人。然后，公司将这个团队拆分到各项目组，推进数字业务与传统业务的深度融合。目前，大数据部门仍然作为成本中心，"赋能"各业务部门进行更精准的广告投放。

2016年，蓝色光标联合京东、腾讯，为宝洁旗下的SK-II品牌实施了"京腾计划"。公司内部的大数据业务团队、数字服务团队、电商业务团队及广告投放团队都参与其中，将京东的销售数据与腾讯的社交数据打通，实现了从品牌营销到交易下单的服务闭环，提高了客户的营销效率。具体来说，首先，通过精准的数据分析在京东找出"种子用户"，将目标用户群锁定在三大维度：产品的既有及潜在用户、品牌互动用户和明星代言人的粉丝，对这些用户进行画像找到共同特质。然后，借助技术手段将社交用户场景与电商交易平台对接，在腾讯的6亿用户中找到具有相似特质的用户。最后，通过在微信等社交平台，针对不同用户匹配不同的营销方案，进行精准的广告投放，并将用户直接引流到京东官方旗舰店。"京腾计划"帮助品牌商在同等投入下实现巨大成功：实际转化率提高7倍，品牌微信公众号的粉丝增长量相当于平时两个月的总和。

这跟我们传统的做法完全不一样，这里面需要很多新的能力，而且你要把这些能力组合在一起。所以，今天的事情比我们过去做的服务复杂度提高了很多，而且技术的含量在这里面占的比重越来越高……我们在这中间其实发挥的是最关键的作用——把各方黏起来，形成落地可执行的方案。要把这个事情真正做成，其实中间有很多很细致的工作。第一个就是我们要去整合内部能力做很细致的事情，第二个是你要跟客户有非常好的关系沟通。因为这里面涉及数据，是很敏感的，需要客户对蓝标有足够的信任，这个得益于大家长期的服务和伙伴的关系，才有机会去做这样的事情。（董事长赵文权）

外延式研发

为了给客户提供更多元化的服务,蓝色光标采用并购的方式引入更多业务能力,将自己打造成一个整合营销传播集团。对于蓝色光标这样一个拥有 7 亿利润的公司来说,并购的目的并不是谋求更多收益,而是寻找企业的下一个增长引擎。蓝色光标在企业并购上有着非常清晰的思路和体系,它将并购对象分为三大类:拥有客户的企业,拥有资源的企业,以及拥有技术的企业。

第一类客户型企业,这类企业在国内和国际市场上都是蓝色光标的重点并购对象,先购买客户基础,再增强技术能力。例如,2011 年收购的今久广告和 SNK,前者是房地产广告行业的领头羊,后者则专注于互联网游戏营销和广告。这些公司在特定细分领域里面的核心竞争力非常突出。通过这种整合,所有并购的公司可以充分分享渠道和客户。

第二类资源型企业,由于这类资源代理型企业和客户型企业存在利益互斥关系,蓝色光标通常只采取参股方式。但也有例外,例如 2011 年收购的精准阳光是国内户外灯箱的顶尖品牌;2013 年收购的博杰广告是 CCTV-6 电影频道和 CCTV-13 新闻频道最大的广告代理商,拥有电影频道全部晚间优质时段广告资源和新闻频道全天超值时段广告资源。

第三类技术型企业,对这类企业蓝色光标采取先孵化,参股 20%—30%,如果能与已有业务形成良好互动关系再进一步增资控股。蓝色光标相信未来企业的核心竞争力将依托大数据分析能力,因此在并购时更看重具有人工智能、营销云、数据分析能力的企业。例如,2015 年收购的多盟和亿动就是两家中国移动广告行业最大的公司。多盟是中国第一家智能手机广告平台,在中国率先推出插屏、开屏、信息流、游戏内视频等广告形式。亿动立足中国和印度两大新兴市场,提供移动广告的投放和优化服务。

尽管在客户面前统一展现蓝色光标品牌,但并购企业的原有品牌仍然是保留的,允许其在各自平台上自由发挥,只打通人力资源、财务、法律等后台系统。这源于公关行业"不能同业竞争"的规则,一家公关公司不能同时给具有竞争性的多个客户提供服务,但通过旗下的另一家公司提供服务则不受限制。这些并购企业在品牌端互相保持独立,在业务端整合协同。各个业务板块之间的协同渐入佳境，2015年由于业务协同带来的收入增长超过5亿元，2016年这个数字还会翻倍增长。蓝色光标20年来积累的超过1 000家中外最优秀的客户群为各个新业务提供了广阔的成长空间。

投完以后很重要的就是要推动业务协同。我们每年至少有两次把所有这些公司请过来去做交流和分享。每个公司都在做什么，有什么事情是大家可以一起做的，不仅是蓝标跟它们之间，它们自己互相之间，比如说共同的客户，大家可以去服务的。或者有一些事情我已经做了，你就不用重复做了。（董事长赵文权）

人力资源

2010年上市时，蓝色光标拥有300多名员工，目前员工规模已达到6 000人，增加的主要是年轻人。目前，蓝色光标员工的平均年龄为27岁，这说明"85后""90后"已经在集团内占据主导地位，成为发展的主力军。赵文权相信，员工的平均年龄在很大程度上会决定企业的活力和发展方向，未来希望仍然能保持这样具有高竞争力的年轻化队伍。

蓝标一个很大的优势就在于我们的员工队伍年轻，相对来说他们的包袱就比较少，学习能力和适应能力更强，接受新东西比较快。（董事长赵文权）

人才招聘与培养

蓝色光标拥有非常浓厚的校招传统，集团中不少高管最初都是通过校园招聘加入蓝色光标的，并以此为起点奋斗至今。随着蓝色光标业务的并购和扩张，每年集团内部的岗位空缺量翻倍增长，校园招聘满足了其中30%的人才供给，是集团最大的人才输送渠道之一。

蓝标的核心管理团队，虽然都还比较年轻，但是司龄都不短。我们最核心的团队平均司龄在 10 年以上。大家的这种信任默契和彼此认同，是我们很重要的一个基础。能够相对比较容易地去做一些新的事情，转型的事情、大家的沟通成本是比较低的。（董事长赵文权）

面对行业的迅速发展和日益增长的新需求，蓝色光标面对的最大挑战就是找到既有营销背景又懂技术的复合型人才。目前，市场上缺少确定的人才输送通道，需要靠企业自己慢慢培养。传媒行业高度依赖"人"，为了从基础开始培养适应未来传播的新型人才，2016 年 7 月蓝色光标联手中国人民大学新闻学院共同打造"未来传播学堂"，跨媒体、跨学科、跨文化培养一批高级数字营销传播人才。跨媒体即以数字传播的观念、原则和路径重构教学体系，造就融媒体、大传播精英人才；跨学科即除新闻学院外，学堂也面向管理学、社会学、法学、国际关系和财经学科开放，培养双学位人才；跨文化即每年遴选 20—30 名学生赴哈佛大学、斯坦福大学、哥伦比亚大学等海外一流院校交流学习，全面提升传播人才的国际化视野。

组织架构

蓝色光标的组织结构高度扁平化，对一线员工充分授权，"让最贴近客户的人具备更多调动资源的能力"。为了进行战略转型，蓝色光标设立了首席数字官，负责推动整个公司的数字化转型，包括并购标的的选择、投后管理等。并从海外引入数据分析人才组建数字业务部门。

目前，蓝色光标正在从完全业务导向、只强调业务能力，逐渐向强调管理效率的方向转型。围绕整合营销价值链，对全集团的人才培养项目和机制进行梳理，打通后台 HR 系统，通过数字化管理为员工增值。

激励机制

走过二十年，蓝色光标仍然很有活力，没有丢掉创业企业的特征。特别强调合作机制，推行"事业合伙人制"，用各种方式绑定业务负责人与业务之间的利益关系；采取小规模作战方式，保证企业运营的灵活度，同时为一线业务人员和分（子）公司充分赋权。

蓝色光标的绩效导向文化深入血脉，充分体现在干部的选拔任命上。

绩效管理机制确实是需要的，但其实真正起作用的是看你重用谁、提拔谁、亲近谁，那才是真正的绩效导向文化的决定因素。因为老板（赵文权）他就是这样的一个导向，谁能干我就提拔谁，甚至有的就是说可能并没有什么资历，但是也得到了火箭提拔，就因为你干了这个，你给企业创造了多少效益。所以，一年又一年，大家就将此融入了血液里。（人力总监王总）

公司更相信员工的内在激励，对年轻员工的要求很自由，上下班时间更具弹性。企业整合营销日益丰富的全链条资源和营销行业的变幻莫测，使得员工的工作充满趣味也充满挑战。公司在和员工的沟通中努力保持"潮感"，采用年轻人的语言和沟通方式，例如赵文权在进行全员沟通时曾采用办公室直播的方式，员工可以随时发送弹幕评论互动。此外，蓝色光标还尽可能地为员工提供多方面关爱，除了班车、餐补外，还有健身房、瑜伽课、按摩服务，以及每年一次无条件的郁闷假、为结伴出行的员工每人提供每年 3 000 元的旅游费等。

企业文化

蓝色光标的核心价值观是"员工第一，客户至上"。对员工，蓝色光标非常强调企业家精神，员工无论身处什么岗位，都不是流水线的螺丝钉，对自己的工作从输入和输出要全权负责。中间的过程员工可以充分发挥自己的能量，这样也为员工提供了更广阔的发展平台。

最重要的是信任年轻人，给他们独挡一面的机会，去管理一个大的团队或者大客户。（董事长赵文权）

蓝色光标在行业中的口碑是一家对客户非常好的公司，并不完全依靠专业领先，而是为客户提供更丰富的路线进行选择。一切都以客户为导向，而不以创意为导向。也正是这种紧贴客户的定位，在客户寻求 BBS、博客的营销渠道时，让蓝色光标敏锐地洞察到转型压力，也迫使蓝标快速学习、积极成长。

"客户为王"还体现在对营销方案的评选上。过去传统的营销方式只包括一两种细分专业的结合，公司只需要招到最专业的人才。然而，移动互联时代的整合营销涵盖创意、技术、程序化购买等各个方面，不再有一个"全才"能深入理解所有的技术，那么究竟该由谁做出最终评判？蓝色光标选择从客户，也就是从甲方挖人，"以彼之矛攻彼之盾"，让最了解客户采购、生产、物流等各个环节的人来评估。

所以，我们挖来的这个人不用是个艺术家，只要他会审美，知道客户喜欢什么就可以。他作为一个核心驱动力去平衡各个人（蓝标与客户）。所以，服务客户不是完全靠专业，而是靠 feeling（感觉），就是靠对客户 business（生意）的理解去做……就是让生意说了算，让最终效果说了算。（COO 熊总）

作为一家频繁并购的企业，蓝色光标的企业文化具有包容性，让加入的各个企业和员工都能找到自己的生长路径和发展空间。

结语

蓝色光标发家于 IT 行业，与中国互联网行业一起成长。2010 年上市后，蓝色光标借助资本市场优势，通过连续、多次的并购实现了自身的飞速发展，更赢得了"A 股并购之王"的美誉。蓝色光标上市至今累计并购 50 多家公司，将外延式增长演绎到了极致。市值从上市之初的 30 亿增加至近 200 亿元，迅速从本土范围扩展到全球市场。过去 5 年，蓝色光标在全球公关公司的排名中不断攀升，完成了从第 24 位到第 9 位的飞跃，2016 年成为我国首家跻身全球公关排名前十榜单的企业。这也是继联想、华为等"中国智造"在国际舞台取得突出成就后，中国公司在智力服务行业全球顶级排名上的突破。

如今，蓝色光标已不仅仅是一家"公关"公司，而是成功转型为一家"整合营销"公司，以完备的大数据为基础，通过数据挖掘和服务提高各项业务的效率，使客户的广告投放更加精准。2015 年，蓝色光标传播集团的数字营销业务占比已经超过 70%，国际业务占比达到 20%，它正在野心勃勃地努力成为新型智能数字营销的全球领导者。

学者说

驶过798艺术区，车头一转就来到了恒通国际创新园，园区内外云集了百度在线、鹏博士等诸多高科技企业。蓝色光标独占一幢扁平式暗红色的两层办公楼，建筑外墙上刻着蓝色的大字"Blue Focus"。进入公司，简洁的工业风装潢让人眼前一亮。访谈中超快节奏的语速、高信息含量的交互也让笔者频频暗惊。这家传言中的"公关第一股"果然令人惊喜。

蓝色光标在中国互联网刚萌芽时成立，发家于IT业，充分享受了中国信息产业的红利。蓝色光标从一家小型公关公司，发展到现在跻身跨国传播巨头行列的整合营销公司，关键要素有以下几点（见图3.7）：

第一，一把手敏锐的战略洞察力。新技术的发展为营销行业带来翻天覆地的变化，在这种浪潮初现端倪时，赵文权就带领企业跳出"温水"，及时、坚决地进行营销智能化转型。正是这种战略洞察力和坚定的发展方向，带领蓝色光标一路走到今天。转型中，蓝色光标充分发挥自己在客户关系上的优势，并积极构建数字能力，找到独特的发展道路。

第二，内生式与外延式两条腿走路。自主研发不做太超前的技术探索，坚定"永远只领先半步"，重视业务基础，强调成熟技术与传统业务的整合。同时，借助资本市场的力量，在并购方法论的指引下并购、投资和孵化各类企业，布局各个行业领域、海内外市场及数字媒体业务。

第三，组织架构和激励机制的调整助力转型。蓝色光标设置了首席数字官，并引入兼具营销和数据分析背景的复合型人才领导数字业务部门。通过"双重计算模式"鼓励传统业务部门与数字业务的合作与整合。

第四，蓝色光标的员工队伍具有鲜明的年轻化特征，平均年龄仅为27岁，团队的学习能力和适应能力都更高。"事业合伙人制"将员工的利益与业务进行捆绑。同时，为了从基础培养符合未来行业需求的营销与技术复合型人才，蓝色光标联合中国人民大学打造了"未来传播学堂"。

（续）

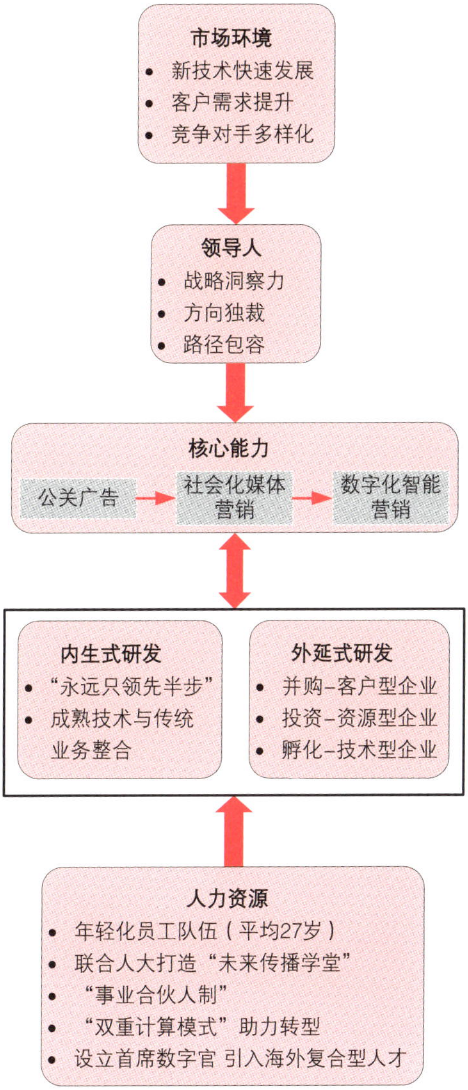

市场环境
- 新技术快速发展
- 客户需求提升
- 竞争对手多样化

领导人
- 战略洞察力
- 方向独裁
- 路径包容

核心能力

公关广告 → 社会化媒体营销 → 数字化智能营销

内生式研发
- "永远只领先半步"
- 成熟技术与传统业务整合

外延式研发
- 并购–客户型企业
- 投资–资源型企业
- 孵化–技术型企业

人力资源
- 年轻化员工队伍（平均27岁）
- 联合人大打造"未来传播学堂"
- "事业合伙人制"
- "双重计算模式"助力转型
- 设立首席数字官 引入海外复合型人才

图 3.7　蓝色光标发展模式

神雾集团：变废为宝的"燃烧黑科技"

企业背景

近年来，绿色、低碳的发展方式正成为我国经济发展的主旋律。政府决策层的重视，政策的密集出台，使得节能产业发展的筋骨逐渐强壮，逐渐成为撬动我国经济结构调整与能源结构转型的重要支点。

神雾集团是节能环保与低碳应用技术的解决方案提供商，是我国目前最大的专业从事化石能源、矿产资源及可再生资源高效利用、新技术研发及产业化实施的领军企业，在钢铁、有色、石油化工、煤化工、火力发电、有机固废、金属固废及化石燃料高效高温和低碳应用等领域，具有咨询、设计、承包、施工、系统集成、新技术转化及关键设备制造的能力。

神雾集团目前拥有9家控股子公司，资产165亿元，员工4 000余人。其中包括神雾环保与神雾节能两家A股上市公司，总市值达600亿元，其他几个子公司也正在证券化的准备过程中。

神雾集团的董事长吴道洪是个来自湖北的"60后"。1984年，吴道洪考入国防科技大学固体火箭发动机专业，学习成绩始终保持专业第一名，本科期间47门主课的平均成绩高达93.5分。4年后他被保送进本校的液体火箭发动机专业攻读硕士学位，期间发表的学术论文多达14篇，深受导师欣赏与器重。随后，他考入北京航空航天大学航空发动机专业攻读博士学位。1994年，获得博士学位后进入中国石油大学重质油加工国家重点实验室继续研究，成为中国石油大学的第一个博士后。在求学的12年中，吴道洪一直都在系统地学习和研究"燃烧"。尤其在读博士这段时间，他接触的都是专业领域国际顶尖的专家教授,了解的是最前沿的科技信息,更看到了燃烧技术的开发应用在节能降耗、减排环保方面巨大的市场潜力。在此期间,他通过自身的燃烧知识和技术帮助企业节约成本,自主研制的中国烧嘴式蓄热高温空气燃烧技术成为石油化工、钢铁、有色、电力、能源、陶瓷、玻璃等领域节能减排的"抢手货"。博士后出站时,他已经攒下了几十万元的第一桶金,这在20世纪90年代可谓一笔"巨款",这笔启动资金也成为点燃吴道洪"玩火"激情与创业梦想的第一点星火。

读博士期间,我偷偷地跑到外面去做节能服务,我用很小的、温度高的点火油枪帮他们工厂点着了,原来要耗100吨,现在耗20吨,一年能节约80吨油。我这一个设备能给企业一年产生30万元效益,我收一个月的3万元,但是我成本只有二三百块。(董事长吴道洪)

毕业时,吴道洪放弃了到国家机关和科研院所工作的机会,毫不犹豫地选择"下海"创业,并将企业命名为"神雾":"雾"是来自企业最初的核心技术——气泡雾化技术,"神"是神州,代表中国。谈起创业初衷,用吴道洪的话来说就是"爱好能赚钱是一件多么幸福的事"。吴道洪说,从读书到今天这33年来他一直都在"玩火",实质上就是专注进行"清洁燃烧革命"的研究。作为我国年轻一代的燃烧技术专家代表,吴道洪发明了全球领先的第三代节能燃烧技术——烧嘴式蓄热高温空气燃烧技术。即便担任董事长,他仍是企业的技术领军人物。美国《新闻周刊》将吴道洪列为"改变世界的100位社会企业家"之一。

我国能源结构特点是"富煤、贫油、少气",石油、天然气严重依赖进口,煤炭在相当长的时期内仍然是中国最可靠、最稳定、最经济的能源。而我国化石能源形势十分严峻,一方面化石能源是不可再生资源,储量有限;另一方面煤炭燃烧污染严重,是造成雾霾的重要原因。为了解决我国能源短缺和环境污染问题,国家大力推动风能、太阳能等新能源的发展。近些年,新能源虽然发展迅疾,但占比极为有限。而且,风能、核能、太阳能的发电成本要远远高于煤炭发电的成本。实际上,中国新能源的发展一直依靠政府补贴,国家能源局主管新能源的司长朱明就曾讲到,总靠政府补贴的产业没有发展前景。所以未来三十年,新能源可以作为补充和储备,但还不可能成为我国能源的主力,煤炭、石油、天然气还是我国的主流能源。

因此，唯有颠覆性的节能创新工艺，才能真正从源头上彻底减少大气污染、减少雾霾、应对全球气候变化，同时为广大高耗能制造业提供节能减排环保技术和产业升级技术的解决方案，赢得发展空间，解决我国产业结构升级、经济结构调整过程中的重大问题。神雾集团的理念是"多把煤炭当原料，少把煤炭当燃料"。通过颠覆性技术能用煤生产石油、天然气等多种高端能源化工产品，只有把煤炭用好，中国才能在石油天然气方面不依靠外国。

煤炭本身是没有污染的，不清洁地使用才产生污染，煤炭使用好了可以比天然气还清洁。（董事长吴道洪）

战略布局

神雾集团未来的目标定位是世界 500 强。吴道洪认为，尽管神雾集团一直在快速发展，但要想进一步做大做强成为位列世界 500 强的跨国企业，启动资本战略是一个重要步骤。需要通过兼并、重组、股权转让、上市、租赁融资等多种手段，不断提升企业核心竞争力，巩固和强化企业的龙头地位，进一步加快企业发展。

现在我们已经是 5 000 家节能服务企业中的领军企业，我们的宗旨就是做一个化石能源消耗市场节能和低碳技术系统性解决方案的提供商，致力于全球工业节能减排技术和资源综合利用技术的研发和推广。（政府事务部员工）

在市场布局上，神雾一直在寻找走出国门的方法，积极进行国际化布局。2006 年 1 月，神雾获得了来自瑞典最大的钢铁公司 SSAB 的合同订单，为瑞典制造业提高能效提供了一条可行路径，神雾领先的节能减排技术首次得到国际企业的认可，率先进入欧洲市场。2011 年，神雾与印度 TATA 集团合作，建设了印度最大的一台节能、低碳排放的蓄热式轧钢加热炉，为印度钢铁业的节能环保改造带来福音。2015 年，神雾同印度尼西亚 Solway 集团签订了红土镍矿冶炼项目总承包合同，为解决红土镍矿高效冶炼和资源综合利用提供全新的产业路径和解决方案。2016 年 7 月份，与印度尼西亚大河镍合金有限公司开工建设了红土镍矿高效清洁冶炼项目等。神雾集团已经在"一带一路"沿线及海外其他国家和地区，开展了大量的提高能效项目。目前，神雾的多项颠覆性的能源高效清洁利用技术更是借力"一带一路"国家战略、《G20能效引领计划》向世界各国、各地区推广。在"走出去"的道路上，神雾始终坚持低碳、清洁、高效、循环的颠覆性技术，不仅能突破我国制造业能源高效清洁利用的技术瓶颈，也为全球制造业的转型升级提供了新鲜的血液。

创新研发

神雾集团将研发作为牵引企业发展的根本动力，由一把手主管研发和创新工作，亲任研究院院长。与一般企业家不同，吴道洪更像一位学者教授，他的主要精力都用在了指导创新研究、主持攻克技术难题上。作为全球第三代燃烧技术的引领者，吴道洪经过近20年"激情燃烧岁月"的冶炼和积累，带领自主创新团队，投资近10亿元建立了目前国际领先、国内唯一的大型节能减排科研基地，已建成18套应用于钢铁、有色、煤化工、火力发电、有机固废与金属固废等行业节能环保技术研究的国际领先的大型中试试验平台，进行化石能源、矿产资源与可再生资源三大领域的科研攻关工作，目前已拥有2个国家工程研究中心、4个北京市工程研究中心。神雾集团向来主张研究前沿的、颠覆性的节能低碳技术，目前拥有的7项核心技术、多项工艺及装备经权威学术机构鉴定为"国际领先水平"。这些技术的应用不仅可以帮助制造业企业减少90%以上的大气污染物排放，还可以降低能源消耗成本20%—30%甚至更多。

技术发展历程

神雾集团专注先进燃烧技术的创新研究二十年，始终把技术研发和科技创新作为企业生存与发展的灵魂，其技术发展历程可分为以下三个阶段：

起步阶段：即1996—2000年，自主知识产权的"燃油气泡雾化燃烧技术"的发明与应用。1996年，吴道洪基于其发明的"燃油气泡雾化燃烧技术"等多项专利技术，创办了北京神雾喷嘴技术公司。在燃油气泡雾化燃烧技术的基础上，吴道洪带领团队开发出 WDH 系列燃烧器，为企业解决燃油高效率、低污染的问题，并在冶金、有色等行业广泛推广应用。这一阶段，神雾的年收入增长了近百倍，至 2000 年，年收入达到 1 200 万元。此时，神雾的第一代节能燃烧技术已经应用于钢铁、建材、石化、电力等多个高耗能行业，最高可节能 10%—20%，平均节能达到 5% 以上。

发展阶段：即 2001—2008 年，吴道洪一边进行节能燃烧器的市场销售，一边加快新节能技术研发的步伐。2001 年，吴道洪率先将蓄热式高温空气燃烧技术（燃烧技术 3.0）原理引入中国，发明了烧嘴式蓄热燃烧技术，并成功扩展应用到各种传统的工业炉窑和民用、工业及火力发电锅炉，形成了一批国际首创的能源领域创新工艺及其成套新装备。迄今为止，神雾集团采用蓄热式高温空气技术，已在国内外新建或改造各种工业炉窑 800 余座，业绩全球第一，中国市场占有率在 50% 以上，平均节能 30% 以上，每年可为国家节约标煤 3 000 万吨以上，减少二氧化碳排放 6 000 万吨以上，被国家发改委、工信部、科技部等列为国家重大节能减排推广技术。

腾飞阶段：即 2009 年至今，蓄热式高温燃烧技术与蓄热式高温化学反应技术在工业节能与大气雾霾治理领域的创新应用。2009 年，神雾集团在董事长吴道洪的亲自带领下，开始组建节能与低碳技术研究院，将燃烧技术 3.0 与各工业领域生产工艺结合，立足流程优化与再造，实现了神雾集团从设备节能到系统节能的飞跃。目前已开发出 7 项颠覆性的工业节能与大气雾霾治理新技术，涉及燃煤锅炉、钢铁、有色、煤化工、固废处理等高能耗、高污染领域。目前，这些技术已取得了丰硕的研究成果并已开始大规模产业化。

技术创新体系

创新三原则

神雾集团持之以恒地深耕"燃烧"技术领域，聚焦"赚钱的、前沿的节能减排技术"。

神雾这么多年已经形成了一个不成文的研究发展方向，就是我们只研究赚钱的、前沿的节能减排技术。（董事长吴道洪）

第一，神雾最大的特点就是只做赚钱的学问，强调研究成果的市场化应用，在市场中掌握话语权，不靠补贴生存。不赚钱的学问，即便是再先进、再前沿、再有前瞻性也不能干，因为身为一家民营科技企业，首先是要活命、要养活大家，其次才能考虑创新、考虑发展。

民营企业必须要赚钱，不赚钱的我们不能研究，像太阳能、风能（这些）靠国家补贴的咱们不干，环保要靠国家补贴的我们也不干，咱研究的东西不靠补贴，必须是能在市场环境里赚钱的，所以这是我们公司的一大特点，就是必须赚钱。（董事长吴道洪）

第二，神雾只研究前沿的颠覆性节能减排创新技术，不做小规模改进完善的渐进式节能、低碳技术研究，靠打价格战不行。"小改小弄我们不参与，搞的人太多了"。神雾技术不仅在中国市场里独一无二，在全球也都是独家。吴道洪坚信，颠覆性节能减排创新技术是支撑我国结构化改革的关键，从而形成一个更加平衡、更加可持续的实体经济增长模式。

因为我是中国节能服务产业协会的会长，中国有一千多家优秀的节能服务企业是我们的会员。那么，他们在做的这些节能技术我们不做。我们神雾在中国市场里面没有对手，没有跟我们搞一样的，我们是独家的。（董事长吴道洪）

第三，神雾只研究节能减排技术。尽管燃烧技术专业狭窄，但却基本覆盖了整个国民经济的核心行业，钢铁、有色、石油化工、煤化工、电力、建材等都需要高温化学反应过程，神雾就在这个小领域中不断深挖并进行技术升级，探索如何提高能效、降低企业的能源消耗成本。同时从源头减少污染，降低有害气体排放，为我国大气雾霾防控治理提供强有力的技术支撑。

自主研发

2006年，神雾研究院成立，主要负责技术创新战略的规划与实施，节能减排新工艺新技术研发与市场推广应用，重大工程技术难题科技攻关，产业化应用中的技术支持与服务等，是神雾技术中心的核心组成部门。吴道洪既是集团董事长，又担任研究院的院长。他的时间精力有 1/3 都投入在技术创新上，每月出国调研交流，至今已踏遍 63 个国家。他遍访陶瓷、玻璃、化工、石油、钢铁、有色、电力、新能源、有机固废及金属固废处理等行业企业，倾听客户的关键性难题和疑问，不仅从痛点出发找到技术的攻关方向，还形成了宽框架的知识体系，积极寻求跨界创新的可能性。

吴道洪始终瞄准全球化石能源节能环保领域最前沿的技术方向，按照不同阶段的社会和市场需求，适时研发和推广市场需要的节能产品。神雾从不需要铺天盖地的营销轰炸，而是一路凭借扎实可靠的领先技术口碑相传。神雾二十多年坚持进行颠覆式创新，源于吴道洪"不求人"的性格，他坚定神雾自主研发的技术必须是全世界独一无二的，不做同质化技术，不与其他企业打价格战。

我的性格是不愿意去参与招标，一去就得开始拍马屁，送钱，吃饭，这个事情我搞不了，搞不了那你就必须推跟别人完全不一样的技术。（董事长吴道洪）

神雾集团拥有完备的技术研发、工程转化和核心装备加工制造三大平台（见图 3.8），三者紧密承接，从技术研发到产业化应用一条龙，保证科研成果高效转化落地。

图 3.8　神雾集团研发平台体系

技术研发平台以国内唯一、国际领先的节能与大气雾霾治理技术大型中试实验室为核心，拥有 1 个国家级企业技术中心、1 个国家地方联合工程实验室、4 个北京市工程技术研究中心（工程实验室）及 1 个国家博士后科研工作站。

神雾根据应用领域和研究方向划分为 21 个课题组,每个课题组有 5—6 人,共有近 200 人专注颠覆式创新技术的基础研发工作,还配有 400 多人的应用型研究的技术开发和应用设计人员。

神雾通过"首席专家制"和"专业专用"保障研发效率,神雾的 7 项节能环保技术涉及多个行业,需要多元知识结构的研究人员合作研发。为此,神雾专门设立首席专家制,由具有相关课题经验且专业性较强的高级研究人才担任。这并非领导职务,更多的是担任协调角色,充分调动发挥各专业研发人员的协同创新能力。同时,神雾为了"让科学家少干无用的活",组建了一支五六十人的团队专门协助实验,负责调试实验设备、物料运输、提取实验数据等工作。

什么叫首席专家?千万别把自己当回事,首席专家就是总协调,你的任务就是把公司所有不同专业的人协调起来进行协同创新。(董事长吴道洪)

工程转化平台由五大设计院组成,包括化工、冶金及炉窑 3 个甲级工程设计院、1 个电力乙级设计院及 1 个环保固废行业乙级设计院,可对神雾自主创新的节能减排成果进行快速工程转化及产业化推广。神雾还专门从五大设计院抽调 400 多人进入研究院进行中试和产业化研究,在项目中试阶段进行试验,通过实验数据得出详细的科研报告,评估项目的投资价值,选择具有高度市场价值的创新成果进行快速工程转化及产业化推广。神雾集团的"200+400"人的研究团队充分体现了其"双轮驱动"的研发能力:技术研发平台的 200 人进行探索式基础创新,研究与以往不同的颠覆式技术;工程转化平台的 400 人对这些技术进行工程应用式创新,研究技术落地的具体方案的可行性。

最后,神雾还拥有一个装备制造平台,投资超过 5 亿、占地 30 万平方米,专门用于神雾核心节能减排装备的加工制造。

合作研发

神雾坚持只做"赚钱"的研究,但这并不代表它忽视前沿基础技术的探索布局。在这方面,神雾主要与高校合作进行。2008 年,神雾首次在中国石油大学设立联合研究院与神雾奖学金;后与北京交通大学合作,开展蓄热式冷凝锅炉的研发；与北京航空航天大学合作，开展高温高压蓄热式锅炉研发和数值模拟仿真实验室建设方面的合作；与北京科技大学在原矿工艺矿物学研究上进行合作，优化神雾蓄热式转底炉直接还原工艺。

基础研究主要是与大学合作，让大学去做，发挥大学的优势。大学一定要做一些比较"玄"的东西，效益怎么样无所谓，就是别人没做过，你又先进一步。这个钱就花得少了，你基础研究只要花1块钱，但是把基础研究成果要转成产品推到市场上去，把它变成产品后要花100块钱。这个"1块钱"我们就交给大学。（董事长吴道洪）

此外，神雾还与科研机构开展多个项目合作。神雾先后与中科院电工所、中科院过程所等开展了燃烧、能源、仿真等方面的合作。与煤炭科学研究总院共同承担了国家科技支撑计划"燃煤工业炉窑余热高效回收利用及能源合同管理技术与示范"项目中的"蓄热式工业含尘烟气余热高效回收利用关键技术研究及能源合同管理"课题，为解决蓄热式高温空气燃烧技术在含尘烟气环境中的成功应用提供技术支撑。

知识管理

神雾是一个自上而下的学习型组织。董事长吴道洪不仅自己坚持钻研燃烧技术，还同时带领企业员工共同学习，并建立正式的知识分享机制做保障。神雾选拔在管理、业务、专业知识等方面具有较为丰富经验或特长的，同时有较强语言表达能力和感染力的人员担任内部培训讲师，正式聘用的内训师授课还可享受授课费补贴。研究院的每一项颠覆性技术都设有课题组授课人，形成七大技术讲师团。不仅技术人员，而且经营人员、服务接待人员，每年都要系统学习这些关键技术。

值得一提的是，神雾集团拥有两千多项专利，这在制造行业中非常罕见。技术人员拥有一项新的技术创新、新产品发明或实用性创新成果后，先拟一个专利的草本，写明创新点，然后由公司专门的知识产权部门，对这个专利草本进行修改和申报，为科研技术人员节约了时间的同时，由专业人做专业事效率也会比较高。此外，神雾集团还设有研究院综合管理部，对于公司现有专利和标准进行全面具体的管理。

业务模式创新

二十多年来，神雾集团致力于各工业领域节能燃烧技术的创新研发和推广，视创新为生命，不仅仅是技术创新，还有商业模式的创新。2014年，神雾开始进行商业模式的转型，从过去单一的技术推广和工程技术服务转变为以集团参股、控股、合同能源管理、融资租赁、产业基金等来快速推广神雾颠覆性的节能减排技术，以模式创新与资源整合为策略，在节能减排领域进行集团化、多板块、全产业链布局。

业务模式一：EPC[1] + 投资

神雾集团经过二十多年的发展，依据自身发展需求，于2014年实施战略转型，由传统的EPC业务模式逐步发展为"EPC+"的业务模式，通过对投资标的技术及市场的筛选，投资建设具有良好经济效益的项目，大力发展混合所有制。实现神雾颠覆性节能环保技术的产业化，打造学、研、投、建、运营的大型化、一体化的综合型企业。

神雾集团在项目推广过程中，凭借技术的先进性、广阔的市场前景及良好的经济效益及环境效益赢得了地方政府及当地国企的青睐。由神雾集团投资控（参）股，政府及地方大型国企参（控）股成立合资公司共同建设项目，神雾集团提供技术及EPC服务，政府及大型国企为项目公司提供信用增信，双方优势互补，强强联合。以2015年1月开始的运用神雾颠覆性转底炉技术处理金川冶炼弃渣的金川弃渣综合利用一期工程铜尾矿综合利用项目为例，由神雾集团及甘肃省第一大国有企业金川集团共同出资处理金川集团铜冶炼渣80万吨/年。此项目作为固废资源综合利用及环境保护的典型项目，除神雾及金川集团的出

---

[1] EPC（Engineering Procurement Construction），即工程总承包，是指公司受业主委托，按照合同约定对工程建设项目的设计、采购、施工、试运行等实行全过程或若干阶段的承包。通常公司在总价合同条件下，对其所承包工程的质量、安全、费用和进度负责。

资外，国开行亦出资 2.5 亿元作为股本金，甘肃银行为其建设配套了 6.5 亿元的项目贷款，为项目的顺利建成投产提供了有力支撑。

以前单纯是一种 EPC 总承包，我们做完这一单就会直接收到利润，但是现在我们发现给别人做了 EPC 总承包之后，后期的盈利真的是很可观，集团慢慢在发展，我们就想为什么自己不去投资呢，所以我们也来参股控股，分享技术创新带来的后续长远收益。（政府事务部员工）

业务模式二：PPP 模式[1]

神雾集团通过与地方政府签署特许经营协议，并引入社会资本，对运用神雾技术建设的公共项目进行建设并运营。与政府和社会投资机构建立了"利益共享、风险共担、全程合作"的共同体关系，确保合作项目顺利完成、合作各方实现预目标。2016 年 1 月开始的神雾第三代有机固废热解技术的推广主要采用此种模式，这项技术颠覆性地解决了城乡有机固废处理难的世界难题，真正实现有机固废"无害化、资源化、减量化"处理，变废为宝。目前，神雾已与陕西杨凌、湖北松滋、湖北荆门等地方政府洽谈，均取得重大进展。

像我们的垃圾项目推广，我们希望有政府的成分在，因为项目有可能是几十亿元、上百亿元，单靠一个企业推广起来还是很难的，我们希望借助政府和社会资本的力量，在金融、债券等方面获得支持。（政府事务部员工）

业务模式三：合同能源管理

合同能源管理是神雾集团转型过程中一个重要的业务模式，指神雾集团以垫付建设款的方式收取后续丰厚的节能收益。2015 年 10 月的内蒙古港原化工技改项目是神雾集团建设的第一个以合同能源管理模式投资建设的电石改造示范项目，也是美国能源局、商务部与中国国家发改委在华盛顿共同宣布的首

---

[1] PPP（Public-Private Partnership），即政府和社会资本合作，是公共基础设施建设中的一种项目运作模式。在该模式下，鼓励私营企业、民营资本与政府进行合作，参与公共基础设施的建设。

批中美十项提高能效示范项目之一，取得了巨大成功。神雾集团投资 1.6 亿元对港原化工原有的电石炉进行改造，运用神雾技术改造后，可取得巨大的成本优势、节能效益及环保效益，神雾集团在建成后的 8 年内将每年获取 5 300 万元以上的节能收益。目前，港原化工技改完成，并已经实现稳定运营，成本优势、节能效果及环保效果显著。

人力资源

企业竞争的根本在于人才的竞争，神雾集团一直将科技创新人才作为企业发展的核心要素。集团将提供大平台、做好科研保障工作作为留住关键人才的重要措施，同时通过不断完善和优化用人机制，吸纳优秀人才的同时也从头培养人才，建立科学的人力资源管理体系，不断增强企业的核心竞争优势。

人才培养机制

在工作方面，神雾根据研究需求为博士后课题提供科研经费，除此之外每人每年额外提供 2.5 万元的技术交流活动费用，用于博士后参加国内外学术交流、会议、考察等。神雾研究院每年至少组织几十次学术交流和培训活动，请国内外专家到神雾来为博士后、博士等研发人员进行技术培训和指导。此外，还先后与华北电力大学、中国矿业大学、中国石油大学、北京科技大学签订了联合培养协议，与重点高校共同培养人才。

在生活方面，神雾集团成立了"神马"学习社，既包括学习外语、数据分析、Excel 等多方面的业务技能类学习内容，也包括摄影、旅游、健身、美食、育儿、美妆、服饰等生活特长类内容，引发员工的学习兴趣和参与度，营造全员参与学习讨论、互励互助、开心快乐、积极阳光的团队氛围。

对于新员工，神雾实行"导师制"。导师与新员工充分沟通，根据工作岗位为员工制定有针对性的学习计划，带领新员工明确岗位职责、业务流程及作业指导，并且通过导师的言传身教加强新员工对集团企业文化的感知和认同。

考核机制

神雾集团通过简单有效的考核制度保证员工的创造性。分别以月度、季度、年度为考核周期，对每位员工在"关键事件（70%）""工作态度（10%）""职业道德（10%）"及"学习创新能力（10%）"四方面指标进行打分考核。关键事件是指工作目标的完成情况，占评分结果的最大比例。为了保证考核结果的公平公正，每位员工都由分管领导、部门/课题组负责人及平级同事在内的三方面评分，其中分管领导的评分占30%，部门/课题组负责人评分占30%，平级同事打分的平均分占40%。综合计算得出员工当月的最终得分并进行排序。员工的晋升、评级和奖金发放等都依据绩效考核的排序结果确定。

我们会对综合评分进行排序，根据排序的结果，以及员工的发展空间，就是成长进度，来核定他们的奖励系数，然后再发放奖金。（人力资源副总监宋总）

激励机制

神雾从经济和生活两方面全方位激励员工积极性。首先，经济激励方面，应届毕业的博士来到神雾集团不仅能够拿到高水平薪资，还有科研经费和研发科技奖励。神雾认为，研发人员要充分发挥创造力，需要发挥股权的激励作用，目前正在细化奖励规则，股权期权的激励制度很快将在神雾集团全面展开。其次，在生活福利方面，神雾为员工提供住宿、食堂餐补、免费通勤班车等。全方位地解决员工的后顾之忧：帮助没有北京市户口的员工办理北京市工作居住证，对于符合条件的人员还可以通过北京市高级人才引进，为其办理在北京落户的申报手续。同时，公司每年还会为应届研究生申请北京市户口指标，并给予表现较为优秀的员工。

结语

习近平总书记在G20峰会上的主旨发言中指出：在新的起点上，我们将坚定不移实施创新驱动发展战略，释放更强增长动力。抓住科技创新就抓住了发展的"牛鼻子"。神雾集团正是抓住了发展的"牛鼻子"，二十年致力于各工业领域节能燃烧技术的创新研发和推广，视创新为生命。如今，神雾集团的市场化运作和资源整合能力，科技创新的迅速产业化能力，技术人才储备，新技术、新工艺、新专利所需的关键设备的开发设计和集成能力，品牌美誉度及产业规模等方面，均具备无可比拟的强大竞争实力，成为国内节能服务行业当之无愧的第一品牌。神雾集团所取得的成就不仅仅得益于拥有一个和谐奋进的领导集体、一套规范科学的创新管理模式、一群水平高能力强的科研团队和一支高素质的员工队伍，企业的"灵魂"和"精神领袖"吴道洪博士更是承载探索节能环保产业变革使命的"玩火者"，在低碳环保、节能减排服务领域玩出了非凡的成就和大气的格局，点亮了人类的未来。

学者说

当我们驱车前往神雾集团位于北京昌平的总部时，看到周边相对凌乱的环境，并没预想到中关村这家做节能环保的企业有这么高的"含金量"，也没有预期到这个以前从没有听说过的企业会给我们带来如此大的惊喜。我们强烈感受到吴道洪博士对"燃烧和节能"的热情与专注。他在读本科、硕士、博士和博士后期间深度积累了与"燃烧"有关的技术、知识，特别是在博士后期间通过将自己所学专长用于解决企业的现实问题、获得了不菲的经济收益之后，始终带领这个企业高度聚焦节能环保行业，在技术上不断实现突破，成为行业内真正的领军企业，终于在今天迎来了市场大发展的黄金时代。

对神雾来说，企业领导人的知识深度和广度对神雾的战略发展与组织设计具有至关重要的作用。在知识深度方面，吴道洪在其求学历程中，有长达12年的研究积累，并在后来20年的企业生涯中，将自己1/3的时间和注意力，放在带领五大研究院、20多个课题组、200多人的研究团队从事深度的颠覆式研究上。在知识广度方面，吴道洪跑遍了国内外与燃烧有关的几乎所有产业和重要企业，发现和关注它们所面临的挑战和难题，将其作为研发的切入点和市场拓展的重心。当专业知识的深度与产业应用

（续）

的广度不断碰撞和密切结合之后，最前沿的节能减排技术为企业带来了意料中的巨额利润，以企业知识深度为基础的独特领先技术成为行业里具有稀缺价值的解决方案。在访谈神雾的过程中，我们仿佛不仅仅是在与董事长对话，有时似乎在与哪个科研院所或大学的领导对话，对于吴道洪博士而言，创新研究院院长似乎才是他最热爱的职业。

神雾从一家小微公司，发展成集"节能技术研发—制造—设备配套—咨询与设计—工程总承包—全系统解决方案"全产业链布局的拥有7家子公司的股份制集团公司，关键要素有以下几点（见图3.9）：

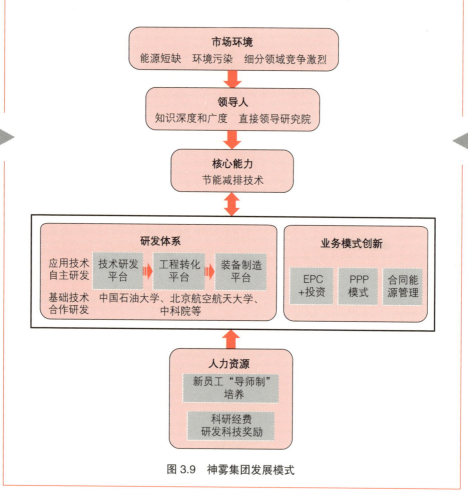

图 3.9 神雾集团发展模式

（续）

第一，一把手对燃烧技术研发的孜孜不倦和亲自领导。这是神雾成功最重要的因素。

第二，明确的研发原则和完整的研发体系。神雾坚定只做"赚钱的、前沿的节能减排技术"，并形成技术研发平台、工程转化平台、装备制造平台，从技术研发到产业化应用一条龙，以保证科研成果高效转化落地。

第三，业务模式的多样化创新。以集团参股、控股、合同能源管理、融资租赁、产业基金等来快速推广神雾颠覆性的节能减排技术，以模式创新与资源整合为策略，在节能减排领域进行集团化、多板块、全产业链布局。

第四，人才培养和激励机制。神雾将提供大平台、做好科研保障工作作为留住关键人才的重要措施。通过导师制度和内部培训提高员工技能，增强企业文化认同感，以及通过经济激励和生活福利的全方位保障激励员工积极性。

我们相信，随着中国经济的供给侧改革，节能或提高能效已经成为中国治理雾霾、减少大气污染及应对全球气候变化的迫切要求。神雾集团二十年来致力于各工业领域节能燃烧技术的创新研发和推广，吴道洪"做赚钱的学问"，不仅实现了神雾集团从小到大的跨越式发展，更是实现了社会效益、国家利益和企业利益的多方共赢。

大北农："养猪博士"的农业互联网

企业背景

大北农集团是以邵根伙博士为代表的青年学农知识分子1993年创办的农业高科技企业。二十余年来，大北农始终秉承着"报国兴农、争创第一、共同发展"的企业理念，致力于以科技创新推动我国现代农业发展。

1965年7月，邵根伙出生在浙江省金华市金东区的一个小山村里，他靠自己的勤奋刻苦走出农村，考入浙江农业大学，毕业后在中国农业大学攻读硕士和博士。1991年，邵根伙以优异成绩提前一年获得了中国农业大学的博士学位，他研究的方向就是猪饲料，是我国第一个养猪博士。

> 我生在农村，所以一辈子干的都是和农业有关的事情，本质上就是一个农民，所以成了中国第一个养猪博士。（董事长邵根伙）

毕业后，邵根伙进入北京农学院成为一名教师。当时，我国养殖业水平落后，肉在百姓餐桌上很少见，1987年泰国正大集团凭借正大551，以先进的饲料和养殖技术占领了中国的饲料市场，对我国的动物科学、饲料科学的教学产生了巨大冲击，人们第一次认识到猪饲料也可以具有高科技含量。邵根伙认识到必须做实业，才能给中国的农业发展带来改变。所以，他放弃了安逸的生活，开始了艰苦的创业之路。1993年冬天，邵根伙和同伴揣着2万元，在北京西郊两间租来的小屋内点燃了创业的理想之火，创办了"大北农饲料科技有限公司"，产品开发的主攻方向定位在乳猪料配方、乳猪料生产上，希望研究出我国自己的551饲料代替正大集团的产品。当时，乳猪料配方和乳猪料生产一直是国内饲料工业面临的最大难题之一。

邵哥在创立大北农饲料科技公司之始有一个意愿，就是想研究出自己的551饲料去替代正大。现在正大集团的饲料在我们国家的市场上占的比例很低了，我们现在的技术远远超过它。（常务副总裁宋总）

为此，邵根伙专门从中国农业大学邀请了十多位知名专家教授和青年知识分子成立了大北农技术委员会。依靠专家技术委员会这个强大后盾，1994年"大北农牌"乳猪料551研制成功并投放市场，打破了外资企业多年对中国乳猪料市场的垄断，产品质量达到国际先进水平。

接下来的五年，大北农不断壮大自身力量。1995年，大北农提出"优势互补、共创名牌"的战略，在全国展开企业合作，合资设立了宁夏大北农、新乡大北农等企业。1996年，建立大北农（怀柔）生产基地，奠定了集团的饲料产业生产基础。1998年，大北农在全国建立饲料分公司并组建科技推广网络，出资设立"农业科研奖励基金"（现"大北农科技奖"），无偿奖励在农业科研领域做出贡献的科研人员。1999年，成立大北农农业科技研究院，出资主办中国农民大学，开启我国农民教育培训事业。

2000年后，大北农开疆拓土，进入诸多相关产业，不断丰富完善行业覆盖。今天的大北农产业涵盖养殖科技与服务、种植科技与服务、农业互联网三大领域，为养殖户和种植户提供高附加值的产品与服务。自2010年在深交所挂牌上市以来，大北农集团实现了飞速发展，拥有28 000余名员工、1 500多人的核心研发团队、140多家生产基地和240多家分（子）公司，在全国建有10 000多个基层科技推广服务网点，成为中国农牧行业上市公司中市值最高的农业高科技企业之一。

战略布局

2016年，邵根伙提出2020年实现"两个千亿"的目标，一个是千亿的市值，一个是千亿的销售收入。然而在2015年公司的主营业务构成中，饲料产品的收入占比为90.35%，如果仅依赖饲料产品，发展空间极为有限。因此，公司的业务范围需要向上下游延伸，最近的便是养殖业。我国养殖业的现状是：小、散养殖户效率低，全线亏损，并且国家进行结构调整，要求提高生产质量，那么小散户必然被淘汰，而消费需求是刚性的，意味着将由大的企业填补生产空缺；国家的环保政策像"水十条"、南方水网禁养区的划分，将不符合环保要求以及禁养区的企业关停，出现很大的市场空间。基于两方面的原因分析，大北农认为接下来的十年是养猪发展的黄金时期。

现在来讲，饲料这个产业已经非常成熟了，营收增长10%都很难保证，这是整个行业的情况。我们认为接下来的十年应该是养猪的发展黄金期。我们国家养猪，养殖水平生产效率太低。我们认为大的公司，发展空间非常大，整个的行业重新洗牌，谁先认识到谁占领市场。（常务副总裁吴总）

公司未来的发展模式为"互联网+农业"，首先大北农仍然要立足农业，同时使农业与互联网手段紧密结合。大北农建立了以"猪联网"为核心的农业互联网运营平台，帮助公司快速切入养猪服务，建立"平台+公司+猪场"的新发展模式，促进了公司在"互联网+农业"新环境中的战略转型。

公司未来发展方向的问题，还是立足于农业、立足于现实。更具体一点，是服务于养殖业、种植业，我们还有另一个板块就是信息网、互联网，其实互联网也是围绕着农业互联网进行的。（常务副总裁吴总）

创新研发

大北农集团创立二十余年来，始终坚持"报国兴农"的使命，以创建世界级农业科技与服务企业为愿景，致力于通过科技发展推动农业现代化，是我国农业高科技领军企业之一。在创新研发方面，大北农不仅注重产品技术方面的创新，同时注重业务模式的创新，实现企业"互联网+农业"的成功转型。

产品技术创新

大北农主要在种猪、生物饲料、新动物疫苗与生物制剂、新型环保兽药、以及信息化等产品方面进行产品的创新研发，每年研发投入超过5亿元，远高于同行业其他企业。具体而言，大北农的产品技术创新依靠其完善的研发体系、规范的研发流程、灵活有效的双元研发模式和先进的知识管理方法支撑。

有项目你去申请就资助你，我们每年投入研究5个多亿，在中国所有的农业上市企业里面，我们比第二名要高出好几倍，不止高一点。（常务副总裁宋总）

研发体系

大北农在集团层面设有大北农技术中心，2006年被国家发改委、科技部、财政部认定为国家认定企业技术中心。旗下建有饲用微生物工程国家重点实验室、作物生物育种国家地方联合工程实验室、农业部作物基因资源与生物技术育种重点实验室3个国家级科研机构，以及国家农业科技创新与集成示范基地和8个省级科研创新平台。大北农还建立了中关村海淀园博士后工作站分站、院士专家工作站及海智工作基地，与国内外近百家高校和科研院所建立长期合作关系。此外，大北农集团拥有3家农业产业化国家重点龙头企业、20家国家级高新技术企业。

我们在集团层面还建立了院士专家工作站，聘请了12位我们这个行业的院士，来为我们集团的技术创新战略做咨询、做服务、做指导。这个在北京市的企业里面我们是第二家建立的，很早就建立了，好多企业都没有意识时我们就建立了。（常务副总裁宋总）

研发流程

大北农的研发管理从发现市场机遇到立项审核、从成果转化到知识产权的保护，都具有流程化、体系化的特点。研发的起点是捕捉市场信息，大北农专门成立了五六千人的技术服务体系，工作于猪场、鸡场和田间地头，将实地信息随时反馈给研发机构的研发人员。

在技术服务过程中就能发现很多问题，比如说动物医学研究的老师，在给猪场、鸡场服务的过程中会采集一些病样或者将观察到的一些现象告诉我们研发人员，研发人员赶快去分析，用我们的先进技术就知道是什么病，可以开发什么疫苗，对接得很紧密。（常务副总裁宋总）

研发人员从市场上了解到产品改进、技术改进的一些信息，会向所在的研究机构提出立项申请。由机构负责人、首席科学家和专家工作站中的院士组成小组，从产品的市场价值、盈利潜力、国家法规、知识产权分布现状、技术准备是否成熟及预算等方面进行评价，决定是否立项，然后向集团备案。对于两千万以下的项目，研发机构可以自己完成立项、备案，纳入整个产业计划；而对于两千万以上的大型项目，则需要上报董事会讨论决定。

大北农对成功立项的项目每半年开展一次评估，考察项目是否实现预期目标，偏离了多少，是否可以完成。如果通过评估，则项目继续进行；若没有通过评估，则及时止损。课题形成的新产品，一部分由大北农自身的企业生产，另一部分转到社会上进行产品转化。例如动物疫苗，很多企业的转化额达到2—3亿元。

另外，在跨部门的协作配合方面，大北农按照作物科学和动物科学两大主要板块的划分，每年定期组织研发机构的老师共同研讨。此外，不同部门研究人员之间的非正式交流也非常丰富，并对很多先进仪器设备共同合作使用。

比如说动物医学中心，每年的年中评估、年底评估，其他研发中心的老师也要参加，如此就知道怎么去协作，有信息交流。再就是我们虽然做了这么多年，实际上是围绕着两大板块展开：第一个是作物科学，主要的目的是高产、抗力、不要生病，也跟肥料相关，合作交流很多；第二个是动物科学，饲料、用药类型的研究，比如说饲用微生物、饲料技术中心、动保技术中心，他们经常在一起交流。（常务副总裁宋总）

双元研发模式

大北农的内部自主创新更偏重利用式创新，即对已有技术进行渐进式改进和市场应用研究。大北农拥有多个研究机构，拥有院士专家工作站、博士后工作站及海智工作基地。这些研究机构和工作站在集团战略咨询、技术指导、新产品研发、高端人才培养、研发团队培育、大北农科技奖评审、国家项目推荐及产学研合作等方面都发挥了重要作用。

对于前沿的基础研究，大北农认为这是高校和科研院所的长项，因此在基础研究方面更多通过合作的方式进行探索式创新，这种创新对于早期的技术创新和产业发展非常重要，特别在种业方面起到关键作用。大北农始终保持与科研机构的良好合作关系，与中国农业大学、浙江大学、东北农业大学、华中农业大学、中国农业科学院、北京市农林科学院、中国科学院微生物所等近百所高校及科研院所建立了产学研合作关系。在产业联盟方面，大北农也积极与行业内的企业、高校和科研院所共建协同创新平台，目前，大北农集团是北京中关村农业生物技术产业联盟、首都籽种产业技术创新战略联盟、首都生物饲料科技创新服务联盟、北京国际科技合作基地联盟的理事长单位。

在国际合作方面，大北农已经与加拿大PPI公司、以色列艾沃基因公司、美国北卡罗来纳州立大学等多所国外机构建立了稳定的合作关系，并积极通过政府和其他组织搭建的各种平台不断发现新的合作伙伴。

此外，大北农还专门设立了一个科技奖励平台——大北农科技奖，无偿奖励在农业应用研究领域具有创新性和可转化潜力的成果，广泛挖掘和收集全国各地优秀成果。大学和科研院所老师的研究可能处于半成熟阶段，如果能实现产业化将具有巨大的市场价值。大北农通过这个平台建立了与老师们的双向选择和合作机制，如果双方具备合作意向，公司对科研成果进行技术和市场化评估后，即可开展深度合作，利用大北农的平台推向市场。

实际上我们大部分的（产品）从技术创新开始就十分注重与国内外的大学、科研院所合作，大学科研院所的老师有成熟的成果，我直接购买拿来用就可以了。（常务副总裁宋总）

知识管理

大北农十分注重知识产权的保护，在员工入职、公开发表及专利保护方面都有相应的机制来保护知识产权。首先，大北农新员工入职时，需要签署一份技术性合同，涉及遵守国家法律和商业技术机密。其次，研发人员在研发成果尚未形成时，报告的内容需要经过研发机构的老师或律师审核。再次，对阶段性成果申请专利保护。最后，研发人员在做实验的过程中，原始的记录不能带出研发机构，也不能随意同他人交流。另外，研发过程遵循多人管理制度，比如收集的种子资源、微生物菌株，要经过研发机构老师的批准，两人同时在场才能打开。严格的产权保护制度可以看出大北农对知识管理的重视，也正是如此才使得大北农在技术创新上常年走在行业的前列。

业务模式创新

为了促进大北农在"互联网 + 农业"新环境下的战略转型，2015 年成立子公司农信互联，致力于成为服务三农的农业互联网平台运营商，以全新的组织架构和文化氛围自由探索"互联网 + 农业"模式。在这个子公司中，创业团队持股占比高达 40%，极大地激发了员工的创业热情。

目前，农信互联已建成"数据 + 电商 + 金融"三大核心业务平台，在其平台上搭建的垂直产业生态圈已涵盖猪联网、田联网、渔联网、企联网等。旗下包括农信金融信息公司、农信小额贷款公司、农信保险经纪公司、厦门农信渔联公司、重庆农信生猪交易公司、智农科技公司等，其中重庆农信生猪交易公司运营的国家生猪市场是农业部按照国家"十二五"规划纲要建设的唯一一个和生猪相关的国家级大市场，是农业部授牌启动的我国目前唯一一个国家级畜禽产品大市场。据大北农公司官网统计，截至 2017 年 1 月，农信互联国家生猪市场交易总额突破 300 亿元，交易量突破 1 800 万头。

"互联网 + 养猪"

猪联网

为了改变传统的养猪方式，大北农建立了猪管网帮助养殖户对猪场的生产和财务进行管理。对传统猪圈进行改造涉及软、硬件两个方面：硬件上安装传感器、摄像头、自动给料、自动清粪系统，农户在家就可以远程观察猪的活动情况，实时控制猪圈的温度、湿度、通风，像玩游戏一样养猪。软件上帮助猪场规范养猪生产流程，方便农户掌握猪的生产、待产、销售状况，智能化提示母猪待配、妊娠、分娩、断奶、免疫等。根据后台全网的数据分析，系统为农户提供建议和警示。例如某省最近出现疫情，需要注意使用哪类药物采取预防措施。

对传统的养殖户作业方式进行改造，使得"养猪"这件事情，不再是传统印象中的"脏活""累活"。养猪方式的标准化转变，在解放人力的同时更提高了生产效率和质量。

很干净，环境很好。在这种情况下，养猪成败百分之六七十取决于你的硬件设施，而不是真的人。一天多进去看几遍，设备哪儿有故障，提前维护好，而不是要你去看猪怎么样，猪怎么样你去看都来不及了。现在几乎都可以不用管。（人力资源经理高总）

猪交易

改造了养猪环节，大北农进一步解决卖猪的问题。养猪赚不到钱主要是因为养猪产业链过长，产业大而交易地域广，市场行情波动大。为此，大北农将猪联网延伸到猪交易，从单纯的猪场生产经营管理延伸到生猪及投入品的买卖交易，使得养殖链上的经营主体间形成共生生产力，解决养猪效益及生产关系，变数万家猪场为一家，实现资源共享。

从猪场管理出发，功能向上下游延伸，打通了猪场、金融机构、屠宰场、中间商、厂商五个部分，形成闭环。猪联网打通资金链，增加商城功能缩短交易链条。养殖户可以在农信商城上买卖商品猪和猪饲料，这样减少了渠道层级，使交易信息更直接和透明地展示出来，也使得养殖户能够更专注于养猪本身，不用再担心商品猪的销售问题。此外，猪联网还连接了屠宰企业直接卖猪；生猪调运用"嘟嘟货车"，把经销商、猪贩的车利用起来，承载了养猪产业的诸多功能。

猪联网通过农信金融板块提供理财、贷款、保险、支付等系列金融服务。以猪联网的生产经营和交易数据为基础，进行客户信用评级，通过"农信贷"为养殖户、经销商、贸易商、屠宰场等猪联网上的用户提供纯信用贷款，随贷随还，从而解决了商业银行多年来无法解决的农村用户征信难、贷款难的问题，而且由于是供应链精准管理，所以几乎没有坏账，逾期率不到1%。农信金融与猪联网的结合，为大北农降低了向养殖户发放贷款的风险，同时也解决了养殖户自身资金周转不灵等问题。

大北农用互联网手段把它们做好……一是怎样提高生产效率；二是怎么加速或者说缩短交易链条，进而提高交易效率；三是如何在管理和交易的过程中提供金融手段，用金融方法从另外一个方面来提高他们的效率。（农信互联总裁薛总）

全员创业

大北农拥有1 1000多名推广服务人员，他们长期活跃在县、乡、村一线市场上，为经销商、养殖户、种植户提供专业的技术服务，是公司市场份额不断扩大的关键力量。这些推广人员过去的工作方式是开着车到农村挨家挨户地推销猪饲料，甚至帮养殖户干农活来促进销量。但猪联网的推出取缔了中间的营销环节，直接通过网络发布新产品信息，因此公司的推广人员也必须要面对工作内容的转型。员工可能不能够适应这样的变化，早先辛苦争取来的客户不再是自己个人的优势，因此这些员工也成为大北农互联网转型的最大阻力。

为了解决这个问题，大北农鼓励内部员工创业，让饲料推广人员成为养猪的创业者，帮助推广服务人员转型成为公司的创业合作伙伴，亲力从事养猪事业。邵根伙拿出自己的9 800万股奖励给优秀的创业者。大北农首先让大家看到互联网环境下养殖业的新前景，养猪省时省力还能带来高收入。并且通过在线养猪课堂和猪病通等模块进行知识分享，帮助那些即便不熟悉养猪工作的员工也能快速上手。大北农选定重点发展地区，搭建平台由集团出面找当地政府洽谈土地、扶持政策、配套设施等。集团把母猪场建好，提供小猪和饲料，员工集中搭建猪舍养肥猪，公司统一服务把控。养1 000头猪需要投资60万—100万不等，对于缺少启动资金的员工，公司会借给他一部分，同时高效利用国家的扶贫基金作为利息。这些内部创业的员工成为"星星之火"，带动当地农户也加入大北农家庭。在公司的支持帮助下，员工对于创业养猪的积极性很高，利用自身熟悉散户养殖方式的优势，依靠公司的基础服务力量，开始自己的"互联网+"养殖事业，实现个人职业的转型，从公司转型的阻力变为助力。

现在我基本上要求我们养猪的团体，管理团队、一线团队，必须是30岁以内的人。现在养猪已经不是过去脏、乱、差的底层工作了，而是高收入的职业。（人力资源经理高总）

农业生态圈

在"互联网+生猪"领域顺利推进的背景下，大北农在行业上扩展到其他养殖业和种植业，打造"渔联网""田联网""蛋联网"等，致力于复制猪领域经验，提升农业信息化水平，缩短行业供应链，加速周转流通，引进金融服务，提升整个农业行业的经营管理水平与产出效率。对这样一个看似简单的农业互联网，董秘陈忠恒信心满满地表示，大北农在这一领域可以说挖掘了一条很深的"护城河"，短期内没有公司能够复制。更让人期待的是，除了饲料，未来其他农业项目也会采用这种形式。未来大北农打造的农业生态圈将形成一个"农业大数据+电商+金融"的生态圈网络，或许有望一跃成为农业互联网领域中的阿里巴巴。

我们要让饲料供应商、养殖户、经销商及原料供应商等，都可以在互联网上建立一个农业的生态圈，这个生态圈将会给大北农带来很好的经济效益。（董秘陈总）

人力资源

大北农坚信，人才是实现"创建世界级农业科技企业"愿景的根本保障，业务可以拓展，资金可以吸收，而人是所有要素中唯一能够学习、创新且潜能无限的资源，是最不可轻易替代的，也是大北农最宝贵的财富。

考核机制

大北农的用人原则为：选人重于培训，培训重于奖惩，能力重于学历，绩效重于资历，品德重于能力，实干重于空谈。大北农对销售人员的考核并不仅仅依据销量，更注重考察员工的责任心，比如员工的主管会十分看重员工的销售积极性、工作热情及工作态度等。

对销售人员的业绩考核还是按照数字来进行的，但是我们特别不喜欢搞提成，不是说干一天活拿一天工资，那样让很多人比较短视。基本上干部都是年薪模式。（人力资源经理高总）

由于研发周期的原因，对研发人员的考核通常按照立项的计划书进行，阶段性地根据每个过程推进的效果，进行核算和考评。

激励机制

大北农的激励机制体现在薪酬保障和员工持股这样的硬性手段上。大北农拥有国家级的企业技术中心，一般科研人员的平均薪资要比普通工作人员高出20%。此外，如果成功申请专利或产品取得突破性进展，还额外设置特殊的专项奖励。

2014年8月，大北农推出员工持股计划，符合"不抽烟、不酗酒"等八项基本守则[1]、业绩突出、正式任职超过两年等条件的3 000名员工均可参与。同时，为鼓励骨干员工，激励大家艰苦奋斗，董事长邵根伙免费捐赠出个人近1亿股、市值达到13.8亿元的公司股票，被赞为"A股好老板"。

不给员工股份的老板不是好老板，不敢要股份的员工不是好员工。只有给员工股份了，企业的凝聚力才能够持续增强，企业才能够有强大的生命力。（董事长邵根伙）

此外，大北农对员工的激励还体现在充分信任和充分授权中。与大多数企

---

[1] 大北农八项基本守则：一不抽烟，不酗酒；二不参加不健康的娱乐活动；三不在外兼职；四不利用工作之便谋取个人私利；五无条件服从工作安排；六对人对事要坦诚；七把争第一作为自己的工作原则和成长目标；八保护公司知识产权和商业秘密。

业实施信息化的"一把手工程"不同，大北农实施的是"一把手授权工程"。一把手邵根伙博士是农业企业里最早提出信息化战略的企业家之一，但他这个信息化的战略构想不是由他亲自推行的，而是给出了一个框架性的思维，剩余的就充分授权给公司的财务和信息部门去执行。当时，负责信息化建设的高管也成为后来猪联网的奠基人。这种信任使得员工对工作更富责任感。

企业文化

大北农以文化凝聚人，以事业感召人。大北农以"报国兴农"为使命，企业充分信任、充分授权给员工，建立起使员工"遇难而乐，自我激励"的企业文化。大北农将文化作为第一管理，从上到下统一思想，大家思想统一、目标一致、沟通充分，每个员工都有追求，共同为创建世界级农业科技企业努力奋斗，为民族争光。

作为大北农人你最大的追求就是我出生农村，学习农业，我要把农业做好、企业做好，报效国家。（人力资源经理高总）

誓词、标识、歌曲、仪式贯穿在大北农人的生活中，办公区的醒目位置都张贴着企业文化标语。大北农1996年就制定了企业誓词，员工每天都要宣誓、唱《大北农之歌》，并且大北农人边学、边做、边总结，随着企业的发展，从最初的每天背诵誓词到现在创作出了新的创业者宣言。

结语

当前在农业现代化、移动互联网、食品安全、全球化竞争等大背景下，我国农业迎来了空前的变革。面对接踵而至的挑战、稍纵即逝的机遇，大北农作为农牧行业的领军企业最早开始"互联网+农业"的布局，紧紧抓住和利用新一轮科技革命和产业革命的机遇，"扎根农业、改变农业"，成功实现了从传统农牧产品的提供商向高科技、互联网化、类金融的现代化农业综合服务商的转型，其瞩目成就获得了全社会广泛的关注和认可。放眼集团生机勃勃的发展景象，我们相信大北农"创建世界级农业科技与服务企业"的目标一定能够实现！

学者说

大北农地处新中关,离北大只有一站地之远,当我们走进大北农,科技、绿色、文化的气氛扑面而来。作为一家农业科技企业,大北农不仅仅拘泥于在传统农业领域进行科学探索和市场拓展,更令人惊喜的是,大北农对互联网具有敏锐的嗅觉,已经在"互联网+农业"思维的主导下构建了新型网络环境下的数字平台与农业生态。当我们通过"猪联网"看到大北农旗下遍布全国猪场的实时动态信息,并能通过物联网任意近距离查看猪场实况及全国生猪市场情况时,我们不由地赞叹新兴互联网和物联网技术给农业发展注入了新的生命和巨大能量。互联网技术推动了大北农从狭隘的"猪管网"走向开放的"猪联网","联"的核心内涵是构建绿色可持续发展的生态,并把数字资产作为未来价值增值的着眼点和核心竞争力。此外,大北农的文化建设令人记忆犹新,强势的文化植入对大北农员工是一场精神洗礼,文化建设所带来的价值观统一和凝聚力,有益于大北农有效管理遍布全国的猪场和相关原则的贯彻实施。

经过二十多年的发展,大北农从一家小微饲料公司蜕变成百亿级的农业科技公司,得益于它在科技创新和市场拓展上拿捏得当。具体来说,我们认为大北农成功的关键要素如下(见图3.10):

第一,一把手敏锐的洞察力。创业时,邵根伙觉察到了饲料产品的机遇,现在又看到了互联网机遇,非常具有战略眼光。因此,才会在农业产业不断扩张的同时,也紧紧抓住利用互联网技术的趋势。大北农充分发挥互联网的技术优势,在改善养猪环境、提高养猪效率的同时,发展交易与信贷业务,并向其他农业产业扩展,打造农业生态圈。

第二,对科研创新的高度重视。从最初的饲料销售开始,到饲料、动保、疫苗、种猪、种业、植保和生物饲料产业的发展,不断地克服技术难题,是大北农发展到今天能够走到各产业技术前沿的关键原因。邵根伙博士,在克服了当年的猪饲料问题后,始终在技术创新方面孜孜不倦、毫不懈怠,坚持投入大量的人力和财力。技术创新领域的优势是大北农企业的核心竞争力之一,现有的技术研发体系是大北农令其他竞争对手和行业潜

（续）

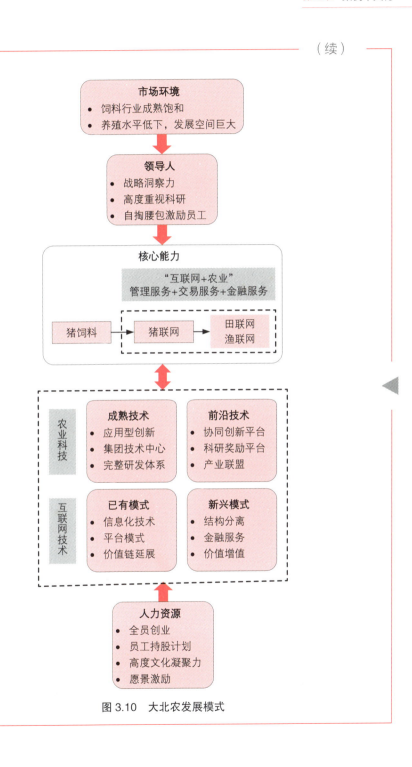

图 3.10 大北农发展模式

（续）

在进入者望而却步的重要因素。不仅如此，大北农善于利用外部力量，与国内外高校、研究院所和其他企业的积极合作使多方达到了共赢，更是为企业的经济效益建立了保障，同时也降低了企业的创新风险。

第三，大北农成立了全新组织架构的农信互联，让"互联网+农业"模式成功落地。全国生猪交易平台的建设极大延伸了传统农业的价值链，数字资产成为价值增值的基础。"猪管网"代表了传统的管理信息系统给农业带来的效率，然而"猪联网"的出现则重构了养猪业的业态和生态。大北农持续推出了其他领域的新型农业生态，包括"渔联网""田联网"等，多元化农业生态的构建给大北农在未来市场上竞争奠定了良好的数字基础。

第四，企业文化凝聚力。集团始终鼓励员工的创业激情，并发挥员工的自主管理能力，大北农的企业文化也使得大北农员工的忠诚度、工作热情及创新能力保持在较高的水平，"报国兴农、争创第一、共同发展"的企业理念深植于每一位大北农人心中。全员创业的氛围更有力地推动了大北农的互联网转型。

总之，大北农引领了互联网思维驱动的农业转型，企业准确把握了数字化和平台化所蕴藏的巨大潜能和价值，互联互通的农业生态构建将把大北农的发展推向新高度。

神州高铁：后高铁运维的智能卫士

企业背景

神州高铁是国内最早进入轨道交通运营维护领域的企业之一，是国内首家涵盖轨道交通运营维护全专业领域的主板上市公司，目前市值超过200亿元，2016年营业收入超过18亿元，还拥有400多项自主知识产权产品、200多项专利，旗下参控股30余家产业公司，企业上下同心协力朝着成为"世界轨道交通行业卓越企业"的目标奋斗。

董事长王志全本科就读于东北大学机械工程系，1985年毕业后就职于北京有色金属工业公司，1988年重返校园，在北方交通大学读研并留校任教。1995年，王志全创立了神州高铁的前身——北京新联铁科技股份有限公司，从事铁路机车车辆的清洗、检测、监测等业务。经过几年的耕耘，公司拳头产品洗车机占据市场领先地位，但王志全未曾停止对公司发展方向的思索：传统的铁路系统设备和产品体系早已建成，公司面对如此狭小的市场空间该如何破局？

2005年，王志全敏锐地发觉高速铁路成为世界最新的高新技术领域之一。当时，德国、日本、法国等发达国家的高速列车已经投入运行。2004年1月，国务院常务会议讨论并通过我国历史上第一个《中长期铁路网规划》，大气绘就超过1.2万公里"四纵四横"快速客运专线网，决定进入高铁时代。面对宝贵的历史机遇，王志全在对市场和行业进行理性分析后，组织管理层召开了多次战略研讨会，最终毅然决定成立高速列车项目科研组，专门研究各国的高速列车及检修技术，创造性地搭建自己的技术平台。在对德、日、法高铁的发展和关键技术的考察学习和研究中，王志全结合中国轨道交通的实际运营情况，指出轨道交通检测维护等技术可作为公司下一阶段的发展方向，进一步就如何形成中国自己的检修标准进行了深入探索。2006年，公司决定以列车清洗和探伤系统主攻系统集成检修。为了实现高、精、尖技术，打造具有国际竞争力的品牌，神州高铁在引进世界一流清洗技术的同时，更导入了全球最新的清洗理念及思想；在探伤系统方面则是欧洲、亚洲双管齐下，比较分析、去粗取精，集众家所长。

2016年神州高铁王志全董事长年会致辞

2011年，国家推出铁路"十二五"发展规划，铁路投资预计达到3.3万亿元。2013年，我国提出并启动建设"一带一路"的战略构想和蓝图，加强沿线各地区"互联互通"的网络建设是实现战略构想的基本保障，中国高速铁路将成为"一带一路"战略加快实施的重要领域。2015年，国家发改委批复多个城市轨道交通规划方案，全国城市轨道交通总投资达到3 000亿元，至2017年拟新开工68个重大建设项目。这些重大战略举措，为我国以高速铁路为代表的轨道交通产业提供了巨大的发展机遇和广阔的市场空间，由此推动了轨道交通领域三大产业——基础设施、装备制造和运营维护——进入大发展时代。神州高铁作为我国最早进入轨道交通运营维护领域的企业之一，面对"一带一路"国家战略、国家铁路发展规划及城市轨道交通大发展的历史机遇，陆续实施了建设系统化产业模式平台、专业化业务模式平台、数据化服务模式平台的战略举措,已经成长为我国轨道交通运营维护产业的领军企业,业务范围遍布神州大地,覆盖机车、车辆、供电、信号、线路、站场等各领域,专业致力于为轨道交通安全运营提供监测、检测、维修、保养设备和服务及整体解决方案。

神州高铁1997年创业最早是做洗车机、洗火车……公司也是完全跟着中国高铁十年高速发展,一步一步跟上来的。这一块也是得益于中国高铁发展太快了,大的国企央企忙不过来,逐渐把这一块给忽略了,导致我们民营企业有这个机会发展起来。(运营副总裁程总)

战略布局

为了从传统的运营维护设备供应商升级为运营维护体系整体方案提供商、核心设备提供商和综合服务提供商,神州高铁组建了涵盖轨道交通各专业的车辆、线路、信号、供电、站场、大数据和工业服务七大专业集团,布局了国内首家轨道交通运营维护平台,确立了以"智能设备、产业大数据和工业服务"为三大核心业务,重点打造"咨询设计、生产制造、系统集成、资本运作和商业模式"五大核心能力。

行业布局

随着经济的发展和科技的进步,未来的轨道交通建设将划分为道路建设、车辆生产和线路车辆整体运维三大块,各领域间形成高行业壁垒,由个别大企业垄断掌控。目前,中铁、中车等大型企业已经布局前两个领域,因此神州高铁瞄准轨道交通运维的蓝海,在系统性平台下针对运营维护的各领域成立专业集团,争取在车辆维护、信号调度等子领域拔得头筹。

神州高铁认为成为"运营维护里的No.1"并不是遥不可及的梦想,而是触手可及的目标。在轨道交通领域的上市公司中,涉足多个子领域的企业并不多见,有的企业只做调度系统,有的专做电源,有的专攻信号。神州高铁聚焦轨道交通运维，兼并多个专业领域的优秀企业来拓展产品线，如信号领域的交大微联、线路领域的武汉利德、供电领域的华兴致远等，为自己的系统化产业模式平台建立了车辆、线路、信号、供电、站场、大数据等专业系统基础。同时，神州高铁还非常关注与运维平台相关的技术型公司，收购整合这些核心技术作为平台开发的一部分，进一步提高企业的核心竞争力。

将来轨道交通建设的时候，可能只有三个系统：一个系统是建设的，一个系统是造车的，一个系统是运营维护的。（我们）成为什么呢？在运营维护里面的No.1……因为目前我们公司还处于非常有利的一个位置，我们干的这个事中车它们很难干，因为它要干就需要我们这些专业系统去支撑，它现在几乎没有；中铁建、中铁工它们也没有。（董事长王志全）

企业转型

随着云计算、物联网、大数据、人工智能等技术的迅速发展，轨道交通发展的新时代已然来临。客户也在快速转型，在保证安全、提升品质、提高效率和降低成本的基础上，希望能有运营维护体系化、数字化的解决方案。为了满足客户需求，引领行业发展，神州高铁在2016年6月提出服务化和智能化两大转型战略，将专业化业务模式平台和数据化服务模式平台列入未来的发展目标。

运维服务的精细化程度很高，单个领域的市场竞争非常激烈，但还没有一家能够提供整体解决方案的公司。神州高铁拥有多条产品线，若能提供一揽子解决方案，便能够构建自身的核心竞争力，提高竞争门槛，成为运营维护领域的领头羊。由此神州高铁提出服务化转型，提供轨道交通运维的整体解决方案，为客户降低全生命周期的维护成本。神州高铁不仅为最终客户服务，还依托自身的设备优势，发展融资租赁模式为其他运营企业服务。一个例子就是按工序出售检修的服务，比如轨道需要定期铣磨，但购置铣磨机需要一次性投入大量资金，对运营公司而言是很大的负担，如果将铣磨工作外包给神州高铁，一方面神州高铁有自己的设备，另一方面也可以集合大数据优势更精准地判断铣磨时间。

随着互联网的兴起，网络环境和数据环境等基础设施的大规模铺设为神州高铁的智能化转型提供了良好的基础。过去轨道检修的工作环境非常恶劣，铁路部门的作业很原始，工人手动拆卸车轮、换装设备，十分辛苦。并且每次都需要进行全流程检测，重复工作很多。神州高铁凭借自身的技术优势和敏锐嗅觉，领先于行业开展了智能设备升级，希望借助人工智能和机器人等设备改善工作内容和环境。同时，智能系统会对检测结果进行历史数据对比，一线操作人员只需要进行确认操作，由专家远程指挥解决问题，根据异常提示有针对性地检测设备，自动作业过程大大提高了工作效率。在智能化服务出现之前，专业技能和工作经验是对员工的首要要求；智能系统出现之后，原来依靠人脑判断的工作转交给系统，正确进行系统操作成为了工作岗位最重要的能力。

以前智能也能做，但是有一个认知问题，另外智能所需要的网络和数据环境也不行，做这个事也费劲；还有大家整个的技术水准没发展到那一块，很多智能不好做。现在做的智能是什么呢？是所有跟智能相关的技术产品。现在认知环境都上来了，做这个事是水到渠成。但是，我们比我们这个行业，大概要早了两步来做这个事。（董事长王志全）

像大数据网络、智能系统最大的好处是保证车绝对安全，因为历次的检测数据都是自动对比的，自动对比一切断（层）的数据。原来不成啊，原来没有无限通信、没有数据分析，每一次都是新的检测，把一根车轴每半个月大概十万公里所有的历史数据全（积累下来）。（董事长王志全）

原来在高铁的小基地里面我们要求这些人都是本科生，像北京交大的本科生。他们有专业知识，也看得懂系统的对比，就负责确认。（董事长王志全）

神州高铁一方面抽调和招聘人才来支持内部产品研发，另一方面也积极和其他企业如华为、中兴等合作进行技术研发。

一方面是抽调，另一方面我们也招了不少人，从外面也找了一些人过来。我们也跟一些公司合作，比方说跟华为合作，华为在IT通信技术方面很强，但是它对轨道交通不太熟；包括我们跟中兴通讯也有合作；在机器人这块，我们跟酷卡合作。（运营副总裁程总）

全球化布局

神州高铁的全球化布局主要依靠"傍大款"、代理制和并购三个主要方法。

其一,"傍大款"。顺应国家"一带一路"战略,神州高铁与大型国企紧密合作,为其提供运维系统,进军东南亚、欧美市场。身为一家民营企业,神州高铁并没有足够的海外资源"单打独斗",风险承担能力远不如大型国企,因此与这些国企合作来拓展海外市场是公司的一个保险选择。目前,神州高铁在全力以赴推进一个以色列的城轨地铁项目,该项目是与中车合作,以色列方面对中国企业非常满意,认为中国企业不仅有技术,而且员工也非常吃苦耐劳,项目完成效率远高于其他外企。

国家战略有"一带一路",我们的战略也比较清晰,就是"傍大款",跟着大型国企……因为我们做这些事有一个问题,就是没有这种海外系统的资源,承受不了风险。(董事长王志全)

其二,代理制。正如十几年前外企在中国销售产品的代理方式一样,神州高铁在高科技产品的海外销售中也通常会在当地寻找合适的代理公司来拓展销售渠道。

其三,并购。神州高铁积极进行海外并购,并从美国购买核心技术应用于国内市场,布局未来轨道交通的主战场——中国。

我们第一个是国外的市场跟着国家走,第二个是高科技产品是采取代理制,再有一个是把国外的一些先进技术给买过来之后在中国市场放大,这么做能够让公司资源更加集中于收入来源最大的项目。我相信在未来,中国轨道交通一定会成为世界的,十年之后中国轨道交通工具的市场份额会占到世界第二,主市场在中国,你离开这个主市场,去到很多分散的市场,就没意思了。(董事长王志全)

创新研发

神州高铁开发了一系列拥有自主知识产权的技术，制造出了真正属于自己的产品。针对列车清洗设备，神州高铁根据我国车辆段空间设计复杂、运行车辆外形差异较大的实际情况，在原技术基础上通过技术创新，解决了我国多种车型兼容清洗的难题，目前提供给动车检修基地的双向洗车技术更是国际首创。针对探伤系统，神州高铁同国外专业公司进行核心技术的合作，在短时间内实现了设备的国产化并成功运用于实际场景，技术居于世界领先位置。除此之外，神州高铁还有很多自动化设备和高科技检修装备都是通过搭建自己的技术平台，在借鉴国外先进技术、学习国外先进经验后，结合国内实际情况进行二次创新研发。

自主研发

神州高铁是一家轻资产公司，工厂规模都非常小，主要制作核心部件，其他部件都通过专业的代工厂加工。研发投入约占年销售收入的8%，其中70%进行落地项目的利用式创新，30%开展前瞻性的探索式创新。公司在总部设立轨道交通研究院，进行重点项目孵化，研究成熟后转给不同子公司进行产业化落地。由于轨道交通领域大多是非标准化产品，各子公司的研发部门主要进行单级产品开发或定制化开发。

我们这边研发实际上是分为两级，我们总部有一个轨道交通研究院，这一块重点是做一些项目孵化；然后底下的各个子公司也会有自己的研发部门，一方面是做单级产品开发，另一方面有大量的技改型项目，因为我们行业其实有很多是非标的产品，都是定制化开发的。（运营副总裁程总）

神州高铁的研发秉持着"以客户为中心"的原则，强调"打开门"做研究。研发人员都活跃在一线的客户现场，研发场所就在客户身边。第一时间反馈客户需求，碰撞出新的创意。例如，目前的轨道乘降、多网融合等研发项目最初都起源于客户现场。

我们研究院的人员还真的经常在一线,我们是"打开门"做研究,不是"关起门"做研究的……我们可能在现场搞一个轨道,搞一条线给你跑。我们研发的场所其实就在客户身边。(运营副总裁程总)

合作研发

神州高铁同时保持高度开放的心态与高校和企业合作开展研究。神州高铁的总部研究院常与北京交通大学、西南交通大学等高校合作,共同进行偏前瞻性的研发。如研究院与北京交通大学合作研究多网融合技术,以解决高铁通信上网信号差的问题,这个项目测试效果良好,不久后就能在高铁上全面铺开。此外,研究院还与西南交通大学共同成立了创客中心,合作进行隧道监测、轨道沉降等方面的研究。除了共同开发之外,神铁也会直接购买高校的技术进行产品应用,比如购买北京交通大学的智慧互联网组网通信技术,用于实现数据互联网化。

上市公司总部研究院跟高校有一些合作,如西南交大和北京交大,而底下的(子公司)跟铁科院等,更多是聚焦在具体的产品上。(运营副总裁程总)

相对而言,与企业的合作研究更偏重应用性技术的转化落地。合作模式包括合作技术开发、购买技术和成立合资公司共同开发等。神州高铁与通信巨头华为共同开发了轨道交通上的通信系统;与瑞士的ABB公司合资成立了广州神铁牵引公司,研发车辆的动力牵引技术。

我们在对外合作方面一直是非常开放的心态,我们始终认为自己的优势就是在轨道交通领域……一种是购买技术,另一种我们会采用合作公司合作研发,成立合资公司共同开发市场都可以。(运营副总裁程总)

人力资源

作为一家高科技制造企业，除了研发和市场部门外，神州高铁还拥有自己的工程生产序列。公司员工约 2 000 人，其中研发人员 700 多人，占 38%。员工学历在大学本科以上的约占总数的 52%。

神州高铁一直秉持着"以贡献者为本"的思想，与员工进行充分的沟通和交流，帮助员工明晰企业目标，使二者目标统一一致，让员工和企业共同成长。每个新员工入职都有三个月的试岗期，在这三个月当中，上司每半个月就会与员工进行谈话，通过直接的互助形式帮助每个员工适应企业文化，更快融入公司。

公司的企业文化氛围是很统一的，因为大家着眼点是一样的，就是艰苦奋斗，把公司的战略方针落地，完成我们每年（的目标）。我们企业文化做得非常实在，员工知道我们每一年市场需求在哪里，市场的盈利点是多少……来了不单单是为了挣口饭吃，他是想跟神州高铁一块发展。（人力资源经理高总）

研发团队

研发团队的成员需要有坚强的意志和组织协调能力。研发工作往往与失败相伴，研发人员需要迎难而上，对自己的工作有坚定的信心；而团队的成功是协作的结果，在团队组建初期甄别合适的组员、共同工作时协调各方达到最优成果等能力，也是研发人员应具备的。

分管研发的、做研发的心志都坚如磐石，不能说怕困难，要怕困难就麻烦了。但是还有一个，你得选好系统的项目总负责人跟团队，大家的能力特长组成包括什么，这个很重要……他得有意愿，又有能力和意志，还得有点组织协调能力、规划能力，这还挺重要的。（董事长王志全）

目前，神州高铁比较关注的是既有业务能力又有技术能力的体制内中高层人才。过去，神州高铁和很多传统生产企业一样，由企业培养的中高层管理人员占据了绝大多数。登陆资本市场后，在公司总部组建的过程中，神州高铁从体制内引进了许多管理人才，希望新生力量与土生土长的神铁人有思维碰撞，产生新的火花。管理层认为，国有企业并不缺少人才，但机制上不够灵活，使很多人的能力无法在其中得到充分发挥。公司非常欢迎这类人才，一是考虑到公司的业务对象以体制内单位为主，二是作为民营企业的神州高铁能够为这些人才提供发挥自身能力的平台和更大的发展空间。同时，随着大数据业务的发展，神州高铁也在呼唤信息技术、大数据、统计等相关专业的人才加入。

客观来讲，未来可能很多民企都会从国企里面找人，国企主要还是机制上没有那么灵活，实际上他的人才是非常充分的，但是很多人在里面得不到充分发挥，我们其实是张开双手欢迎他们的……对民营企业来讲，过来只要能干，非常欢迎这种人。他们到了神州高铁，个人的发展空间更大，待遇也要更好。（运营副总裁程总）

考核机制

神州高铁努力为研发人员提供一个公平科学并具有人性化的绩效考核方式，他们将考核机制一分为二，包括部门和个人两个层面。

在确定研发部门的主要工作时，需结合企业的盈利目标，以市场需求为主要导向，将公司战略进行层层分解，充分结合长期和短期目标，不能过于急功近利。在这样的基础上考察研发部门的工作完成情况，对其绩效进行评估。

由于研发工作通常是以团队为单元开展，落实到个人的绩效考核对人力部门是一个较大的挑战。然而，只有考核到个人才能真正起到管理和激励的作用，神州高铁对此的解决方案是"叠加式考核"——每名员工在每个时间段内会参与一定量的项目，对每个项目组都以项目负责人和项目成员的维度去考量，以项目成果为导向，综合实现过程中的成本控制、科技成果、投入产出和个人行为等方面，来对员工进行综合考察。

假设张三一年做了五个项目，那么最后他的绩效考核综评应该是五个项目的综评，他个人的绩效是在某一个项目里面有突出体现的。在整个绩效考核的过程当中，以项目负责人和项目成员这两个维度去考察被考核者，以项目结果为考核导向，同时综合考虑过程当中的成本控制、科技成果、投入产出，包括个人实际行为的考察。基本上来讲我们用以结果为主、行为能力为辅的考核，可以做到综合性考察。（人力资源经理高总）

2016 年，神州高铁引进了盖洛普的个人优势分析方法。个人优势不仅是对职业的定性，更是帮助员工深入认识自己的工具。神州高铁甚至派专员学习成为盖洛普认证的"优势教练"，购买了全套课程产品，帮助员工制定适合自己的职业生涯发展路径。引进盖洛普个人优势之后，公司对不同岗位员工的属性也更加清晰，能够制定更加贴切的员工激励方案，例如研发人员最渴求的是学习发展的空间，而销售人员更在乎通过人际交往获得的成就感等。

我们绩效基本上做到人性化，不单单是公平科学的，还有人性化。如果是一潭死水、很严格去操作的话，可能操作起来很简单，但未必是员工接受的。（人力资源经理高总）

激励机制

神州高铁的激励机制以"弹性福利"为基本思想，设置阶梯形奖励方案，促进团队协作，使员工互助成长，同时还避免由于员工收入差异过大造成的多种问题。如在市场部门，原先按照接单量计算提成，也许公司总体表现不佳时某些销售人员也有比较高的收入，这种情况的出现既不利于团队成长，也不利于挽留人才。于是，神州高铁设置了很多综合考核项目，如团队绩效奖、个人优秀奖、总裁特殊奖等，奖励团队在共同发展的前提下"多劳多得"。

我们做阶梯型的奖励方案，让员工可以看到多劳可以多得，同时是在团队共同发展的情况下，再加一个附属的激励包，多方位给他们设立一些收入奖励。（人力资源经理高总）

神州高铁对研发人员的激励制度在近两年有很大调整。原来是普通的基本工资制，为了激发他们的创新热情、调动工作积极性，神州高铁从两方面进行了改变。首先，将单一基本薪酬改为"宽带薪酬"，这将综合考虑员工的各方面能力、科研成果和工作经验，为他们定制一个薪酬范围。其次，设置了"阶段性利润分成"制度，将新产品产生的效益与研发人员的绩效挂钩，将产品销售的利润按一定比例与研发人员分成。研发人员不仅能在结项时获得结项奖、验收奖、图纸交稿奖等，还能够在项目交付生产之后持续获得利润分成。这项制度使得研发人员不仅从产品开发的角度，更会从市场、客户等角度主动思考，随时跟进产品完整生命周期各阶段出现的问题，避免了研发工作与实际应用脱节的情况。

研发人员不单单在项目结项的时候会有项目结项奖、验收奖、图纸交稿奖，还会根据他的贡献度不同，在一定时期内参与到这个项目交付生产以后的利润分成。在这个情况下，投入的精力、参与的项目越多，交付生产的越多，利润越高。（人力资源经理高总）

员工晋升实行"双通道"——管理通道和技术发展通道。有志于企业管理或行政管理的员工可以瞄准管理通道，而志在精进技术的员工也可以专注于自身技术，同样能成为顶级专家。这两种通道不是隔离而是互通的，即技术专家可以成为经理人，经理人同样也可以是技术专家。

我们这么多人都实行的是双通道，你可以走管理通道，但毕竟行政管理岗位越往上岗位越少，这么多人成长怎么办呢？我们有技术发展通道，你走专业这条线，走专业经理，最后可以成为顶级专家。这个层级是可以互通的：你成为顶级专家以后，如果管理能力提升上来了，也可以做管理；管理做得OK了，也可以做顶级专家。（人力资源经理高总）

结语

创业二十余年，从名不见经传的创新型公司到行业翘楚，神州高铁的飞速成长引人注目。它的成长历程，见证了中国铁路发展最为辉煌的20年。面对"一带一路"国家战略、国家铁路发展规划及城市轨道交通大发展的历史机遇，神州高铁确立了成为轨道交通产业运营维护体系整体方案提供商、核心设备提供商和综合服务提供商的战略定位，明确了智能装备、产业大数据和工业服务三大核心业务，已经成长为我国轨道交通运营维护产业的领军企业，业务范围遍布神州大地，覆盖机车、车辆、供电、信号、线路、站场六大领域，以成为世界轨道交通卓越企业为目标，为轨道交通的安全、绿色运营提供保障。作为后起之秀，中国铁路面临着重重技术及市场壁垒，神州高铁实现了自身"进口化"到"国产化"的技术蜕变，在国际市场上赢得了一席之地。我们也期待，神州高铁早日跻身"世界轨道交通行业的卓越企业"！

> **学者说**
>
> 笔者曾与王志全先生一起去以色列和德国参观学习，印象中的他沉稳、内敛，对企业的发展怀有非常坚定的信念。元旦节前，研究团队来到了毗邻王志全母校北京交通大学的神州高铁总部。出乎意料的是，这家企业没有一丝想象中嘈杂冷峻的工业气息，反而处处蕴藏雅兴：中式风格的会客厅、布满竹子和绿植的顶层庭院咖啡厅、随处可见励志漫画的走廊墙壁。伴随着中国铁路的成长，神州高铁的运维技术体系已经居于世界领先水平，把笨重的铁路活儿干出了高科技含量。王志全先生在企业与高校之间迂回的经历使他能快速识别技术变化、市场变化和政策变化，同时又着眼于长远发展，甘做交通运营维护领域的一名"工匠"。王总对新兴技术所能带来的变革与发展具有远见卓识，对宏观政策所隐含的商业机会具有敏锐的察觉力，造就了神州高铁从单一的洗车机业务转变为集检修、清洗、探伤为一体的智能服务平台。神州高铁的高速发展是企业实践智慧的结晶，它恰当地预判了技术发展和宏观产业政策格局下所隐含的市场容量，同时激励了一批具有商业头脑的"工匠"为神州高铁贡献智慧。
>
> 神州高铁的成长、发展与转型的成功因素主要有以下三方面（见图3.11）：
>
> 其一，企业创始人及高管团队极具战略眼光，敏锐地捕捉到云计算、物联网、大数据和人工智能等技术的发展，抓住了数字革命的时机，让企业从传统运作模式向"智能化服务"转型，走在行业变革的前列。同时，

（续）

企业对宏观政策的扫描与解读非常到位，着眼于国内大市场，同时快速抓住并顺应"一带一路"政策，紧靠大型国企积极走出国门，拓宽企业的海外影响力，开始国际化进程。

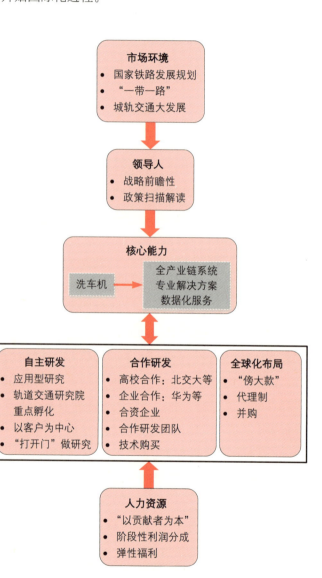

图 3.11　神州高铁发展模式

（续）

其二，神州高铁坚持"以客户为中心"，紧贴现场，开发真正符合用户需求的产品，以渐进式研发为主、激进式研发为辅，在效率与创新上寻找平衡点。总部轨道交通研究院扮演了孕育创新性项目的孵化器，成功孵化的项目快速转交给各级子公司的研发部门进行产品开发，然后在客户现场根据实地情况和客户要求进行定制化开发。

其三，神州高铁的技术创新来源广泛。一方面，集团与有技术能力的外资企业合作成立合资企业或合作研发团队，辅以直接购买技术的方式，同时积极与国内企业和高校合作。另一方面，积极建立和完善内部人才培养体系和激励机制，让合适的人在合适的岗位贡献智慧，"以贡献者为本"极大调动了员工创造的热情，而弹性福利和阶段性分红把员工塑造成具有商业头脑、能够换位思考的"工匠"。

我们相信神州高铁在"智能化、数据化、服务化"的价值定位下，快速抓住信息技术的发展和宏观政策的引导机遇，配以企业所拥有的"工匠精神"，一定能够不断迈向"世界轨道交通行业卓越企业"的目标。

东土科技：叫板德国"工业 4.0"的蓝筹

放眼全球制造业领域，德国长久以来处于领先地位，拥有一流的机器设备和装备制造技术。2013 年，德国提出"工业 4.0"战略，将制造业与互联网结合，进一步强化制造业竞争优势。反观我国，制造业大而不强，亟待振兴，为此，我国 2015 年出台了"中国制造 2025"行动计划，以智能制造为主攻方向，实现制造强国的战略目标。在智能制造中居核心地位的工业互联网领域，有这样一支蓝筹股成为中国众多探索工业互联网企业的领头羊，叫板德国"工业 4.0"，它就是"东土科技"。

企业背景

东土科技成立于 2004 年，公司以建立互联网化的新一代工业控制体系为发展使命，提供网络化工业控制的整体解决方案，是中国工业互联技术创新探索的领导企业。2009 年，公司紧随国际工业信息化的潮流，开始工业互联网的研究。2012 年，东土科技在深交所创业板上市，当年实现营业收入 1.65 亿元，市值 16.7 亿元。上市后公司进入高速发展，尤其是军工行业和海外业务的增长，带动东土科技的市值、营业收入和净利润不断突破新高。2015 年，东土科技的市值高达 113 亿，是 2012 年市值的近 7 倍；营业收入 4 亿元，是 2011 年的 3 倍；实现净利润 0.6 亿元，是 2011 年的 2 倍（见图 3.12）。

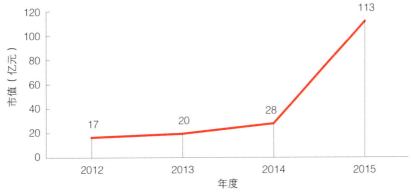

图 3.12　东土科技 2012—2015 年市值

　　董事长李平 1989 年毕业于四川大学水利水电学院，毕业后曾先后就职于北京核工程研究院、香港联视电子有限公司和大唐电信集团，丰富的工作经历为李平后来的创业奠定了扎实的基础。北京核工程研究院聚集着国内顶尖的学术人才，浓厚的科学研究氛围帮助他开阔了视野，同时形成了严谨的做事风格。在香港联视电子有限公司任职时，李平负责中国地区的管理，积攒了丰富的管理经验。受当年正值鼎盛的惠普的企业文化影响，李平对管理形成了自己独特的见解和智慧。机缘巧合下，他发现了自身对工业通信的强烈兴趣以及该领域巨大的市场潜力，而后离开香港联视电子有限公司，加入大唐电信集团。大唐电信早期就已经参与国际标准的制定，对李平日后在东土科技大力推进工业通信标准体系产生很大启发。

　　2003 年年底，李平辞去大唐电信的工作，开始走上创业的道路。之所以在 2004 年将公司命名为"东土"，源于李平最喜爱的朝代是唐朝。唐朝是中国历史上最强盛的时期，当时西方各国对唐朝的称谓即是"东土"，以此命名寄托了公司致力于成为一家令人景仰的、以核心技术研发取胜的企业。

　　2009 年，美国和欧洲纷纷提出发展互联网在工业行业的应用，提升传统工业的动能。当时，国外已有西门子、通用电气、IBM 等巨头企业进行相关研究，而中国还没有专门从事工业通信的企业。尽管中国工业市场的容量远高于美国和欧洲，国家每年也有大量投资，但 80% 以上都是国外企业主导国内工业领域的建设。凭借多年的阅历积淀、丰富的知识储备和敏锐的前瞻视野，李平意识到，打造中国本土的工业巨头企业不仅具有必要性，并且市场容量巨大、前景广阔，能够实现中国工业的崛起。因此，东土科技将自己重新定位于面向国际市场的工业通信企业，解决机器之间工业级别的通信问题。正如现在民用互联网为人们生活方式带来的巨大改变，未来工业互联网将通过搭建连接机器世界的神经网络，完全重塑现在的工业体系。

李平董事长在第十六届中国经济论坛上发表主旨演讲

工业互联网作为新一代信息技术与工业系统全方位深度融合的产业和应用生态，是各主要工业强国实现智能制造、抢占国际制造业竞争制高点的共同方向，例如德国的"工业4.0"战略、美国的"工业互联网"战略和我国的"中国制造2025"战略。东土科技紧密围绕世界先进趋势和国家战略方向，积极推动工业互联网技术在中国的应用，并参与国际工业互联网技术标准的制定。目前，东土科技是中国唯一一家在工业互联网领域参与国际标准制定的通信企业。东土科技先后参与和承担了三项工业自动化信息领域国际标准（IEC61158、IEC62439和IEEE C37.238），主导起草了国家标准GB/T 30094工业以太网交换机技术规范，承担了三项国家863课题。此外，东土科技还联合天地互连、和利时、曙光、阿里巴巴、机械工业仪器仪表综合技术经济研究所、中国电子技术标准化研究院、北京工业大学、工控网等相关单位建立了工业互联网产业联盟，协助中国工业互联企业进行技术创新探索。

东土科技的主要业务为研发、生产和销售工业级网络产品，包括民用工业互联网网络产品和军用网络产品、移动通信网络优化及服务业务、移动大数据精准营销及行业应用产品业务等。其核心技术为工业以太网通信技术、基于IPV6的工业控制网总线、基于网络控制的现场控制器技术、基于云控制的工业服务器技术、支持工业互联网架构的芯片，以及适应网络化控制的精密时钟技术、控制数据安全可信等技术。东土科技的产品已广泛应用于智能电网、核电、风电、石油化工、轨道交通、城市智能交通和船舶等行业的国家重点工程和全球项目，同时成功应用于各类军工装备中，产品获得了KEMA、CE/FCC、UL508、Class I Div 2和DNV等多项国际认证，在军工行业获得国军标认证。

十多年来，东土科技从一个名不见经传的"袖珍企业"，成为国内自主知识产权工业以太交换机设备的主导提供者，是中国科技部、中国科学院重点扶持的北京中关村第一批13家计算机及网络通信类企业之一，并在国际工业互联网领域具有影响力和地位，成为中国工业互联技术创新探索的领导企业。

战略布局

2015年，国务院发布"中国制造2025"，全面推进制造强国战略，大力推进数字化、智能化工业互联网等领域的创新研究，李平的战略前瞻性得到了印证。自此，东土科技的发展进入快车道。目前，东土科技在国内工业互联网领域遥遥领先，有望成为"工业领域的BAT"，但李平依然瞄准国际领先的IBM、GE等企业，希望东土科技扩大世界影响力，带动中国工业的崛起。

为了加快实现工业互联网与产业的融合，东土科技在工业互联网的技术和市场两大方面进行了积极的战略布局，技术上以自主研发为核心，采取多种金融手段吸纳新技术加以整合，市场上国内和国际全面开花。

技术布局

工业互联不是简单地将机器通过网络连接起来,更要考虑精准度、可靠性和安全性问题。机器执行动作往往精确到毫秒,甚至是微秒,这对技术的精准度和可靠性提出了非常高的要求。此外,与一般网络相比,工业互联网涉及工业生产、交通、军工等领域,对安全级别的要求更高。

东土科技坚持自主研发核心技术,拥有十余年的工业领域互联互通的经验,代表性产品工业以太网交换机能够解决过去传统工业总线技术带宽不够及标准纷繁复杂的瓶颈,能够真正实现机器设备之间信息的互联互通。同时,公司在工业服务器领域也有储备,工业服务器能够同时满足计算与通信的功能,是工业4.0领域的核心技术,具有较强稀缺性。同时,东土科技自主构建的工业互联网应用平台,全面支持多种通信技术,能够实现各种工业现场的网络化采集和控制,核心技术的自主可控也为国家的信息安全提供有力保障。

为了在更广泛的行业中布局工业互联网,东土科技采取了并购、风险投资、成立基金等金融手段吸纳新技术,并对新技术集成整合形成面向不同领域的解决方案。对于并购哪种技术,东土科技主要依照两个原则:一是能够增加收入,填补企业研发费用的缺口,确保公司实现盈利;二是并购颠覆式技术,具有替代旧技术的能力。2014年10月,东土科技收购了提供大数据精准营销解决方案的拓明科技,这是公司上市后第一次利用资本市场实施并购。在之后的几年间,东土科技通过增资控股、并购等方式在智能交通行业、工业服务器、军工、司法、军队作战指挥系统和智能电网等领域继续进行布局。

市场布局

东土科技的市场布局注重双元能力的建设。针对国内和国际市场两个不同的市场,东土科技在国内市场试点新技术,进行颠覆式创新技术的探索应用;在海外市场主要对已有产品进行延伸拓展,通过利用式创新获得产品的国际认可。在不同的市场选择不同的创新方式,使得东土科技既能够在国内市场获得颠覆式创新产生的差异化优势,又能够在国际市场获得利用式创新带来的低成本优势。不论在国内还是在国际市场，李平都紧抓产品质量，公司所有的产品在五年之内出现问题都免费包换。这对于海外市场尤其重要，大大提升了中国产品在国际市场上的信誉。

海外更重要的是什么？第一个就是技术，就是说你公司的这个产品质量能够被全世界认可，认可就代表了一个公司的技术实力。（董事长李平）

创新研发

长期以来，东土科技始终保持将超过年营业收入10%的资金投入技术研发，不断进行工业互联网领域的技术创新。截止到2016年上半年，公司及全资、控股子公司合计拥有专利201项，其中发明专利95项，实用新型专利50项，外观设计专利56项；拥有软件著作权290项。

自主研发

以用户为中心。东土科技在产品设计时从用户的角度出发，考虑产品是否能切实提高生产力、降低维护成本或降低能源消耗等。在研发流程中，产品部会先根据市场部收集的客户需求或公司内部的创意进行产品定义，以产品使用的便捷性为评判原则，再进行技术实现和软硬件测试，最终导入生产。正是由于东土科技坚持以用户需求为核心，才使得其产品在国内外市场均广受好评。

创意驱动。从研发、生产、销售到管理的一系列运作中，李平最关注的是产品定义，即如何产生好的创意，并制定创意落地的可操作路径，具体表现为应该生产什么样的产品、具有什么样的功能、技术实现路径是什么、如何提出更好的解决方案等。

定义产品就是说我们举个例子，就像城市里面建房子，最重要的就是建筑师。比如建悉尼歌剧院，是一个什么样的？建筑师画这张图纸很简单，几个空间的分割应用就把它确定好了，这就是定义产品的人。但是，建造它就很难了，悉尼歌剧院建了 17 年。因为建造它要考虑到材料的问题、结构的问题、稳定的问题，这一大堆问题需要技术人员去解决，但是这些已经是次要的问题了。谁也不会记住那些建造的人，但一定会记住这个设计师是谁。（董事长李平）

颠覆式创新。东土科技在发展的过程中，寻求最简单高效的方式颠覆传统技术，与传统产品形成替代关系。这种创新方式要求研发人员长时间地投入，思考原创性和革命性的产品技术，往往短期内无法为企业带来收益。值得肯定的是，东土科技在发展过程中抛开短期利益回报，坚持追求公司的长远愿景，聚焦技术实现方法，最大化产品的社会价值。李平认为，只有拥有正确的价值导向，才能产生更多对社会有贡献的科学家和创业者。

如果这个技术是一种变革，能够给社会带来价值，做企业的就必须坚信它，要抛开这个短期的利益回报才可能做得成，其他的都不可能。（董事长李平）

包容失败。作为一家技术密集型企业，产品的技术研发是东土科技的核心竞争力。在研发的过程中，失败是不可避免的。然而，东土科技更关注产品在理论逻辑或者技术架构层面是否具有可行性，将失败作为奠定后续成功的基石；若具有可行性，研发人员就会继续朝目标方向进行探索。李平用"老板兜底"形容自己面对企业研发的失败，尽管个人需要承担项目研发的风险，但李平表示，"往往我们谈的不是风险，谈得更多的是他对未来社会价值的创新"。

合作研发

除了大力投入自主研发外，东土科技还积极与高校、企业、研究院等机构合作。通过购买、成立合资公司、建立产业联盟等形式，东土科技与其他行业的机构进行互补性合作研发，实现工业互联网在各行各业的应用和布局。

与高校合作。2005 年，浙江大学要牵头起草我国第一个工业自动化国际标准 EPA/IEC 61158，东土科技作为当时中国唯一一家从事工业以太网研发的企业受邀。此后，东土科技和浙江大学共同起草了我国又一个工业自动化国际标准 IEC 62439。2016 年，四川大学成立工业互联网研究院，李平作为四川大学的杰出校友，与川大正式签订协议设立"四川大学东土教育基金"，通过设立"东土讲习教授"项目，为该研究院招募学术领军人才。

成立合资公司。2015 年 4 月，东土科技、北京东土投资控股有限公司与北京北方工大科技发展有限公司签署合作协议，三方一致同意开展产业合作，对工大科技进行注资改制为新的合资公司，共同研发推广新一代智能交通产品，同时将工大科技现有产品商业化、市场化，并根据业务发展开拓大数据、云计算、智慧城市等相关的技术业务。

建立产业联盟。2017 年 1 月，东土科技联合天地互连、和利时、曙光、阿里巴巴、首都信息、树根互联、东华软件、时代集团、机械工业仪器仪表综合技术经济研究所、中国电子技术标准化研究院、北京工业大学、工控网等相关单位，共同宣布成立中关村工业互联网产业联盟。联盟的主要任务就是协助编制中国工业互联网架构和国家标准体系，推动国家标准成为国际标准，协同企业研发工业互联网行业的解决方案，促进中关村成为中国工业互联网产业的核心聚集区。

知识管理"2+1"模式

得益于对技术研发的持续高投入，东土科技自主研发的产品和解决方案不仅可靠稳定，同时还具有突破性和原创性，在国内遥遥领先。为了保护核心研发技术，东土科技一是对内部研发过程进行加密保护，二是申请发明专利。发明专利按产品的阶段进行布局，包括产品架构、外观设计、技术路径等，形成产品该特性的"专利池"。

从公司成立之初，东土科技就非常重视技术创新和知识产权，不断加强知识产权管理工作的比重，先后成立了 3 个研发部，后来还专门设立了知识产权管理部门，负责公司知识产权工作。2009 年，东土科技成立了管理公司知识产权工作的技术管理办公室，并出台了独具特色的企业知识产权管理制度。两大亮点、一套专利申请程序，构成了东土科技知识产权工作的"2+1"模式。

全程文档化管理是东土科技的知识产权管理工作的亮点之一。

在员工进行创新的前、中、后期，每一个文字的记录、每一个灵感的闪现都是形成知识产权的关键，严格落实文档化管理对企业的创新益处颇多。（总工程师薛总）

东土科技知识产权工作的另一个亮点是，研发人员的每一项专利申请都是在解决客户需求的实践过程中不断发掘出来的创新点。

把创新和客户的需求结合起来，在解决客户需求的过程中形成自己的专利申请，是东土科技知识产权工作的另一亮点。（总工程师薛总）

针对从创新点到专利的过程，东土科技还制定了一套专利申请制度：当研发工程师提交了一套可申请专利的技术交底书后，知识产权工程师就会按照专利法及其实施细则及专利审查指南的相关要求，对该技术进行检索和"初步审查"，并由专家和公司领导一同商讨，确保专利权利要求获得最大的保护范围。2010年，东土科技还购买了一套集专利信息检索、管理与分析于一体的专利数据库检索平台，以保障企业专利工作更有效地开展。

人力资源

研发团队

目前，东土科技研发人员有1 000多人。从专业构成看，技术人员占比60%，其中软件人员居多，行政、生产和销售人员分别占比14%、12%和11%。从学历构成来看，本科占比54%，专科占比30%。

为了保障公司研发团队的质量，东土科技通过校园招聘、猎头招聘等多种渠道大力引进优秀及高端人才。与全球著名管理咨询公司HayGroup合作开展的《任职资格体系及薪酬管理提升项目》，结合了东土科技目前发展的实际需求，在公司内部实现转化落地，并着手在子公司范围内推行实施。

在招募人才方面，东土科技对技术型管理人才需求较为强烈。由于技术型管理人才具有较好的技术敏感性、较强的学习能力及一定的管理能力，因此既能够提供技术输入，也有助于壮大企业的管理队伍。在具体的人员选择上，阅历丰富、曾在企业独当一面的人才更具有优势，这类人才往往经历了企业成长的过程，对企业的发展和管理更有独到的看法和经验。

激励机制

愿景激励。李平认为，愿景对一个企业来说非常重要，类似企业的安全保障，通过为员工设立长远愿景，员工将全力以赴地为公司的长远目标努力奋斗。

我有这个信心，我们这个公司只要大家尽心尽力地做，就能一直做下去，不会三年、五年、十年就死掉，很难倒。（董事长李平）

创新激励。东土科技将员工的创新能力计入业务考核档案，作为业绩考核和职称提升的重要依据。同时，公司出台的知识产权奖励制度也成为员工创新的"助推器"，这也是东土科技在激励机制方面的亮点之一。

差异化激励。对于分布在不同岗位、承担不同职责的每位员工，东土一直在积极探索并逐步实施基于价值贡献的差异化激励模式。尽管在创新型企业中，价值贡献的评估不易衡量，容易产生矛盾，但东土科技为了激活团队、激发人才，依然在不断探索未来适合创新型组织的最佳激励模式。

信息化管理

具有丰富的大型企业工作经验的李平非常重视企业管理。即便在东土科技尚处于发展时期时，依然投入大量资金购买信息系统，用信息化管理手段提升内部管理水平。

在人力资源的信息化管理方面，东土科技上线的SAP人力资源管理系统，不仅在员工管理、考勤管理、绩效管理、薪酬管理几大模块上更加完善规范，还新增了任职资格管理、员工发展管理，助力加速东土科技实现新环境下的转型升级，提升企业的人力资源管理水平，驱动未来战略创新，实现人力资源战略部署。下一步，东土科技将按照"三支柱"模型[1]，启动集团人力资源管理平台建设。将任职资格管理、SAPHCM系统及培训体系延伸到东土科技所有子公司，建立统一人力资源管理平台，实现人力资源平台化管理。同时，引进绩效管理咨询并落地，逐步开展并实施员工激励方案，确保更有效牵引、激励公司骨干员工。

在公司内部财务的信息化管理方面，东土科技推行管理信息系统平台化，将总部已经上线的SAP管理信息系统及其相关的业务流程在东土军悦、上海东土和新成立的子公司进行推广上线，并在所有子公司中逐步推广，形成集团财务管理平台、供应链管理平台一体化，提高整个集团的资金使用效率。

在公司的知识信息化管理方面，东土科技应用专利数据库检索平台，通过对专利信息的深层次价值挖掘、技术标注形成的智慧结晶和综合应用服务，不仅为企业的技术研发、专利战略研究和科学决策提供强有力的支撑，也保障了专利工作更有效地开展。

企业文化

东土科技的企业文化是强调执行力、自信、学习、行动和自省。

我们公司企业文化最核心的是执行力，因为我们是从小企业做大的，执行力如果不够，所有的规划、战略都会泡汤；除此之外还要有充分的自信，充分的学习能力和行动能力，还要不断地反省。（董事长李平）

此外，李平非常注重树立公司正确的价值观，东土科技不以盈利作为优先目标，而是追求公司的长远愿景，最大化产品的社会价值。正是在这样的企业文化氛围中，东土科技不断涌现多项创新技术，产品遍及国内外市场，成为中

---

[1] "三支柱"模型将人力资源(HR)的角色一分为三：HR BP(Business Partner)定位于业务的合作伙伴，针对内部客户需求，提供咨询服务和解决方案；HR COE (Center of Expertise)定位于领域专家，借助本领域精深的专业技能和对领先实践的掌握，负责设计业务导向、创新的HR政策、流程和方案，并为HR BP提供技术支持；HR SSC (Shared Service Center)是HR标准服务的提供者，负责解答管理者和员工的咨询，帮助BP和COE从事务性工作解脱出来，并对客户的满意度和卓越运营负责。

国工业互联技术创新探索的领导企业。

结语

十多年来,东土科技从一个名不见经传的"袖珍企业",成为国内工业以太网交换机领域的第一品牌,从专注产品技术的研发,发展到参与国际标准的制定。由于历史原因,中国没能赶上前三次工业革命的浪潮,这导致在相当长一段时间内的核心技术没能站在世界前沿。在以工业互联网为契机的"第四次工业革命"到来之际,东土科技希望能抓住机遇,在技术革新浪潮的最尖端做一回弄潮儿。李平对东土科技充满希冀,同时也对中国工业互联网的发展持有信心。在这个可谓百年一遇的机会面前,东土科技积极实践网络化工业控制整体解决方案的研究实践,让工业控制变得简单,极大节省社会的能源和物质财富消耗,对社会带来深刻变化。他相信,中国工业具有巨大的容量,未来在工业互联网应用的领域,中国会走在世界的前列。我们期待,东土科技会继续带领中国工业企业进行技术创新探索,成为世界上叫板德国"工业4.0"的醒目的"中国蓝"!

学者说

笔者曾经有机会与李平董事长及其他中关村企业家赴德国考察工业4.0发展现状,他的理想抱负、专业深度和冷静理性背后的批判性思考给笔者留下了非常深刻的印象。在笔者眼里,李平不仅仅是一个企业家,在他的文静俊雅背后,隐含着浓厚的报国情怀、创业激情和前瞻意识。在与德国弗劳恩霍夫应用研究促进协会的研究员对话过程中,李平展现出了对工业4.0的深度思考和他所在企业从事工业互联网基础性研究开发的战略布局,令德国同行刮目相看。在访谈李平时,感受到他作为董事长,除了对工业互联网技术的执着与热爱,还有着一份难得的率真,特别是在研发出现困难时,往往是自己掏钱弥补漏洞,对于他来说,金钱仅仅是他实现公司事业梦想中的一个工具而已。作为我国工业互联技术创新探索的领导企业,东土科技的特点描述如下(见图3.13):

（续）

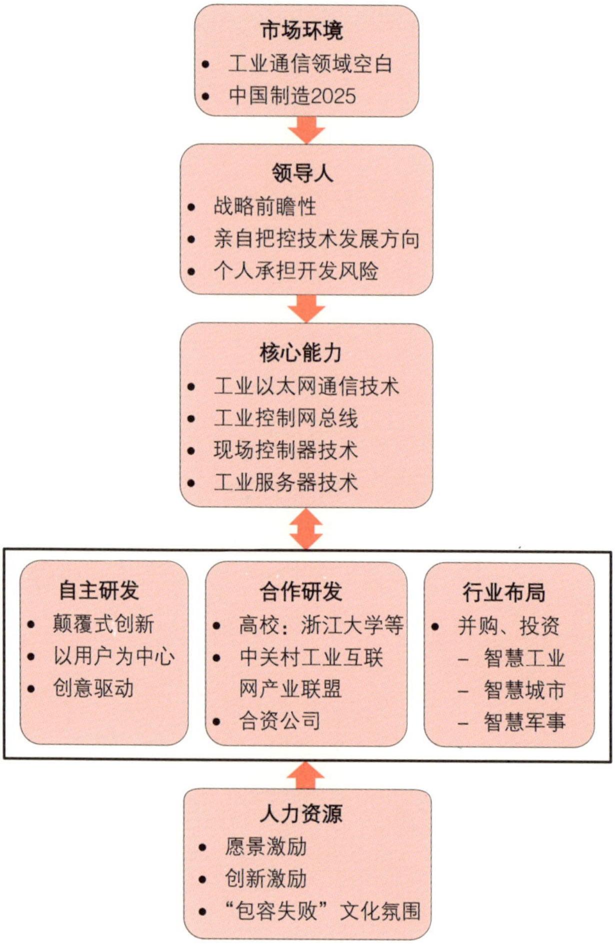

图 3.13　东土科技发展模式

其一，董事长李平对企业定位具备前瞻性的战略视野，凭借自己扎实的专业知识和丰富的工作经历，积累了大量宝贵的管理经验，形成了敏锐的洞察力。选择当时国内较为空白的工业通信领域作为公司的切入点，为东土科技发展成为我国领先的工业互联网企业奠定了良好的基础。李平紧抓产品的定义和质量，把握技术发展的方向，个人承担研发带来的风险，为企业营造了包容失败、积极创新的文化氛围。

（续）

其二，东土科技的技术创新以颠覆式创新为主，以用户需求为核心产生产品创意，并迅速驱动创意的实施落地。最难能可贵的是，东土科技作为一家上市公司，具有正确的企业价值观，不以短期回报作为优先追求，而是以最大化社会价值作为公司全力以赴的目标。

其三，在具体的研发方式上，东土科技注重技术和产品的突破性和原创性，不仅进行工业以太网通信技术、工业控制网总线、现场控制器技术、工业服务器技术等核心技术的自主研发，也积极与高校、企业、研究院等机构合作研发。通过采用并购、控股、收购、投资等金融手段将新技术与已有核心技术进行集成，拓展企业的研究项目和技术业务，最终实现工业互联网产品在智能交通行业、工业服务器、军工、司法、军队作战指挥系统和智能电网及领域等各行各业的应用。

其四，在市场布局中，东土科技注重同时发展双元能力，采用国内市场探索式创新和国外市场利用式创新的方式，双轮驱动企业的创新，以实现建立互联网化的新一代工业控制体系的愿景。

在过去的10年里，我国消费类互联网企业获得了快速发展，在全球取得了令人瞩目的成就。工业和产业互联网将成为下一个增长点，我国的"中国制造2025"计划，德国的"工业4.0"和美国的"工业互联网"，都将在这个领域有激烈的较量。在这个大背景下，我们有理由相信，东土科技将有更加广阔的空间。

第四章

政策中关村

政府的角色

战略与布局

中关村起源于 20 世纪 80 年代初的"中关村电子一条街",位于北京市海淀区,是我国第一个国家级高新技术产业开发区、第一个国家自主创新示范区、第一个国家级人才特区,是我国战略性新兴产业的策源地,也是我国科技体制创新、先行先试改革的试验田。

在改革创新发展和国家经济结构调整升级的历史进程中,中关村承担着重要的历史职能。中关村始终秉承面向世界、辐射全国、创新示范、引领未来的宗旨,坚持"深化改革先行区、开放创新引领区、高端要素聚合区、创新创业集聚地、战略产业策源地"的战略定位(见图 4.1),服务于首都世界城市的建设,力争到 2020 年,建成具有全球影响力的科技创新中心和高技术产业基地。

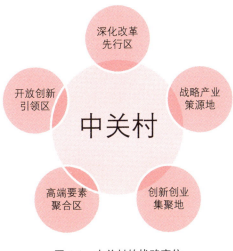

图 4.1 中关村的战略定位

深化改革先行区。即大力推进体制机制改革与创新，建立健全促进自主创新能力的动力机制和激励机制，探索创造产学研用互促互动、以市场配置资源为基础与政府宏观调控有机结合及科技成果有效转移转化的新机制和新模式，搭建国家与地方创新合作的联动平台，促进资源整合和协同创新，构建具有中国特色的自主创新制度和政策体系，为全国深化重点领域改革提供示范。

开放创新引领区。即大力推进中关村企业、产业和创新要素的国际化，加强与主要发达国家的创新合作与交流，积极承担和组织国际重大科技合作计划，建设我国参与全球创新竞争与合作的重要平台和精锐队伍，为实现国际化创新发展提供示范。

高端要素聚合区。即大力集聚全球高端创新要素，建设国家人才特区，探索人才、技术、资金等创新要素有效利用和金融服务拓展的新模式，打造创新资源集聚、创新效率高、创新效益好的全球创新网络的重要节点，为全国高效利用创新资源提供示范。

创新创业集聚地。大力营造良好的政策环境，建设一批以现代大学（院所）制度为基础的研究型大学和科研机构，重点推进原始创新和重大集成创新，产生一批突破性创新成果，形成一批具有全球影响力的创新型企业，实现一大批自主创新成果的产业化，培育若干具有发展潜力的新兴业态，为全国创新创业提供示范。

战略产业策源地。即培育和发展创新能力强、科技含量和附加值高、资源能源消耗少、污染排放低、辐射带动作用强的战略性新兴产业，推进产业升级和产业价值链向高端延展，为全国发展高技术产业、提升产业核心竞争力提供示范。

中关村企业具有良好的发展未来及潜在价值，大中小企业和谐共融，企业梯次明显（见图4.2），为北京乃至全国战略性新兴产业的发展和中国经济的转型升级提供重要动力。

截至2016年年底，中关村上市公司达到302家（境内202家，境外100家），总市值达4.93万亿元。其中，市值超百亿企业130家，百度、京东、中国交建、中国中铁四家企业市值超过千亿。中关村新三板企业总数达到1 478家，约占全国（10 163家）的14.54%，其中，入选新三板创新层企业达170家，约占全国（953家）的17.8%，居全国第一。此外，中关村共有65家独角兽企业，在全国131家独角兽企业中占一半,是全球仅次于硅谷的独角兽最密集区域。其中,涌现了3家估值超过100亿美元的超级独角兽,分别为小米(460亿美元)、滴滴出行(338亿美元)和美团点评(180亿美元)。高新技术企业总数超过2万家,示范区企业实现总收入4.57万亿元,同比增长12%;企业利润总额为3554.8亿元,同比增长4.4%;企业实缴税费230.2亿元,同比增长14.3%。

与此同时,中关村的创业服务也不断迭代升级,从提供物业等基础服务的1.0时代,到提供专业化增值服务的"孵化+创投"的2.0时代,演化到开放共享、资源融合、多维连接的生态型创业服务的3.0时代,持续引领了我国创新创业发展的方向。目前,中关村已经形成了由96家创新型孵化器、29家大学科技园、26家特色产业孵化平台为代表的创新与创业相结合、线上与线下相结合、孵化与投资相结合的创业服务体系,中关村各类创业服务机构中直接设立基金的机构超过40家,基金总额超过200亿元,获得融资的创业企业超过3 000家,服务创业企业超过2万家。

图4.2　中关村企业梯次格局(截至2016年年底)

中关村示范区的总面积为488平方公里,约占北京市产业用地总量的80%。目前,中关村正在加快建设"两城两带",完善各具特色、跨行政区的"一区多园"发展格局。

中关村模式　The Z-Park Model in China

"两城两带"

北京市"十二五"规划纲要指出：集中力量打造中关村科学城和未来科技城，着力加快建设北部研发服务和高技术产业带、南部高技术制造业和战略性新兴产业发展带，基本形成国家创新中心的新格局。

中关村科学城是以中关村大街、知春路、学院路为轴线辐射周边形成的区域，是示范区核心区的核心，将大力推动高等院校、科研院所、企业、高端人才、社会组织及政府的协同创新。未来科技城位于北京市昌平区境内，以温榆河和定泗路为界，分为北区和南区，北至顺于路西延，东至京承高速和昌平顺义交界，南至规划二十八路（距北五环 11 公里），西至立汤路。将重点打造具有国际影响力的高端人才创新平台和大型企业集团应用技术创新与成果转化基地。

北部产业带将建设研发服务和高技术产业聚集区，以海淀、昌平南部和顺义部分区域为依托，整合优化未来科技城、国家工程技术创新基地、软件园、生命科学园、环保园、创新园、永丰产业基地、顺义航空产业园等空间资源。南部产业带将建设高技术制造业和战略性新兴产业聚集区，以北京经济技术开发区和大兴区整合后的空间资源为依托，整合优化丰台园、亦庄园、通州园、大兴园、房山石化新材料产业基地等空间资源。

"一区多园"

中关村作为北京加强全国科技创新中心建设的主要载体，着力构建以科技创新为核心的全面新体系，提出构建和优化"一区多园、各具特色、协同联动"的发展格局。中关村充分发挥各区县科技教育资源优势，加快建设国家新型工业化产业示范基地，促进朝阳园、西城园、东城园、石景山园等园区发展，发展若干定位明确、分工合理的专业化产业基地，构建一批特色突出、企业集聚的产业集群，实现产业规模化发展；怀柔、密云、平谷、延庆等其他园区以高端、高效、高辐射和资源节约、环境友好为产业发展方向，优化调整产业空间布局，推动产业升级，成为中关村国家自主创新示范区具有鲜明特色的组成部分和未来高端研发产业重要的扩展基地（见图 4.3）。

> **中关村一区多园：重点产业发展方向**
>
> - 海淀园：重点发展大数据、大智造、大服务、大健康、大生态和大文化等一批具有国际竞争力的主导产业
> - 大兴—亦庄园：重点发展新能源汽车、生物医药、现代服务业
> - 昌平园：重点发展能源科技、信息技术、大健康、大文化产业
> - 朝阳园：重点发展新一代信息技术、生物医药、现代服务业
> - 石景山园：重点发展科技金融、文化创意、信息服务产业
> - 门头沟园：重点发展智能制造、医药健康、节能环保产业
> - 丰台园：重点发展轨道交通、应急救援、军民融合产业
> - 房山园：重点发展智能制造、新能源汽车、高端装备产业
> - 通州园：重点发展信息服务、金融服务、健康医疗等现代服务业
> - 顺义园：重点发展新一代信息技术、第三代半导体、高端装备产业
> - 延庆园：重点发展能源互联网、节能环保、现代服务业
> - 怀柔园：重点发展纳米科技、科技服务业
> - 密云园：重点发展新一代信息技术、智能制造、生物医药产业
> - 平谷园：重点发展通用航空、智能制造、现代农业

图4.3 中关村一区多园重点产业发展方向

为了充分发挥中关村科技创新、成果转化的辐射带动作用，中关村已在秦皇岛、天津、西藏等地设立了分园。

2014年5月12日，中关村海淀园秦皇岛分园在秦皇岛经济技术开发区揭牌成立。这是中关村海淀园在全国建立的首个分园。2016年7月至12月，中关村科技园区丰台园保定满城分园、天津滨海中关村科技园、拉萨中关村科技成果产业化基地相继成立，标志着中关村的发展已逐步辐射至全国各地。[1]

---

[1] 中关村海淀园秦皇岛分园官网：http://www.qetdz.gov.cn/old/qetdz_hdy/index.asp；中华人民共和国科学技术部官网：http://www.most.gov.cn/；滨海中关村科技园官网：http://tj.zhaoshang.net/yuanqu/detail/4851；高新网：http://www.chinahightech.com/。

管委会的角色

中关村是中国科技创新创业活动最活跃的区域，2014 年，北京明确了其"全国科技创新中心"的新定位。为满足这一战略定位要求，中关村作为北京科技创新创业的金字招牌、主力军，在培养创新创业生态、完善科技金融、丰富创业服务等方面制定了一系列政策，取得了显著成效。但是，中关村不是靠优惠政策发展起来的，中关村的政策重在先行先试，打破束缚，释放创新创业活力。长期以来，国家关于科技创新的体制机制和政策大都在中关村先行试点。

研究中关村创新创业政策的推动作用，不仅对于中关村未来创新发展具有重要而深远的意义，并且对于国内其他国家自主创新示范区和高新区也具有非常重要的参考价值。中关村在体制机制创新和政策先行先试上发挥示范引领作用，未来将形成对其他高新区可复制、可推广的经验。按照国家治理体系和治理能力现代化的要求，通过更好发挥政府作用，制定完善有利于区域创新创业的政策体系，破除系统内各要素之间、各环节之间的障碍和壁垒，营造良好的发展环境，从而为推动全国实施创新驱动发展战略、加快创新型国家建设探索出一条新路径。中关村管委会推动创新创业生态系统建设可以体现在六个方面，如图 4.4 所示。

图 4.4 中关村创新创业生态系统建设

培养领军企业

在中关村创业生态系统包含的六大要素中，领军企业排名第一位，也是最关键的要素。根据硅谷经验，每三到五年就可能产生一家对全球产业格局产生重大影响、甚至是颠覆性影响的科技创业企业，这样的时代性企业是典型的领军企业。例如，在 PC 时代，出了联想、方正、同方；在互联网时代，出了搜狐、新浪、百度；在移动互联网时代，出了乐视、京东、小米。

多年来，中关村深入实施"十百千工程""瞪羚计划""展翼计划"[1]等企

---

[1] "十百千工程"指为贯彻落实国务院关于建设中关村国家自主创新示范区的批复，做强做大一批具有全球影响力的创新型企业，培育一批国际知名品牌，按照北京市委市政府的要求，重点支持一批未来收入达到十亿元、百亿元、千亿元的创新型企业，形成具有全球影响力的创新型企业群体。具体内容详见：http://www.zgc.gov.cn/kjzzcx1/cyfw_2012/sbqgc20101/。

"瞪羚计划"指为破解高科技中小企业"融资难"问题，改善中关村科技园区中小高新技术企业的融资环境，中关村科技园区管委会制定的一项措施。内容详见 http://www.zgc.gov.cn/kjjr/trzzcyfg10/97016.htm。

"展翼计划"是管委会为进一步引导担保、银行等金融机构加强对中关村示范区中小微企业的服务，切实缓解企业因信用信息不完善、抵质押物不足等原因形成的融资难问题，推动部分中小微企业跨越首次融资障碍，所制定的一项工作方案，具体内容详见 http://www.zgc.gov.cn/kjjr/trzzcyfg10/97017.htm。

业培育计划，综合运用多种支持方式，有重点地培育了一批创新型行业领军企业。这些行业领军企业当中，很多是跻身"独角兽俱乐部"的"独角兽公司"，即估值达到 10 亿美元以上的初创企业。

成功的领军企业有一个重要特点，即它们不只是会开展某一技术或业务领域的创新创业活动，更是致力于打造一个个创新创业生态圈或生态系统。越来越多的人接受了"产品型公司估值十亿，平台型公司估值百亿，生态圈型公司估值千亿"的理念。像乐视、京东、百度、腾讯、小米这些领军企业，都以核心业务为牵引或支撑，同时涉足了电子信息、文化传媒、教育、旅游、影视、医疗健康、交通汽车等众多看似完全毫无关联的产业领域，构建了具有高度弹性的企业生态系统，有效突破了传统的封闭式的产业生态体系对企业成长空间的束缚。中关村鼓励有实力的领军企业和中央企业通过开放资源、开展标准化创制等形式，扶持带动产业链、生态圈创业创新。例如，"北斗+"为那些与北斗导航技术产业链相关的车联网与导航定位产品等领域的创业者们提供帮助，吸引他们参与建设北斗应用专业服务体系。

行业领军企业是培育创新创业人才的摇篮。在中关村，围绕重要的领军企业，已形成了"百度系""联想系""金山系"等创业系，甚至还吸引来了"华为系"。据粗略的估计，中关村将近一半的新创业者都是从领军企业或行业大公司中出来的，像百度就至少产生了上千个新的创业企业。从领军企业出来的创新创业团队，已成为中关村创新创业微生态系统的重要营造者。面对激烈和高度不确定的市场竞争形势以及出于寻求新的经济增长点的考虑，领军企业还日益倾向于鼓励内部员工创业，以此作为保持创新活力及留住人才的关键。像联想、百度、京东、亚信等公司都建立了内部创业孵化平台，鼓励员工内部创业，培育新业务，避免人才流失。有的行业领军企业甚至动用专门资金鼓励员工回乡、回家开展内部创业，用市场、技术和资金吸附人才，保持创新活力，不受地域的牵绊和制约，大大改善和优化了公司组织方式。此外，行业领军企业还可以为新创企业提供众多市场机会，不少新创企业成为行业领军企业的上下游配套服务与支撑企业，并且稳增长和拉动增长作用明显。2015 年 1—9 月，中关村规模以上企业实现总收入超过 2.5 万亿元，同比增长 12.5%。在不同规模企业中，大企业运行情况显著好于中小企业，同比增长接近 20%，对经济增速回升拉动作用明显。其中，"瞪羚计划"重点培育企业总收入超过 1 000 亿元，同比增速为 22.5%。

推进科技人才培养

不同区域在科技创新创业领域的竞争，首当其冲的就是围绕高端创新创业人才而展开的竞争。美国政府为了引进和留住人才，启动了各种高层次人才引进和培养计划，吸引了全世界的人才精英。硅谷作为全球最具吸引力的创业中心，是海外科技人才聚集创业最集中的区域，硅谷地区的从业人员中，出生在海外的约占 36%。

中关村借鉴硅谷经验，视高端创新创业人才为发展创新创业活动的第一资源。中关村不仅具备吸引高端创新创业人才集聚的先天优势，还不遗余力地打造有利于吸引高端创新创业人才和释放高端人才潜能的新体制机制。作为我国科技人力资源最密集的区域，中关村汇聚了全国 40% 以上的两院院士、1/5 的"千人计划"入选者、上万名外籍专业人才、2 万名海外留学人士和数以万计的科学家、工程师等。2011 年，在中组部指导下，中关村实施人才特区的 13 项特殊政策，启动了为"人才潜能"松绑、减负的体制机制改革。近年来，中关村在着力推动的"1+6""新四条""新新四条""京校十条""京科九条"等一系列先行先试政策中，出台了涉及科技经费使用的科研单位和高端人才团队经费使用自主权试点、股权奖励个人所得税分期缴纳试点、补贴高校老师为学生创业投资等多项促进创新创业人才更好发挥作用的政策措施，取得了一系列重大突破。随后，中关村陆续发布了《中关村高端领军人才聚集工程实施细则》《中关村国家自主创新示范区海内外优秀人才创业扶持工程专项资金管理办法（试行）》及《中关村国家自主创新示范区海归人才创业支持专项资金管理办法》，从税收优惠、生活补贴、创业资本支持、配套制度等方面为高端人才提供进一步支持，大大地提升了中关村对高端人才的吸引力。

中关村高度注重培育和提高自身对接高层次国际人才资源的能力，致力于将北京打造成亚洲地区创新创业最为活跃、高层次人才向往并主动汇聚的"人才之都"，将自身建成全球最具活力、创新力和影响力的国际创新创业人才高地。为吸引区域外的高端人才，在 2008 年和 2009 年，中关村提出了"高聚工程""海聚工程"等人才工程计划，明确要聚集海内外战略科学家领衔的研发团队来建设具有国际一流水平的科研院所，以及聚集高端领军科技创新创业人才领衔的高科技创业团队和创业服务团队。中关村还曾绘制"全球顶尖技术和团队分布图"并据此延揽国际高端人才,以期形成一支支世界一流的科学家、工程师和企业家队伍。最近,有两项与对接国际高端人才有关的人才管理改革举措:一是放宽人才中介机构外资出资比例试点,二是外籍高端人才永久居留资格程序便利化试点。

高度密集的高端人才,为中关村创新创业活动注入了源源不断的驱动力。过去,中关村的创新模式主要是复制或模仿国外,近些年,通过借力高端人才,中关村抓住了参与新兴技术领域整合创新的机遇,信息技术、生物医药、新材料和新能源等高精尖或战略性新兴产业领域,呈现出了处于国际尖端水平的技术创新创业活动和成果不断涌现的局面。在信息技术领域,有百度公司李彦宏布局的人工智能交互、机器深度学习、无人驾驶技术,赵勇领导的格灵深瞳团队的计算机视觉识别技术,唐文斌等3位"85后"创立的旷视科技的精确人脸识别技术;在生物医药领域,有王晓东(百济神州)的靶向型小分子免疫治疗药物,高扬(贝瑞和康)的疾病易感基因定位技术,程京(博奥生物)的新一代高通量基因检测;在新材料和新能源技术领域,有王中林团队的纳米压力发电机;等等。

推进创新创业服务

由于创新创业服务具有较强的社会公共品属性,因此往往需要由政府提供。以美国经验为例,美国政府成立了联邦小企业管理局(SBA)、小企业发展中心(SBDC)、妇女企业中心及其遍布全国的分支机构,提供包括创业培训和咨询、指导起草商业计划书、企业管理技术支持、与银行合作提供担保贷款、帮助企业申请政府采购合同等创新创业服务,对推动美国中小微企业的健康成长起着尤为重要的作用。

中关村创新创业活动的蓬勃发展态势,也离不开其迅猛发展的创业服务业。中关村管委会早已改变政府"赤膊上阵"的做法,而转向大力支持各种高度专业化和市场化的创新创业服务业态的发展。到2014年年底,中关村拥有行业协会、产业联盟、大学科技园、留学人员创业园、开放实验室等457个创业投资服务机构。中关村鼓励各类创业服务机构特色化、差异化发展，以提升它们快速聚合各种创新要素的能力和创造性潜力。今天，中关村的创业服务早已大大超出了传统的孵化器的范畴，它们在推陈出新的过程中，打通了中关村创新创业生态系统的各个重要环节，助力于众创、众包、众扶、众筹的中关村创新创业的"四众"新模式的发展。这些为创新创业活动服务的各式各样的创业活动，本身正成为引领和带动中关村未来发展的最活跃的力量。

中关村创业服务业的参与主体是高度多样化的。一方面，有各类市场主体打造的各具特色的创新型孵化器或创业服务平台。比如，微软在中关村设立了微软创投加速器，30个月加速孵化了100家初创公司，这些公司的总估值超过百亿人民币。再如，中航工业在2015年3月推出了中航联创平台——"爱创客"，这是国内首个由中央企业打造成立的定位于"互联网＋开放创新＋研发协同＋智能制造"的开放创新和联合创业平台。另一方面，是依托社会组织或高校院所形成的创业服务平台。例如，亚杰商会等近50家社会组织类的众扶支撑平台、清华大学的创意创新创业实践平台X－Lab、依托高等院校和科研机构的科研资源设施而形成的拥有159家开放实验室的资源平台"中关村开放实验室"，等等。

此外，中关村创业服务的高度专业化和差异化体现为创新创业者提供沟通合作、投融资、培训辅导、团队建设、产品发布、媒体推介、知识产权、法律咨询、信息交流等全链条全要素的个性化的增值服务。不同的创业服务机构，在服务方向和运营模式上，各自形成了优势和特点。例如，创新工场提供精英创业所需的早期投资和全过程的孵化服务；车库咖啡是草根创业聚集平台和创业者互助网络；36氪主攻互联网创业；北京创客空间专注于智能硬件孵化等。在服务方向上，有的以资本聚合为主，有的以媒体聚合为主，还有的以创业交流活动为主。当股权众筹流行起来时，中关村很快就涌现出来30余家股权众筹平台，包括京东众筹、众筹网等，占国内股权众筹平台数的近三成，像我国第一家众筹融资与合投平台"天使汇"已完成了400余个项目、41亿元的融资。

在完善的创新创业政策的推动下，中关村一直是创新创业企业的首选地之一，中关村新创办并实际经营的科技企业数出现了井喷式增长。进入"十二五"初期，中关村每年增加5 000家新企业。2013年，新企业数达到了6 000余家。

2014年，超过1.3万家。2015年1—9月，新创办企业数量超过1.8万家。硅谷每年的新创办企业数量为5万家，以此为参照，中关村新创办企业数量仍然有很大的增长空间。

完善科技金融支持

任何重要的创新创业活动的成功，总是源于科技创新，成于强大的金融支持。创新创业企业一般属于中小微企业，由于其资产轻、规模小的原因，中小微企业一直面临的融资难题，构成了推动创新创业政策的一大阻力。

为拓宽双创企业的融资渠道，完善科技金融环境，中关村高度重视科技与金融对于创新创业活动的双轮驱动作用，通过政策先行先试和积极推动科技金融产品创新，探索建立了技术与资本高效对接的"六项机制"[1]和"十条政策性融资渠道"[2]，引导各类金融资源更好地服务于科技创新创业活动。在这些政策的推动下，中关村吸附创新创业资本的能力进一步提升。吸收创业投资占比，是最能反映一个区域在引领创新创业发展上的能力强弱的关键指标。从国际上看，硅谷获得创业投资在美国的比重约是1/3。长期以来，中关村企业获得的创业投资，无论是金额，还是案例数，都占到了全国1/3略强的水平。2014年，中关村发生的创业投资案例和投资金额均占全国40%以上。根据不完全统计，2015年前三季度，中关村创业投资案例数约700笔，金额超过600亿元。中关村吸收创业投资的能力显著高于全国平均水平，这主要得益于完善的科技金融政策带来的完善的金融服务，体现在以下三方面：

第一，资本市场上的"中关村"品牌效应已经形成。人们常常用"上市公司数量"衡量一个地区的资本活跃程度，而资本市场在创新创业金融体系中也处于核心和枢纽的地位。目前，中关村上市公司数量累计达到269家，基本与硅谷持平，其中，创业板上市公司数量为79家，占全国的1/7。在"新三板"

---

[1] 即信用激励机制、风险补偿机制、以股权投资为核心的投保贷联动机制、银政企多方合作机制、分阶段连续支持机制、市场选择聚焦重点机制。

[2] 即天使投资、创业投资、境内外上市、代办股份转让、担保融资、企业债券和信托计划、并购重组、信用贷款、信用保险和贸易融资、小额贷款。

挂牌的中关村企业还有450家，约占全国的1/5。过去10年，在全球发行上市的市值超过10亿美元的科技创业公司数量上，中关村企业的数量仅次于美国硅谷。

第二，中关村是创业投资最活跃的区域。2001年，中关村管委会率先开展创业投资试点，设立全国首只政府创业投资引导基金。目前，中关村创业投资引导基金达到44只，规模超过210亿元，带动社会资金接近18倍。现在的中关村，有近万名天使投资人，而全国最活跃的大约2 000位天使投资人，绝大多数都在中关村，其中，很多是中关村269家上市公司中的高管或中层骨干。据估计，全国天使投资人中80%投资了中关村企业，中关村天使投资的案例数和金额占到了全国的60%。有人将这些天使投资喻为中关村创新创业环境中的"腐殖层"，它们为创新创业活动提供了广阔而肥沃的生长土壤。近几年，中关村新上市的公司中3/4以上都是获得过创业投资支持的企业。

第三，中关村的信用体系建设，有效支撑了科技信贷创新的不断深化。中关村信用体系建设工作起步于1999年。2000年，中关村在全国率先试行企业信用报告制度，在中关村高科技企业中推广使用信用报告。中关村还率先在有关支持高科技企业发展政策中叠加了对企业信用的要求，对信用星级高的企业实行企业贷款利息补贴政策，信用越好，补贴比例越大。面向小微企业，中关村设立小微企业信贷风险补贴和信贷风险补偿两项资金，通过正向激励和风险分担两个机制，引导金融机构提高对小微企业的不良贷款容忍度，大力推动金融产品和服务创新，缓解企业贷款难题，成效明显。像中关村科技金融担保公司已累计提供贷款担保超过1 200亿元。全国融资担保公司的平均担保放大倍数约为2至3倍，而中关村担保的放大倍数最高已达到15倍。另外，中关村还能为无信贷记录的小微企业提供"零信贷"金融解决方案。

营造双创生态与创业文化

在创新创业生态系统中，要保证"物质"和"能量"从一个环节顺利流转到另一个环节，保证新技术成果能够产生、转化和产业化并形成规模化效应，关键的因素在于系统内部具有目标统一、协同共生、利益一致的协调机制。在中关村创新创业生态系统中，各个创新要素都发挥了重要作用，缺一不可。科技创新源于科技，成于金融。金融要素不断催生新的企业，增强区域创新活跃度；人才在创新创业活动投入产出中发挥了不可替代的作用。只有各类创新要素、主体协同一致，才能发挥出创新创业的最大效应。如果在要素间、在产业链和创新链之间存在着一定的体制机制障碍，那么创新创业成果将很难从技术创新源头走向市场。因此，系统内部必须建立统一的知识共享、收益分配、相互信任、治理完善的协调机制。

中关村不断取得新成就的原因有很多，其中尤为重要的一条，就是以市场配置资源的决定性作用为前提，更好地发挥政府的作用，持续构建并初步形成了有利于创新创业的生态系统。中关村创新创业生态系统根植于中关村特定的地域空间和社会环境。在实现系统内部循环的同时，也与区域其他的生态系统产生相互作用，与整个社会环境发生大循环。因此，区域的政府、市场和社会之间合理有序的关系决定了创新创业生态系统能否良性运行。其中，政府的首要作用在于营造一个有利于创新创业的环境，支持重点应从以往单纯注重创新要素建设转向鼓励创新要素之间的整合。中关村已经形成了全方位、多角度的鼓励创新创业的政策支持体系，并逐渐由政策驱动转向机制驱动。随着制度藩篱不断被破除，市场和社会这只"无形的手"在创新创业生态系统资源配置中发挥着越来越大的作用，从而推动"物质"和"能量"无障碍、有序地流转，进而不断产生新的创新创业企业，保障创新创业生态系统持续运行。这个生态系统由行业领军企业、高校院所、高端人才、天使投资和创业金融、以创新型孵化器为特色的创新创业服务业、创新文化六大核心要素，以及市场环境、法治环境、政策环境有机组成，体现了"要素聚合、主体协同、文化融合、环境友好"的结构特征，核心的运行机制体现在：一是天使投资和创业金融成为创新型企业快速成长的驱动力；二是以创新型孵化器为代表的创新创业服务业的兴起，为创新创业活动提供了"最贴心"的专业化服务；三是创业家精神、创新文化和"合作、分享、融合、极致"的创客文化、极客精神，为创新型企业发展提供了持久的精神动力。

创新创业生态系统的有效运行，助力中关村在促进科技创新和成果转化、培育和发展战略性新兴产业、释放创新创业活力、提升区域自主创新能力等方面发挥了重要作用，助力中关村成为我国最重要、最具活力的创新创业中心，成为我国实施创新驱动发展战略的强大引擎和代表国家参与全球经济科技竞争的前沿阵地。中关村的主要经济指标持续多年保持了两位数的快速增长态势，对北京经济的贡献率逐年提升。目前，中关村经济增加值占北京的比重已经从 2000 年的 10.3% 提高到了 2014 年的 23.2%。对北京经济增长的增量部分，中关村的贡献率已经从 2011 年的 23.2% 增长至 2014 年的 41.7%，几近翻番。2015 年，全国经济面临严峻复杂形势和较大下行压力，中关村经济运行仍保持健康增长态势，主要经济指标增速虽然有所放缓，但创新创业活动持续活跃且发展质效稳步提高，多项质效指标值略优于 2014 年同期水平。

产学研一体化

习总书记《在十八届中央政治局第九次集体学习时的讲话》（2013 年 9 月 30 日）指出："科研和经济联系不紧密问题，是多年来的一大痼疾。这个问题解决不好，科研和经济始终是'两张皮'，科技创新效率就很难有一个大的提高。科技创新绝不仅仅是实验室里的研究，而是必须将科技创新成果转化为推动经济社会发展的现实动力。"可见，提高科技成果转化效率是推动创新创业政策的重要环节。

制约科技成果转化的主要因素可归结为以下三点：一是事业单位的科技成果视同国有有形资产管理，高校实施科技成果转化的活力得不到有效释放；二是实施科技成果转化对科研人员和成果转化人员的奖励力度较小，激励作用有限；三是高校协同创新能力不足，产学研合作的空间还有待进一步拓展。

为进一步促进科技成果的转化，中关村管委会于 2014 年 1 月发布了《加快推进高等学校科技成果转化和科技协同创新若干意见（试行）》即"京校十条"，具体包括《开展高等学校科技成果处置权管理改革》《开展高等学校科技成果收益分配方式改革》《建立高等学校科技创新和成果转化项目储备制度》《加大对高等学校产学研合作的经费支持力度》《支持高等学校开放实验室资源》《支持高等学校建设协同创新中心》《支持高等学校搭建国际化科技成果转化合作平台》《鼓励高等学校科技人员参与科技创业和成果转化》《鼓励在高等学校设立科技成果转化岗位》与《制定高等学校在校学生创业支持办法》十项政策。

中关村促进科技成果转化的系列政策主要从以下四方面着手：一是制定实施支持创业服务体系发展、创业孵化集聚区、高校科技人员和学生创业的专项资金管理办法。鼓励各类创新主体兴办新型创业服务平台；为初创企业提供工商注册便利。中关村创业大街上工商注册非常方便，一个工位就可以注册一个公司；鼓励高校教师成为学生创业的天使投资人。二是设立北京高校大学生创业服务中心。三是支持市场化运作的开放实验室，提供仪器设备共享。比如，支持易科学和创驿网等开放实验室平台。四是分类建立创新型孵化器社会化评价指标体系。

作为中关村示范区的先行先试政策，"京校十条"对促进中关村企业科技成果转化起到了重大的推动作用。2016年2月，国务院常务会议通过了促进科技成果转化的五大措施，"京校十条"的核心内容被推广至全国。得益于中关村科技成果转化相关政策的推动，中关村的创业新特征日益凸显。主要体现在以下三方面：一是高校成为青年创业者的大本营。清华X-lab、北大创业训练营等以高校为依托的创业实训机构和创新型孵化器蓬勃兴起，吸引了一批有梦想、有才华、有技术的青年学生投身创业。比如，2014年北京服装学院毕业生中有7.54%（107位）投身创业。二是三类创业者成为创业主力军。今天在中关村创业大街上活跃着一大批"80后"（特别是"90后"）创业者、领军企业骨干创业者和连续创业者，这三类群体组成了新的创业大军。在已有的科技企业基础上形成了三支新的创业大军，形成了百度系、微软系、金山系等创业系。创业者呈年轻化趋势。2014年，中关村有13位创业者入选福布斯"中国30位30岁以下创业者"榜单。三是天使投资人、创新型孵化器及创客组织形成创业新生态。中关村聚集了近万名的天使投资人。很多光有想法和概念的人来到这个大街，就实现了创业的梦想，从概念到公司，整个过程都在吸引天使投资人投资。

在活跃的创业环境与便利的科技成果转化环境下，中关村涌现了大量上市公司。截至2017年4月30日，中关村上市公司数量累计达到302家，创业板上市公司数量为86家，占全国的1/6。在"新三板"挂牌的中关村企业还有1 478家，约占全国的1/7。

企业家说

中关村上市公司的发展壮大离不开政府的大力支持。在中关村，政府通过一系列的优惠政策鼓励企业科技创新成果的应用，为企业吸引高端人才，不断地宣传企业科研成果，这些举措为中关村科创公司带来了巨大的市场和迅速成长的空间。对于中关村上市公司而言，政府不仅在说，更多的是在行动，政府是大市场的创造者，更是科技创新产品的代言人。在中关村上市公司的发展过程中，不断地出现党和国家领导人的身影，几乎每家中关村上市公司的创始人都会有跟党和国家领导人的合影照片。科技创新的产品和服务在最开始是最不容易被市场认识的，发展过程中也会遇到各种各样的限制和困难，因此政府的引导和推广对于科技创新公司而言是巨大的优势。中关村是离中南海最近的科技创新中心，因此获得了这一特殊的"地利"，这也是其他任何科技园区所无法比拟的优势。

管委会领导答笔者问

此部分内容根据研究团队对中关村管委会副主任王汝芳[1]的访谈内容整理而成。

Q：中关村管委会在执行政策层面扮演了怎样的角色？有何特点？

A：中关村管委会是北京市政府的派出机构，负责对中关村科技园区的发展建设进行综合指导。创新型国家的建设必须将短期目标和长期目标相结合才行。在我国目前的政绩体系下，各区县有各自的短期利益，地方政府任期内的考核重点是GDP、财政收入、税收、花园城市建设等方面，工作重点往往在于项目引进与管理，而对创新、环境、生态方面的关注较少，很难顾及创新能力提升层面问题。但是，从创新的角度来看，必须有人瞄准更中长期的目标，即创新环境、创新生态系统的建设问题，因而需要市政府的介入，专门成立派出机构中关村管委会，统筹规划区内创新、生态等战略方面的事务，作为对政府职能的一个补充。概括来讲，中关村管委会不同于别的政府部门，它因需求而生，因创新而生，是一个创新型政府，思考如何为创新做策划、做战略、做服务。这就是中关村管委会的重要特点和存在逻辑。

Q：近三十年来，中国经济发生了翻天覆地的变化，创新环境也随之发生了巨大变化。从政府政策的角度来看，中关村的发展可以分成哪几个阶段？每个阶段的重点是什么？

A：按三十年来分，中关村大致经历了三个发展阶段：北京市新技术产业试

---

[1] 王汝芳，男，汉族，1970年3月生，江西九江人，九三学社社员，在职研究生，经济学博士，教授、经济师。曾任北京物资学院研究生部副主任、研究生部主任。2010年7月起任中关村管委会副主任一职，负责科技金融、财务管理、国资监管工作，分管科技金融处、财务处、资产监管和审计处。

验开发区、中关村科技园区和国家自主创新示范区。在这个过程中，中关村管委会重点做了以下几方面的探索。

第一个方面是打破束缚，释放活力。中关村最早在科技领域下海，叫"两通两海"。首先，要让高校研究院所的科技人才走出来，走向市场，让他们的科技成果走出院墙，走向市场。在当时的体制下，关于国家经费支持下的科技成果变成个人获取资源的一种手段这个问题存在很大的争论，但中关村依旧坚持这样探索，目的就是为了释放活力。我一直认为激发活力是错误的，激发活力是因为你没活力我给你打强心针，而如果人本来就有很大的活力，只是手脚被捆住了，你只需把绳子剪断就可以，这就是释放活力。例如，联想当年的股权改革，就是特殊时期的一种探索，一个试点，包括我们后来一系列科技成果、收益权、组织权、分配权的改革，都是这类探索。

第二个方面是如何发挥市场配制资源的决定性作用。充分发挥市场配制资源的决定性作用，不是说政府按照市场的思维来办事。政府不是面面俱到的专家，政府职能的关键是怎么样改革创新，让市场配制资源的决定性作用能够发挥出来。例如，社会组织因为没有主管单位，所以可以更好地按照市场的意志来办事，诸如中关村联盟、协会，专业化的联盟和协会基本上都是专业人才，而非政府官员退休以后的去所，都是按照专业分工来提供专业化的服务，然后我们整个科技服务业也都是按照这种系统来构建的。

第三个方面是如何把发挥市场配制资源的决定性作用和发挥政府作用更好地有机结合起来。政府优化服务来完善创新创业生态系统，市场失灵的时候，政府就应该出现；而当市场到位的时候，政府就应该适时退出。从这个层面讲，中关村管委会是一个了不起的单位，如果了解管委会，你就会发现当市场失灵的时候，管委会是存在的；而当市场这个生态好的时候，管委会是退居其后的。

Q：中关村管委会的机构设置大致分多少个功能领域？

A：中关村管委会的机构设置与其功能定位一样，都是因市场需求而产生的。处所的设置反映了我们在不同阶段对于创新的认识。例如，最新成立的军民融合创新工作处，这可能在全国高新园区中是唯一的。在中央提军民融合战略之前，我们就意识到了军民融合的重要性，不仅因为科技要服务于国防，更是因为它涉及民族复兴的伟大的事情。

上一个新成立的机构是中关村人才特区建设促进中心，主要承担着吸引海内外高层次人才到中关村创新创业的功能。2011年前后，我们突然意识到创新是在十三亿一千万人里面找人才，因为我们一千万比较优秀的人出国了。我们思考如何把这些优秀人才吸引回来，怎么样为这些优秀的人提供更好的服务，所以就成立了这个人才特区建设促进中心。

此外，自主创新能力建设处主要是考虑建设园区技术创新服务体系，着眼于园区企业创新能力提升的问题；而产业发展促进处更多关注重点产业，拟定园区产业规划和政策并组织实施，促进重大科技成果产业化；科技金融处主要负责促进科技和金融的有效结合；规划建设协调处主要研究制定园区发展规划并协调组织实施；经济分析处主要协助统计主管部门开展各园区统计调查工作，跟踪分析国内外相关地区和相关产业情况等；人事处负责机关及所属单位的干部人事、机构编制、教育培训及退休人员的管理服务工作；创业服务处，提出创业服务政策措施并组织实施，促进大学科技园、孵化器、行业协会和社会中介组织建设，搭建创业服务平台，构建并完善园区创业服务业体系和环境；还有政府采购促进中心，主要承担搭建中关村自主创新产品政府采购综合服务平台工作。

Q：如何理解"科技金融"？科技和金融的关系是什么样的？

A：我认为"科技金融"的本质是金融，具有金融属性，但是要有科技特征。一方面，金融属性最重要的特征是高收益、信用、杠杆，创投和股权投资是最典型的专门为科技企业服务的金融类型，因为科技企业往往具有较高的风险，所以它必须要有相应的长期回报才能抵补它的风险；而一般的贷款利息是抵补不了这种风险的，因为贷款收益封顶，但科技企业风险无限。另一方面，科技金融必须强调用科技的手段，科技最重要的特征是高成长性、不确定性。所以，科技金融就是用科技的手段在不确定性当中寻找到可用的信度。

Q：市政府在确定中关村管委会的独特使命（创新环境、创新创业生态系统的建设等）时，是否在某些方面比其他机构更自由、更有创造性？

A：中关村管委会作为北京市政府的派出机构，主要职责是对中关村发展进行综合指导，具体职能是"调研、规划、统筹、协调、督办、服务"，没有任何的行政审批权，也没有独立的财政，只能是创新创业的服务者。同时，政府必须冲在一线，给出支撑，弥补市场机制不足，让市场资源有的放矢。

Q：在我们访谈的企业当中，很多企业都反映说中关村管委会是特别好的政府部门，在企业发展过程中帮了很大的忙，不与民争利。您觉得在中关村这个区域，如果没有管委会，这些企业是不是也能发展成今天的局面？还是说中关村管委会的确发挥了关键性的作用？

A：首先，历史不能假设，没有管委会是不是还会有别的机构，不太好说。其次，在探索中国特色的科技发展之路方面，中关村管委会确实发挥了重要的作用，管委会的一个重要作为就是把市场培育好，把生态系统构建好，在这方面发挥了重要的作用，很多的先行先试的政策都是从这里出来的。另外，很重要的一点是，我们没有做过多的干预市场的事情，至少没有起负面作用，所以没有人会假设说如果没有管委会，中关村可能会更好。

Q：中关村管委会是如何打造创新生态体系的？

A：创新生态体系当中有一些固有的要素。首先是高端人才，比如说高等院校的科学家和领军企业家（这两类人的思维逻辑是不一样的），还有领军企业、高校院所和科研机构、天使投资和创业金融、创新型孵化器、创业文化这些要素。构建这个创新生态系统首先是要发挥市场配置资源的作用，在这个基础上，政府服务部门再琢磨哪个地方失灵了，为什么会失灵，需要提供哪些服务，以及如何提供服务。

Q：从您的体会来讲，对于企业家的服务和对于科学家的服务这两者有什么不同？

A：个人认为，这两类人对于服务的要求是不一样的。给企业家提供服务更简单，因为企业家本身就是在市场环境中拼出来的，属于全面的综合能力很强的人，政府部门只要为他们提供一个公平的环境就是给他最好的服务了。但科学家不一样，科学家可能在某些方面有特别的专长，不要求是全才，其综合能力可能稍有一些欠缺，所以相对来讲要服务更到位才行，需要为其提供保姆式的服务。

Q：对于北京各区、对于京津冀、甚至对于中国更远的地区，中关村是如何起到示范作用的？

A：首先，我们会在不同的场合宣传中关村的理念、思路和做法，包括和各个地区的交流以及战略合作，都具有示范作用。其次，中关村领军企业在京外设立的分支机构近万家，中关村的技术人员、优秀科技成果也都走出去，这些相当于是辐射效果。此外，京津冀协同发展，除了转移几个项目、落地几个项目或者说共建一个园区以外，更重要的是联合起来共同构建创新创业生态系统，优势互补，合作共赢，这是非常关键的方面。

Q：**您认为在中关村还有哪些活力是没有被释放的？**

A：很多。比如说，有行政职务的专家的科技成果转化问题。这些人本来是科学家，但当他有了行政职务以后（如研究院院长或所长等），他的科技成果转换就有问题了。因为目前我们的高校、科研院所还存在着官本位的想法，在这里面大家可能担心公平问题，认为这些人既分蛋糕，又拿蛋糕，所以她/他们的科技成果转化存在着比较大的问题。

Q：**杭州有阿里，深圳有腾讯。中关村在未来的发展中，如何保持可持续的发展能力？**

A：首先，阿里也好，腾讯也好，它们在当地区域的生态系统构建中会起到一个非常重要的作用，比如这里边有技术、有管理能力、又有资本的高端人才，他们往往从创业者成长为企业家，再从企业家转型做天使投资人，帮助更多的创业者从概念到公司。但从另一个角度来看，腾讯、阿里这样发展下去，到某一个时点有可能也会对创新产生一定的影响，因为他们会不断地去投资或者并购新型的产业形态，从资本层面来看，这里面存在很多共性东西，这些后发企业都会打上阿里或腾讯的烙印，所以从这个角度而言会对创新产生影响。但目前中关村和其他区域相比，最大的特征就是产业的多样性和形态的多样性。

Q：**中关村常被比作"中国硅谷"，在您看来，中关村与硅谷的区别是什么？中关村独特的优势又是什么？**

A：首先，美国是个移民国家，硅谷的诞生就充分体现了美国特有的冒险精神。其次，美国在国际上领先的地位为其创造了得天独厚的人才环境，可以说美国是在70亿人里面选择人才，在硅谷工作的美国本土出生的人不超过60%，这可能是中关村与硅谷一个比较大的区别。再次，美国的市场体系比较完善，在科技创新、市场经济一些制度体系方面，相对比较完善。中关村位于首都北京，其束缚条件相对较多，体制机制也有待完善，包括科技成果转化和产业化等方面。最后是咱们科技的评价体系，我们需要到国外某些杂志上发表文章，才能得到业界认可，这种较为单一的评价机制对于国家创新战略而言有着不利的影响。

Q：您认为硅谷是我们中关村发展的一种模板或者一个方向吗？

A：我认为应该不是，中国不会把美国当作发展目标，中关村也不会把硅谷当作发展目标。我们要走出一条有中国特色的创新之路，将中关村建设成一个创新中心、一个创新创业的乐土，让有创新能力的人、有创新潜力的人，能够在这边很好地创新创业，支撑科技强国，这才是我们的终极目标。

Q：中关村要想吸引世界级优秀人才，跟美国竞争人才，需要做些什么，或者说怎么才能做到这一点？

A：这是个系统工程，对于优秀人才而言，回国所面临的更多的不是生存的问题，而是发展的问题。仅仅生存的话阳光、空气、水和食物就行了，但是发展的问题它是全面的。整体而言，中国出去的这些人，对于北京整体上还是认可的，因为文化和价值观的问题，应该更多地给他们创造一个能够比较充分发挥个人作用的环境，搭建一个让真正优秀的人才留得住的平台。

Q：中关村很多的民间组织，比如说上市公司协会等，请问中关村管委会和这些民间组织的互动关系是什么样的？

A：管委会和有些社会组织的互动相对比较多，还有一些可能没打过交道。因为有一些组织是完全市场自发的，有一些是管委会觉得应该怎么做，然后在组织设定过程中有一定程度的介入。此外，如果有一些社会组织承担了政府的委托工作，联系可能会更多一些；还有一些组织自身希望在搭建政府和企业桥梁方面做更多的工作，与管委会的联系也会比较多一些。但需要强调的是，管委会和这些社会组织的关系，大部分都是业务指导的关系，而不是管理的关系。

中关村政策分类汇总 [1]

政策分类	政策名称	发布时间
综合类	《中关村国家自主创新示范区条例》	2010
	《中关村国家自主创新示范区企业登记办法》	2011
	《中关村国家自主创新示范区京津冀协同创新共同体建设行动计划（2016—2018年）》	2016
	《中关村国家自主创新示范区社会组织发展支持资金管理办法》	2015
	《关于推动中关村国家自主创新示范区一区多园统筹协同发展的指导意见》	2016
	《中关村国家自主创新示范区创业服务平台支持资金管理办法》	2015
领军企业	《股权激励改革试点单位试点工作指导意见》	2009
	《中关村国家自主创新示范区"十百千工程"工作方案》	2010
	《中关村国家自主创新示范区战略性新兴产业中小企业创新资金管理办法》	2011
	《中关村"展翼计划"工作方案》	2013
	《关于支持中关村国家自主创新示范区瞪羚重点培育企业发展的若干金融措施》	2014
	《金融支持中关村国家自主创新示范区中小科技型企业投标承接重大建设工程项目的若干措施》	2014
	《中关村国家自主创新示范区国际化发展专项资金管理办法》	2015
科技人才	《关于开展2010年首批中关村高端领军人才认定的工作方案》	2010
	《关于中关村国家自主创新示范区人才公共租赁住房建设的若干意见》	2010
	《中关村国家自主创新示范区人才公共租赁住房专项资金管理办法》	2012
	《中关村高端人才创业基地支持资金管理办法》	2012
	《中关村国家自主创新示范区海内外优秀人才创业扶持工程专项资金管理办法（试行）》	2012
	《中关村国家自主创新示范区海归人才创业支持专项资金管理办法》	2013
	《中关村国家自主创新示范区人才培训支持资金管理办法》	2012
	《中关村国家自主创新示范区优秀人才支持资金管理办法》	2016
	《中关村国家自主创新示范区优化创业服务促进人才发展支持资金管理办法》	2017

---

[1] 中关村政策示范区政策详细解读链接：http://www.zgc.gov.cn/zcfg10/zcjd_jd/。此部分政策为中关村历年来发布的部分重点政策。

（续表）

政策分类	政策名称	发布时间
创新创业	《中关村国家自主创新示范区一区多园协同发展支持资金管理办法》	2015
	《中关村国家自主创新示范区技术创新能力建设专项资金管理办法》	2015
	《关于贯彻落实国家支持中关村科技园区建设国家自主创新示范区试点税收政策的通知》	2010
	《中关村国家自主创新示范区新技术新产品（服务）认定管理办法》	2012
	《中关村国家自主创新示范区科技型企业创业孵化集聚区管理办法（试行）》	2015
	《关于支持高等学校科技人员和学生科技创业专项资金管理办法（试行）》	2015
	《中关村国家自主创新示范区创业服务平台支持资金管理办法》	2015
	《中关村国家自主创新示范区提升创新能力优化创新环境支持资金管理办法》	2017
科技金融	《关于促进银行业金融机构在中关村国家自主创新示范区核心区设立为科技企业服务的专营机构的指导意见》	2009
	《中关村国家自主创新示范区企业担保融资扶持资金管理办法》	2009
	《关于加快推进中关村国家自主创新示范区知识产权质押贷款工作的意见》	2010
	《中关村国家自主创新示范区科技型中小企业信用贷款扶持资金管理办法》	2010
	《关于支持中关村国家自主创新示范区新技术新产品推广应用的金融支持若干措施》	2011
	《关于支持中关村国家自主创新示范区瞪羚重点培育企业发展的若干金融措施》	2014
	《中关村国家自主创新示范区债务性融资机构风险补贴支持资金管理办法》	2014
	《中关村国家自主创新示范区企业改制上市和并购支持资金管理办法》	2015
	《关于中关村国家自主创新示范区促进融资租赁发展的意见》	2012
	《中关村国家自主创新示范区融资租赁支持资金管理办法》	2012
	《关于支持中关村互联网金融产业发展的若干措施》	2013
	《关于中关村国家自主创新示范区建设国家科技金融创新中心的意见》	2012
	《中关村国家自主创新示范区小额贷款保证保险试点办法》	2014
	《中关村国家自主创新示范区天使投资和创业投资支持资金管理办法》	2014

（续表）

政策分类	政策名称	发布时间
科技金融	《中关村国家自主创新示范区中小微企业担保融资支持资金管理办法》	2014
	《中关村国家自主创新示范区中小微企业小额贷款支持资金管理办法》	2014
	《中关村国家自主创新示范区中小微企业银行信贷创新融资支持资金管理办法》	2014
	《关于支持中关村示范区中小微企业利用中关村股权交易服务集团创新发展的意见》	2015
	《关于进一步加强中关村国家自主创新示范区信用体系建设的意见》	2015
	《中关村国家自主创新示范区促进科技金融深度融合创新发展支持资金管理办法》	2017
	《中关村国家自主创新示范区小微企业信贷风险补偿资金管理办法》	2013
	《中关村国家自主创新示范区企业信用星级评定管理办法》	2014
产学研一体化	《中关村国家自主创新示范区重大科技成果转化和产业化股权投资暂行办法》	2009
	《中关村国家自主创新示范区产业发展资金管理办法》	2014
	《关于促进中关村智能硬件产业创新发展的若干支持措施》	2015
	《关于支持中关村国家自主创新示范区集成电路产业发展的若干金融措施》	2015
	《关于促进中关村智能机器人产业创新发展的若干措施》	2016
	《关于促进中关村虚拟现实产业创新发展的若干措施》	2016
	《开展高等学校科技成果处置权管理改革》	2014
	《开展高等学校科技成果收益分配方式改革》	2014
	《建立高等学校科技创新和成果转化项目储备制度》	2014
	《加大对高等学校产学研合作的经费支持力度》	2014
	《支持高等学校开放实验室资源》	2014
	《支持高等学校建设协同创新中心》	2014
	《支持高等学校搭建国际化科技成果转化合作平台》	2014
	《鼓励高等学校科技人员参与科技创业和成果转化》	2014
	《鼓励在高等学校设立科技成果转化岗位》	2014
	《制定高等学校在校学生创业支持办法》	2014

第五章

中关村模式

创新生态的喷泉模型

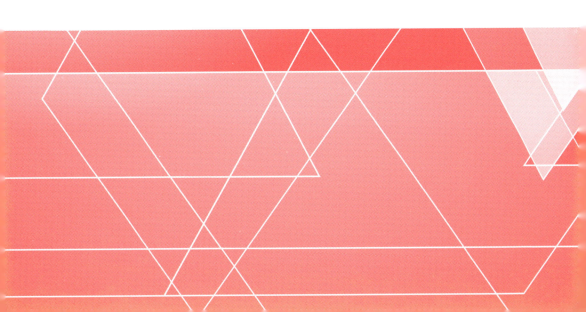

中关村模式 The Z-Park Model in China

综上所述，正如习近平总书记指出的，中关村已经成为我国创新发展的一面旗帜。是时候从整体上思考一下：中关村如何在国内众多的高科技园区中脱颖而出？如何形成有效的创新生态？在创新生态建设发展过程中，有哪些关键要素、创新生态的外溢效应和对全国乃至国际的辐射带动作用？

为了全面和完整地呈现中关村创新生态发展的关键成功要素、路径与模式，深入揭示要素的内涵与表现形态，形象地揭示中关村的创新根基、创新动力、创新机制和创新溢出，我们将中关村的创新生态描绘成了一座"喷泉"（参见图5.1）。

这座"喷泉"由5个层次的核心概念构成：政府及政策机制、区域生态系统、企业创新系统、资本助力机制及区域/企业边界拓展。在这5个核心概念下，又根据一手资料，进一步细化、提炼了与5个核心概念密切关联的27个要素。

下面我们就为大家整体介绍一下中关村模式即这个创新生态喷泉的这些核心概念和要素。

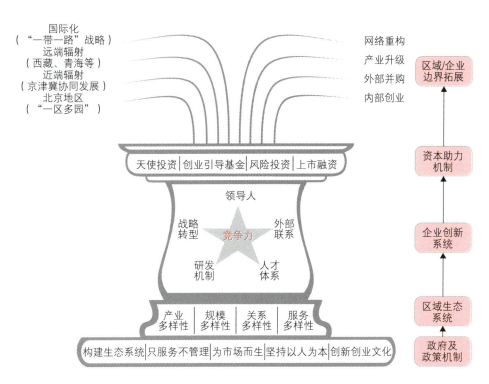

图 5.1 中关村创新生态的"喷泉模型"

政府及政策机制怎样支持

中关村科技园区管理委员会（以下简称"中关村管委会"）是负责对中关村科技园区发展建设进行综合指导的市政府派出机构。作为没有行政审批权的"小政府"，中关村管委会基于对企业的了解、产业研究、体制机制的创新，通过政策支持和资源协调努力构建创新生态系统，真正提供了支持生态建设和企业发展的"大服务"，为创新奠定了稳固的根基。

整体来看，中关村的政府及政策机制具有五个特征。

以构建生态系统为第一要务

中关村管委会通过放权、松绑、制定突破性政策，提供优质服务、不与企业争利等方式，为中关村打造了得天独厚的创新环境。从地方政府的角度，受硬性短期发展目标的束缚，往往无法考虑长期创新能力的提升。因此，大部分领导的第一要务是抓项目，而非创新生态的建设，具有"功成不必在我"的心态。与其他政府不同的是，北京市政府对中关村管委会的考察指标中并没有GDP要求，更多的是从中长期的创新战略角度考量区域的创新能力构建，例如标准、专利、创业投资金额等。

重服务而不是管理

中关村管委会的职责是统筹、协调、督办、规划和服务。作为北京市政府的派出机构，中关村管委会没有一项行政审批权，只服务不管理。通过简政放权，壮大市场机构的力量，不断释放创新创业的活力，推动协同创新，提高政府的服务能力，做到了发挥市场配置资源的决定性作用和更好发挥政府作用的有机结合。

为市场而生

中关村管委会为创新需求而生，在市场失灵时及时介入，市场有效时及时退出。在20世纪80年代，科技人员"下海"创业潮中，中关村及时推进股权改革，以及后来的科技成果收益权、组织权和分配权的改革，帮助企业打破束缚、释放活力。充分地发挥市场配置资源的决定性作用，中关村社会组织没有主管单位，能够按照市场意志自由行事。政府对市场的资源配置起辅助支撑作用，在市场生态健康时政府隐身，而市场失灵时政府及时出现，完善构建创新生态系统。例如，早期还没有创新创业大赛时，管委会洞察到其对于活跃创新文化、挖掘优秀项目的重要意义，于是出资补助开办。通过几年的培育，市场逐渐活跃后，管委会及时让权于各类组织。中关村管委会的职能部门设置也紧贴市场需求成长。不同阶段的处室根据市场需求进行设置，例如最新也是全国园区中唯一设立的"军民融合促进处"，在促进科技与国防有效融合上起到了重要作用；"科技金融处"搭建了园区投融资政策平台，协调投融资机构，为园区产业发展，提供支持；"自主创新能力建设处"则负责建设园区技术创新服务体系等。

坚持以人为本

人才是创新创业活动的实践者和推动者，也是企业必不可少的重要资源。中关村聚焦领军人才，让"科学家＋企业家"成为创新的"发动机"，并识别出不同人才的差异化需求。如对企业家，管委会特别考虑到该人群综合能力很强，因此服务的关键是打造公平的竞争路径；对科学家则需要提供全方位甚至"保姆式"服务，以解决他们的后顾之忧，使其可以专注于学术研究。

中关村大力引进高素质创新型人才，制定了从国外引进人才和吸引国内人才进入中关村的一系列优惠政策。中关村先后推出"千人计划""海聚工程""高聚工程"等政策，同时通过依托留学人员创业园、在主要发达国家和地区举办创业大赛和政策宣讲会等，加快聚集海外高层次人才为重点的特许人才资源，深入落实人才特区13项特殊政策、健全海外人才引进机制、创建高端人才评价机制、完善人才创业扶持体系、建立高级人才创业基地、健全全方位人才培训体系等，形成了中关村特色的人才引进和发展格局。

中关村模式 The Z-Park Model in China

打造创新创业文化

中关村"鼓励创新、宽容失败"的文化氛围激发了众多优秀人才的创新创业热情,"以创业为荣"的理念深入人心。高校院所、投资机构、创新型孵化器等主体举办的国际性、全国性创业大赛、创业沙龙、创业培训等创业活动已超过 2 万场。鼓励创新、宽容失败的创业文化蔚然成风,大公司骨干投身创业成为一种潮流,持续创业成为一种工作方式,形成了"不以成败论英雄"的创业观。中关村从不提三件事:圈地、优惠、招商。中关村的 300 余家上市公司,都不是招商引资来的,而是从中关村的创新创业生态圈里一个一个发展起来的,都是"原创"。

企业家说

2013 年 9 月 30 日,中共中央政治局以实施创新驱动发展战略为题赴中关村举行第九次集体学习时,习近平总书记提出:"着力推动科技创新与经济社会发展紧密结合。关键是要处理好政府和市场的关系,通过深化改革,进一步打通科技和经济社会发展之间的通道,让市场真正成为配置创新资源的力量,让企业真正成为技术创新的主体"。中关村作为全国科技创新中心,正是以企业研发投入为主体,政府财政科研支出为辅助,由政府"有形的手"和市场"无形的手"联合打造的。如今,中关村已经有数个千亿级市值企业、利润连续显著增长、有超过 500 亿的研发投入、缴纳 280 亿的企业所得税,已经形成了新的经济结构。这是中关村上市公司进一步发展的基础。

中关村的科技创新之所以能成功也取决于一个健全的激励机制。驱动创新价值体系的核心是人,是创新创业者,他们在创新创业活动中取得的成果被市场认同,获得价值,继而又把取得的价值不断投入创新活动中,资本的杠杆和创新的杠杆联动,创新价值被迅速放大,创新体系才能释放更大的效率。因此,政府在规划和引导时,应该以市场需求为导向,围绕产业链部署创新链,围绕创新链完善资金链,从而形成完整的创新价值体系,实现良性循环。这就是中关村模式的循环体系。

区域生态系统有哪些要素

在"市场导向、服务优先、以人为本、创业文化"为特征的政策土壤中，中关村区域的创新创业生态系统逐渐成型，为企业搭建了宽松的创新成长空间。总体来看，中关村创新生态系统呈现"四个多样性"特征，即产业多样性、规模多样性、关系多样性和服务多样性。正是这些多样性为园区中的企业提供了多元化的创新资源，培育了资源整合能力，刺激了界内和跨界创新活力，使得区域生态系统成为企业创新系统的有利支撑。

产业多样性

作为国家高新技术产业开发区，中关村立足于世界前沿的科学技术，聚集了IT服务业、高端装备制造业、移动互联网、现代服务业等实力雄厚的优势产业，以及生物和医药、新材料、节能环保等潜力巨大的新兴产业。中关村的产业集聚不仅停留在空间上的"物理"集聚，更重要的是力求实现园区内不同产业间的相互影响，将产业的"物理"集聚转换为"化学"集聚，从而在产业之间产生协同，形成新的成果和附加值。

多产业集聚使中关村成为我国战略新兴产业的策源地，能够在产业层面整合创新资源，不断形成新的产业业态与经济增长点。例如，随着高新科技的发展，电子信息产业中孵化了新一代移动通信、大数据、云计算等产业，而新一代移动通信、大数据和云计算产业又不断与金融、环保、生物医药等产业融合，进一步形成了更新的产业业态。

规模多样性

规模多样性体现为中关村园区聚集了处于不同成长阶段和位于价值链不同

环节的企业。这些企业之间的竞争与合作，有助于促进园区新兴产业的快速发展，对区域创新生态系统保持持续的创新活力、实现和促进价值链优化等有着重要意义。

从成长阶段看，截至2016年年底，中关村有收入过亿的领军企业2 967家，上市企业302家，新三板挂牌企业1 478家，独角兽企业65家，以及数以万计的高质量创业企业。在规模多元的区域创新系统中，成熟领军企业在人才和管理上的溢出效应显著。领军企业孵化的创业系超过50个，成为孵化创业者的重要摇篮之一。而且，领军企业在管理和运营上为众多成长型和初创企业提供了显著的示范作用。与此同时，成长型和初创企业的涌现和迅速成长也在倒逼成熟企业不断进行自我更新。处于不同成长阶段的企业良性竞争，使区域生态系统始终保持着高度的创新活力。

从价值链看，示范区中既有专注于生产、运输、加工、设计、创意、服务等各个生产环节的专业化企业，也有垂直整合多个价值链环节的规模化运营企业。位于不同价值链环节的专业化企业在业务上密切配合，产生整个价值链的协同效应。同时，规模化企业通过与其他专业化企业进行竞争与合作，实现和促进了价值链的进一步优化。

关系多样性

关系多样性体现为中关村企业间形成了多元、稠密的社会网络。在互联网迅速发展和普及的背景下，中关村的创业者群体从"老四代"[1]企业家转变为"新四军"[2]创业者。这些创业者充分借助社会网络，为企业的进一步成长提供了充沛的外部资源，也为国家政策的试点和推广、国家制度的建设和完善起到了推动作用。

"老四代"企业家是指从四种时代背景中走出的企业家。第一代是20世纪80年代从国家机关走出来，"戴着红帽子"下海创业的一批企业家，以柳传志、

---

[1] 王小兰，《创新创业为什么活跃在中关村》http://finance.sina.com.cn/roll/20151014/ 122623471892.shtml。

[2] 中华人民共和国科学技术部，《"创业中国"中关村引领工程（2015—2020年）》http://www.most.gov.cn/gxjscykfq/wj/201509/t20150902_121500.htm。

段永基等为代表；第二代是20世纪90年代后"戴着私营帽子"或者"戴着民营帽子"创办公司的企业家；第三代是以2000年前后海外归国人员为主的企业家；第四代则是在大学等平台上参加创业梦想大赛的企业家。前两代企业家往往身兼多职，同时担任企业家、天使投资人、创业导师和社会工作者四种角色。这四代创业者和他们率领的创业大军共同形成了一个前赴后继、有理想、有抱负、有持续动力的创业群体。

现在的中关村各类创业群体高度活跃。领军企业、高校院所成为孵化创业者的摇篮，大企业创业人才溢出效应凸显，创业系超过50个，新兴产业领域高质量创业企业超过10万家。中关村高度聚集了国内外高端创业人才，形成了以创业系、连续创业者、"90后"创业者和海外创业者为代表的创业"新四军"。与"老四代"企业家相比，"新四军"创业者的素质和创业起点都有了很大的变化。现在中关村科技创业者超过20万人。这些企业家和创业者活跃在各种社会组织中，关系错综复杂，共同构建了资源丰富的社会网络。

除了企业家之间的社会网络，中关村的企业家与政府决策者之间、企业家之间、成熟企业与初创企业之间、国内与国外企业之间也形成了广泛的关系网络，彼此保持着深度密切的交流。不少企业家在全国或北京市人大、政协中担任委员，有机会参与决策并提出意见，做到下情上达。在中关村内还活跃着80多家企业协会、100多个产业联盟，覆盖2.5万家企业。这些民间组织和研究机构（如中关村上市公司协会、智库、创业板董事长俱乐部等）既组织面向中关村企业整体发展现状的调研，又经常开展与企业发展密切相关的活动，针对热门话题定期举办上市公司董事长交流会（如生物医疗、互联网金融、私有化等各类主题闭门交流会），探讨新趋势、寻求新合作。以中关村上市公司协会为例：协会定期搭建路演对接平台，促进中小企业与中关村上市公司投融资信息的对接，推动中关村上市公司的对外投资、并购重组和整合。协会还组织上市公司高管出国培训、访问学习。在非正式层面，协会组织公益、文化、体育活动，如高管子女与贫困地区孩子共同参与的夏令营活动。企业家们相互交流、分享经验，富集起大量信息，很多商机和合作机会自然呈现。

服务多样性

除了多样化的产业、企业、创业者和社会网络，中关村园区还有各种形式的创业专业服务机构，如法律、税务、咨询、人才、专利、投资等机构，同时还有服务于创业企业的众创空间、创新孵化器、创业社区、创业导师、创业咨询师和猎头等。截至 2016 年，中关村的创业服务机构超过 500 家，孵化器超过 200 家，创新性孵化器 78 家，在海外设立的创业服务机构超过 50 家。直接服务创业者的创业导师超过 1 000 人，创业咨询师超过 1 000 人，创业咨询专业机构超过 100 家，青年创业公寓超过 20 家，创业社区超过 10 个。这些创业服务机构和人员不仅为创业企业和创业者提供办公场所，而且还提供资源对接、创业辅导、业务咨询等多种专业化服务，使得创业企业能够集中精力投入创新活动，致力于提高创新质量。

企业创新系统如何运作

在区域生态系统的有力支撑下，企业创新系统通过领导人、战略转型、研发机制、外部联系、人才体系五个方面打造企业竞争力，凝聚创新的核心动能。

领导人

中关村企业的领导人很多都是搞技术出身，具备敏锐的战略洞察力和前瞻性，凭借自身的实践智慧带领企业克服重重阻碍，一路向前。实践智慧是企业领导人必备的超级隐性知识，简单地说就是指"知道即将做什么"和"在特定情境中做出决策，并采取最佳行动"的能力。以造车为例，实践智慧是指不仅知道什么是最好的车，也知道如何才能将这辆车造出来，同时还知道如何在最佳时机将其推向市场。

有实践智慧的领导人能够引领企业走向未来，知道在什么情景下、通过哪些最佳行动服务于公众的共同利益。有实践智慧的领导者能够洞察未来、抓住事物本质和内在关联，善用良知，追求卓越，总结精神信条，善用故事和隐喻激励员工和进行高效沟通，善用权利团结大家为了共同目标而努力。有实践智慧的领导人是关系平衡的高手，能够积极做到天人合一（与大自然和环境的关系）、人我合一（与社会利益相关者）和身心合一（身心的健康与和谐），带领企业创造竞争对手无法提供的未来，以及保持共同利益的和谐。领导人的实践智慧是一种能够引导企业进行知识创造、实现变革和发展，积累新的组织知识资产的动态能力。

例如，碧水源创始人文剑平早年曾先后任职于国家科委社会发展司和中国国际科学中心。这两段工作经历让他对环保有着独特的敏感性，又有机会接触很多前沿技术。1998年他辞去公职，远赴澳大利亚攻读市政工程水资源管理的博士学位。2000年悉尼奥运会的污水处理技术让文剑平深受启发。抱着"为国家做一点点事情"的情怀，2001年留学归来后，他弃仕从商，创办了碧水源。他始终强调企业要"技术立本"，经过不懈努力，碧水源最终成功自主研发出了MBR膜处理技术，填补了国内空白。

神雾集团董事长吴道洪从本科到博士后，一直都在系统地学习和研究"燃烧"。本科学习的是固体火箭发动机专业，硕士学习液体火箭发动机专业，博士攻读航空发动机专业，其后的1994年又进入中国石油大学重质油加工国家重点实验室从事博士后研究，在专业领域有相当深度的知识积累。从大学到博士后研究，他接触了专业领域中国内外顶尖的专家教授，了解了最前沿的科技信息，更看到了燃烧技术的开发应用在节能降耗、减排环保方面巨大的市场潜力。毕业后吴道洪放弃了到国家机关和科研院所工作的机会，毫不犹豫地选择"下海"创业。在知识广度方面，吴道洪跑遍了国内外与燃烧有关的几乎所有产业和重要企业，发现和关注所面临的挑战和难题，将其作为研发的切入点和市场拓展的重心。

大北农创始人邵根伙是我国第一个"养猪博士"，毕业后留在北京农学院成为一名教师。当时，我国养殖业水平落后，肉在百姓餐桌上很少见，1987年泰国正大集团凭借正大551，以先进的饲料和养殖技术占领了中国的饲料市场，对我国的动物科学、饲料科学的教学产生了巨大冲击。人们第一次认识到猪饲料也可以具有高科技含量。邵根伙认识到必须做实业，才能给中国的农业发展带来改变。1993年，邵根伙和同伴创办了"大北农饲料科技有限公司"，研究出了我国自己的551饲料。

战略转型

战略并非是通用的理论框架或一成不变的计划，在实践中必须因情境而变。战略也并非仅仅是对资源和策略的客观分析，而是包括企业家的人生追求、社会责任和担当、整体构思和社会实践过程,其中有很多主观因素。战略创新与战略转型的核心价值并不仅仅是帮助企业提高竞争壁垒或延长现有产品的生命周期,更重要的是帮助企业找到和创造未来的发展机会。跟随新技术的发展,中关村企业纷纷在一把手的引领下及时进行了战略转型。

例如,广联达最初定位是为建筑行业的预算员提供套装软件的产品制造商,公司也沿着这个方向稳步前进,成为行业领先企业。2015年,管理层在刁志中董事长的带领下,敏锐感知到市场和政策的变化,开始向建筑服务平台提供商转型。为了实现突破,一把手带头学习,带领管理层共同研讨,探索转型方向。公司设置了多个突击队,将高层想法进行试点,在试验过程中不断校正思路和方向,确定转型节奏。每个突击队的成员在七八人左右,皆是精兵强将,研究方向也各不相同。同时,公司对部分业务线进行内部股改,鼓励员工内部创业,探索新想法,公司则在资金、技术、市场、品牌方面给予资源支持。

大北农在农业产业不断扩张的同时,也顺应互联网趋势,2015年开始向"互联网+农业"转型。大北农充分利用已有优势,将业务范围从猪饲料向上下游延伸,在改善养猪环境、提高养猪效率的同时,发展交易与信贷业务,并向其他农业分支产业扩展,打造农业生态圈。大北农建立了以"猪联网"为核心的农业互联网运营平台,帮助公司快速切入养猪服务,建立"平台+公司+猪场"的新发展模式,促进了公司在"互联网+"环境下的战略转型。

蓝色光标则提出了"营销数字化和智能化"转型。新技术的发展为营销行业带来翻天覆地的变化,信息技术使得对消费者需求和行为的洞察变得更加重要而且可能。2007年在这种浪潮初现端倪时,赵文权就带领企业跳出"温水",及时、坚决地进行营销数字化和智能化转型。转型中,蓝色光标充分发挥自己在客户关系上的优势,坚定地走大客户量身定制的服务路线,并快速构建数字业务能力并在复杂的行业环境中找到自身独特的发展道路。在转型过程中,蓝色光标将更多的资源配置到新业务上,包括资金、人员等,甚至不惜牺牲阶段性利润来培育新能力。下一阶段蓝色光标将在上下游全面深化整合运营。未来蓝色光标的发展方向是成为一家具备科技公司基因的整合营销传播集团,通过向新技术、大数据、建模的转型,创造新的服务模型,提高客户依赖度。

神州高铁敏锐地捕捉到云计算、物联网、大数据和人工智能等技术发展带

中关村模式　The Z-Park Model in China

来的机遇，抓住了数字革命的时机，2016年提出从传统运作模式向"智能化服务"转型：为客户提供轨道交通运营维护的整体解决方案，降低全生命周期的维护成本。为其他运营企业提供融资租赁服务，例如按工序出售检修等服务。并且领先于行业开展智能设备升级，希望借助人工智能和机器人等设备改善工作内容和环境。智能系统会对检测结果进行历史数据对比，一线操作人员只需要进行确认操作，由专家远程指挥解决问题，根据异常提示有针对性地检测设备，自动作业过程大大提高了工作效率。

研发机制

中关村企业的科技创新成果中，有许多具有重大颠覆性的原创核心技术，比如：中科寒武纪公司开发了全球首个深度学习专用处理器架构指令集；商汤科技公司在全球首次实现人脸识别算法准确率超过人眼识别；诺亦腾公司开发了具有国际领先水平的基于MEMS惯性传感器的动作捕捉技术；地平线公司的自动驾驶"雨果"平台和智能家居"安徒生"平台取得了多项世界领先成果；柏惠维康公司成功开发出国际领先的神经外科机器人，以30分钟微创代替过去的开颅大手术；等等。在大数据、人工智能、生物医药等前沿技术领域，中国也在由"跟跑者"向"并行者""领跑者"转变。

中关村企业在研发机制上主要采用"内生式与外延式研发并重"或"自主研发与合作研发相结合"的方式。例如，东华软件采用的是内生式和外延式并举的发展战略。在内生式研发上，东华软件在创立之初就成立了软件研究院及多个软件和系统集成专业技术委员会，深入了解主流计算机软、硬件技术，并跟踪未来信息系统技术的发展方向。对于功能改进型的渐进式技术创新，公司以"市场和客户需求"为导向，采用对标和滚动更新的方法。对于偏离原来技术轨道的激进式创新，公司则通过多渠道前沿信息扫描，适当超前进行创新技术储备，避开成熟领域，以及"打散弹看痛点"广泛布局、分散试错这四个方法保持行业领先地位。在外延式发展上，东华软件大量借助并购和战略合作等方式充分利用外部资源，形成技术能力或业务范围的互补。

广联达则采用自主研发与合作研发相结合的方式。在自主研发上，广联达坚持"721"法则进行布局，即 70% 的研发是渐进式创新，聚焦近期或者短期内为公司贡献主要收入、支持公司运营的主营产品和业务；30% 的研发用于进行激进式创新，布局中长期发展，基于此进行前瞻性的技术研究、原型开发或深度实践。广联达还通过对过去创业的成功经验进行复盘，总结出"孵化方法论"指导研发过程，包括技术研究、实验室产品、样板客户试点和大规模市场推广等。在合作研发上，广联达在全球建立了多个研发中心，各中心分工不同，形成了一套流畅的合作模式：美国硅谷有业务基础和研究基础，主要负责产品研究；北京、上海有比较好的人才基础，负责产品开发；西安和济南则负责产品和测试；等等。此外，广联达还与高校合作进行激进式技术研发，建立紧密的对接管理机制，加快科研向产业的转化速度。

神雾集团将研发作为牵引企业发展的根本动力，同样采用自主研发与合作研发相结合的方式。在自主研发上，由一把手主管研发和创新工作，亲任研究院院长，利用"200 + 400"人的研究团队进行"双轮驱动"创新。即技术研发平台的 200 人进行激进式创新，研究与以往不同的颠覆式技术；工程转化平台的 400 人对这些技术进行利用式创新，研究技术落地的具体方案。神雾还拥有完备的技术研发、工程转化和核心装备加工制造三大平台，从技术研发到产业化应用一条龙，三者的紧密承接保证了科研成果高效转化落地。在合作研发上，神雾与高校和科研机构开展了多个项目合作，布局前沿基础技术的探索研发。

外部联系

中关村是世界上人才智力和科教资源最为密集的区域。这里聚集了以北京大学、清华大学为代表的近 40 所高等院校，以中国科学院、中国工程院所属院所为代表的国家（市）科研院所 206 所；拥有国家级重点实验室 100 个，国家工程研究中心 30 个，国家工程技术研究中心（含分中心）53 个。高校和科研机构注重新理论、新结构、新工艺的研究与开发，诞生了大量的科研成果和创新技术，并且与企业共同建立研究所，共同研究新技术、开发新产品，彼此之间的联系非常紧密。它们之间的合作，不仅有助于科研成果的迅速转化，而且也有利于为企业培养技术和管理人才，达到双赢的结果。中关村企业浸染在良好的学术氛围中，以大学和科研机构为中心，将科研成果转化为生产力，充分利用了高校和科研机构的知识溢出效应。中关村企业建立了丰富的外部关系网络，除了高校和科研机构外，还有同行、友商及上下游企业等。

　　例如，东土科技除了在工业互联网相关标准和核心技术上大力投入自主研发外，还积极与高校、企业、研究院等机构合作。通过购买、成立合资公司、建立产业联盟等形式，进行互补性合作研发。与高校的合作方面，早在2005年，东土科技就与浙江大学合作共同起草了我国第一个工业自动化国际标准。2016年，四川大学成立工业互联网研究院，东土科技设立了"四川大学东土教育基金"和"东土讲习教授"项目为研究院招募学术领军人才。此外，东土科技还与其他企业成立合资公司，共同研发推广新一代智能交通产品。并联合天地互连、和利时、曙光、阿里巴巴、机械工业仪器仪表综合技术经济研究所、中国电子技术标准化研究院、北京工业大学等相关单位，共同成立中关村工业互联网产业联盟，协助编制中国工业互联网架构和国家标准体系，推动国家标准成为国际标准，协同企业研发工业互联网行业的解决方案，促进中关村成为中国工业互联网产业的核心聚集区。

　　神州高铁也保持高度开放的心态与高校和企业合作开展研究。总部研究院常与北京交通大学、西南交通大学等高校合作，共同进行偏前瞻性的研发，如研究院与北京交通大学合作研究多网融合技术，以解决高铁通信上网信号差的问题。此外，研究院还与西南交通大学共同成立了创客中心，合作进行隧道监测、轨道沉降等方面的研究。除了共同开发之外，神铁也会直接购买高校的技术进行产品应用，比如购买北京交通大学的智慧互联网组网通信技术，用于实现数据互联网化。与企业的合作研究更偏重应用性技术的转化落地，合作模式包括合作技术开发、购买技术和成立合资公司共同开发等。神州高铁与通信巨头华为共同开发了轨道交通上的通信系统；与瑞士的ABB公司合资成立了广州神铁牵引公司，研发车辆的动力牵引技术。

　　大北农也始终保持与科研机构的良好合作。它与中国农业大学、浙江大学、东北农业大学、华中农业大学、中国农业科学院等近百所高校及科研院所建立了产学研合作关系。大北农还专门设立了一个科技奖励平台，广泛收集全国各地的优秀成果。在产业联盟方面，大北农也积极与行业内企业、高校和科研院所共建协同创新平台。国际合作方面，大北农已经与加拿大 PPI 公司、以色列艾沃基因公司、美国北卡罗来纳州立大学等多所国外机构建立了稳定的合作关系，并积极通过政府和其他组织搭建的各种平台不断开发新的合作伙伴。

人才体系

中关村在股权激励方面也积极推进改革，让创新者有其权，让科技人员在创业过程中促进创新。此外，中关村企业的人才和激励体系更是各具特色。

例如，东华软件在人才配置方面首先在地域上分散研发人员，降低人力资源成本。算法模型开发主要集中在北京地区，便于依托中关村的高端人才和配套科技力量；测试和运维等工作则移交山东、武汉、西安、河北等地。其次，公司根据业务需求区分了三种人力资源配置方法：第一种按照行业布局配置具有行业背景的、稳定的事业部。事业部中有各自的技术、销售和服务支撑体系，结构和人员保持相对稳定，如医疗和金融事业部。第二种是围绕产品配置熟悉技术和市场的人员，也相对稳定。第三种则是针对临时的市场机会采用的"动态资源池"配置。公司通过内部培养和猎头推荐等方式扩充人才队伍，形成"资源池"。这些人才不固定在某个事业部，也不指定特定的产品，而是根据公司战略需要，"动态地"匹配新兴的业务需求。当这些新兴业务需求逐渐成熟、市场需求逐渐清晰时，这些人才从资源池中剥离出来，组成围绕产品的团队或形成固定的事业部。而当新兴的业务需求探索失败，这些人才则转向其他新兴方向继续探索和积累。相对于固定行业专业岗位的人才而言，资源池里的人才具备更强的综合能力和知识广度，更适合管理岗位。"动态资源池"机制帮助东华软件在灵活应对市场需求的同时储备了高级人才。

蓝色光标的人力资源管理特别强调合作机制。它推行"事业合伙人制"，即用各种方式绑定业务负责人与业务之间的利益关系；同时采取小规模作战方式，对一线业务人员和分、子公司充分赋权，保证企业运营的灵活度。为了进行战略转型，蓝色光标设立了首席数字官，负责推动整个公司的数字化转型，包括并购标的的选择、投后管理等。并且，从海外引入数据分析人才，组建数字业务部门。在推行数字业务时，蓝色光标颇具创意地设计了"双重计算模式"，激励传统业务带动数字业务发展。在这种计算模式下，传统部门只需要把客户引荐给数字部门即可，但KPI双方都按照100%的额度计算。数字业务团队发展壮大后，公司再将其拆分到各项目组，推进数字业务与传统业务的深度融合。

　　神州高铁在对研发人员的激励上别出心裁。原来是普通的基本工资制，为了激发他们的创新热情、调动工作积极性，神铁从两方面进行了改变。首先将单一基本薪酬改为"宽带薪酬"，综合考虑员工的各方面能力、科研成果和工作经验，为他们制定一个薪酬范围。其次设置了"阶段性利润分成"制度，将新产品产生的效益与研发人员的绩效挂钩，将产品销售的利润按一定比例与研发人员分成。研发人员不仅能在结项时获得结项奖、验收奖、图纸交稿奖等，还能够在项目交付生产之后持续获得利润分成。这项制度使得研发人员不仅站在产品开发的角度，更会从市场、客户等角度主动思考，随时跟进产品生命周期各阶段出现的问题，避免了研发工作与实际应用脱节的情况。

企业家说

　　中关村科技公司的迅速发展得益于改革开放四十年创造出来的巨大市场。在此期间，传统工业快速升级，社会进步又创造出很多新需求，出现了科技公司规模迅速扩大、互联网快速发展等现象。值得一提的是，科技创新是中关村上市公司最具代表性的特点，大规模工业化生产往往通过中关村之外的地区实现，因此中关村上市公司的发展是一种更高效的发展。

　　传统意义上的科技创新更多是靠政府政策、大专院校、科学家去推动的，这些主体都是从科技本身出发去思考，但当经济社会快速发展，人们产生了多元化的需求后，科技创新更应该是企业家的使命，因为企业最知道哪些科技成果最接近市场，市场配置资源的效率也是最高的。因此在市场的驱动下，企业的科技创新效率更高。

　　中关村上市公司的很多科技成果已经进入成熟阶段，已经开始了多学科的整合，而这种整合正是以市场需求为导向的，发挥各方力量促进高新技术产业化、市场化。

资本如何助力科技创新

产业革命源于科技创新，成于金融创新。

在中关村创新生态喷泉中，资本在企业成长的不同阶段、以不同的形式发挥着提升企业影响力和放大器的作用，激活了创新的市场价值。中关村能够迅速崛起多个新兴产业，尤其是移动互联网行业，与中关村良好的投融资环境密不可分。为缓解企业融资难的问题，中关村着眼于科技创新的完整生命周期，激发各类金融资本的活力，整合银行业金融机构、各类股权投资机构、多层次资本市场等多方力量，打造了"一条龙"的金融服务体系，满足处于种子期、初创期、成长期、成熟期四个不同发展阶段科技型企业差异化的金融服务需求。通过银行、创投、担保、保险、融资租赁、小额贷款等金融服务机构，中关村已为5 000家以上的优质创业企业提供了金融服务。截至2016年5月，19家商业银行在中关村设立了50家信贷专营机构和特色市场，聚集了近2万名天使投资人，创业投资案例数量占全国的40%。北京银监局统计数据显示，截至2015年年底，中关村示范区内共有银行网点808个，包括3家中关村分行及100余家银行科技或小微金融服务特色机构，网点密度为北京市平均密度的7倍以上。[1] 部分银行设立专门的支行从事科技型中小企业金融服务，提供包括科技融资担保、知识产权质押、股权质押在内的多种融资方式。例如，浦发银行北京分行推出了"科技快速贷"，通过高度标准化的准入门槛设置和便捷的流程设计，极大地提升了科技型企业融资的申请成功率和办理效率。企业只

---

[1] 《中关村银行网点密度为全市7倍多——北京科技金融何以飞速发展》http://news.xinhuanet.com/fortune/2016-04/03/c_1118523486.htm。

需填写一张信息表格，当时即可获知可批的贷款额度，在提交基本资料后一周之内即可实现放款，无须第三方担保和抵押，截至2016年4月已为202家科技型企业提供了信用贷款支持。[1]

种子期：天使投资和政策性金融

天使投资类似于自然生态系统中的"腐殖层"，是新创企业出生和成长的"沃土"。中关村是我国创业天使投资最活跃的区域，新的创业服务业快速发展，涌现出了"车库咖啡""创新工场""联想之星"等多种创业服务模式。截至2016年4月，中关村天使投资和创业投资案例分别占全国的42.7%和32.2%，天使投资和创业投资金额占到全国的1/3以上，在全国位列第一。[2] 新设立的天使投资和创业投资基金超过100只，投资金额超过1 000亿元。目前活跃在中关村的天使投资人超过1万名，占到了全国的80%，聚集了雷军、徐小平、李竹等一批知名的天使投资人，以及IDG、红杉、北极光等国内外知名投资机构。例如，"创新工场"通常对早期项目进行筛选并投资，为企业提供50万至500万元不等的种子基金，并占有5%至25%的少量股份，然后为企业提供免费带宽、工位、招聘、创业辅导、交流、后续融资等增值服务。同时，中关村还推出"零信贷"、展翼计划等诸多举措，帮助企业解决"首贷难"的问题。

初创期：创业引导基金、小额贷款和担保融资

中关村首创政府引导资金，与优秀创投机构合作，通过市场机制筛选高成长企业，化身市场力量撬动创业金融。针对初创型高新企业提供"孵化＋创投"的种子资金；对于园区快速成长的企业提供与投资机构合作的跟投基金；对于园区的重点产业化项目则通过联合投资，设立重点产业发展资金。这些资金填补了市场的"投资空白"，发挥了财政资金的杠杆作用，解决了创新型中小企业的融资难题，为企业提供了更广泛的融资渠道。截至2016年年底，中关村和国内知名投资机构共同发起组建基金72只，引导基金共出资18.64亿元，基金总

---

[1] 《中关村科技园区管委会副主任王汝芳：深化改革，简政放权，释放科技人员活力》http://pe.pedaily.cn/201605/20160510397043.shtml。

[2] 《全国八成天使投资人在中关村》http://news.xinhuanet.com/local/2016-04/17/c_128902011.htm。

规模为376亿元，放大超过20倍。[1] 引导基金汇聚了国内外金融机构，服务数千家科技企业，为初创企业提供了金融支点，并带动天使投资、创业投资等业态的发展。此外，中关村还针对初创期企业特点，推出"金种子工程"，聚集一批创业导师，吸引一批天使投资人，整合一批创业服务机构，促进初创企业快速发展。

成长期：风险投资、中小型贷款和"瞪羚计划"

中关村多年探索中小微型科技企业金融服务新模式，堪称破解科技型企业"贷款难"的典范。中关村全面实施了企业信用培育工程、科技担保融资服务工程、信贷专营机构培育工程、科技信贷创新工程、风险补偿机制搭建工程、银企交流公共服务平台建设工程等六大融资服务工程，帮助企业拓宽融资渠道，缓解企业贷款难题。同时，针对高成长的中小型高科技企业设立"瞪羚计划"等专项资助资金，提供融资、担保、投标等多项支持。

成熟期：上市融资、并购重组、大中型信贷

对于成熟期企业而言，通过资本市场做大做强是必经之路。中关村一批领军企业上市融资和并购重组活跃，利用多层次资本市场实现跨越式发展，资本市场的"中关村板块"效应不断增强。截至2016年年底，在302家上市公司中，境内上市公司202家，境外100家。其中，创业板上市公司达到86家，占全国的六分之一。新三板累计挂牌企业达1 478家（含退市、转板），总市值6 688.8亿元，约占全国挂牌企业总数的23.8%。

---

[1] 《数说2016 | 科技金融助推中关村创新发展》http://mt.sohu.com/business/d20170120/124839016_355034.shtml.

区域／企业边界拓展版图

区域边界拓展

中关村的科技创新最终实现了跨区域的创新溢出，发挥了示范引领和辐射带动作用。在区域边界上，中关村实现了从北京市的"一区多园"，近端拓展到"京津冀协同发展"，远端拓展到西藏、青海等地区的科技成果转化，最终在"一带一路"战略下走出国门，输出科技、产品和服务，向全球传递中关村的创新精神。

北京地区"一区多园"

目前，中关村国家自主创新示范区已辐射到北京16个园区，随着园区建设不断深入，新产业在北京各区遍地开花，各分园逐步向差异化、特色化、高端化发展。2015年，核心区海淀园实现总收入1.6万亿元，占示范区40.1%。昌平园、丰台园、朝阳园、大兴—亦庄园收入超过3 000亿元，另有9个分园超过千亿元。示范区人均创收184.1万元，地均收入97.2亿元／平方公里。初步实现了对首都经济发展的重要支撑作用和对全国创新的示范引领作用。城六区园区收入占示范区总收入的近四分之三，为中关村示范区持续增长提供了有力支撑，聚焦提升"高精尖"经济发展水平，高端化、服务化、特色化发展特征越来越明显。郊区园区积极推动产业转型升级，经济运行速高质优，围绕重大项目建设及特色产业发展方向，形成创新驱动和内生增长的造血机制。如昌平园借助"双创"风口，成立回龙观创新社区暨腾讯众创空间，推进创新创业社群建设，不断完善创新创业生态系统；顺义园与天竺综合保税区合作共建国际科技贸易基地和科技创新对外贸易服务平台；平谷园，抓住世界休闲大会机遇，推进休闲健康、现代农业产业集聚，建设"北京通航产业基地"，发展跨境电商物流；延庆园借助2019年世博会、2022年冬奥会，积极打造能源互联网发展示范基地和低碳零排放区。

近端辐射："京津冀协同发展"

2016年以来，中关村积极加强跨区域合作，引领构建京津冀协同创新共同体，积极打造产业链、创新链、园区链，辐射带动能力进一步增强。

- 优化产业链布局。谋划打造以"中关村数据研发服务——张家口、承德数据存储——天津数据装备制造"为主线的"京津冀大数据走廊"，即在北京建设云计算创业孵化机构，在张北布局云中心与云服务平台，在天津布局工业设计、3D打印与智能制造产业。

- 部署创新链，主动实现创新资源开放共享。搭建"一司一创一空间"的市场化投资运营服务平台，即中关村协同发展投资有限公司、中关村协同创新投资基金和中关村领创空间，打造区域合作创新创业服务平台。整合首都科技平台、中关村开放实验室等科技创新资源，支持三地企业、高校院所资源开放。目前，清华、北大、中科院等高校和科研机构已在津冀共建一批科技研发、成果转化和技术交易机构，为协同创新提供支撑。

- 积极打造跨京津冀的科技创新园区链。积极推进天津滨海中关村科技园、石家庄（正定）中关村集成电路产业基地、保定·中关村创新中心项目的建设，支持北大创业训练营、创客总部、YOU+国际青年社区、36氪等创新型孵化器签约落户天津滨海新区。鼓励中关村海淀园、大兴—亦庄园、丰台园、昌平园等分园以品牌与管理输出、产业协同配套、利益分享等方式，与秦皇岛、廊坊、张家口等地开展协同创新与园区共建。

- 示范区企业加速布局津冀。2015年，示范区企业在天津、河北设立的分支机构约有2 000家。"十二五"期间，中关村企业在河北设立分支机构1 428家。2015年，示范区输出到河北的技术合同达2 291项，比上年增长54.5%，成交额达53.9亿元，增长33.4%。如神州数码与秦皇岛、沧州、承德签署了智慧城市战略合作协议，并展开了公共信息服务平台建设。

随着跨区域科技创新园区的不断发展,科技成果不断跨区域转化,中关村携手津冀打造的创新驱动经济新引擎,正不断迸发出蓬勃的力量。

远端辐射:远至西藏、青海

多年来,中关村利用优势资源打破地理条件限制,围绕服务国家创新驱动战略,积极推动区域合作,推动中关村科技成果向全国范围的辐射转移,对企业发展及当地经济带来活力。

- 推动区域合作。目前中关村已经与南京市、长春高新区等12个高新区签订了战略框架协议,针对各地区域资源优势开展了全方位、多层次、多模式的合作。
- 参与高新区规划建设。中关村示范区结合各地资源优势,参与宁夏、济宁等10余个高新区规划和建设发展。
- 参与科技对口支援合作。目前中关村分别与北京市对口支援地区什邡市、青海、内蒙古科技厅、内蒙古乌兰察布市签署战略合作协议,推动中关村科技成果向受援地区转移。

早在2012年,中关村就在青海建立了首个京外辐射基地——海东科技园。管委会积极推荐中关村园区的高科技企业到海东科技园落户和发展,推动中关村园区内26家大学科技园在海东建立分园,并在技术转移、人才培养、企业孵化等方面对海东科技园进行支持。2016年年底,中关村入驻拉萨高新区,建立中关村在西藏的首个分园。中关村将支持西藏电子信息、生物医药、净土产业等高新科技成果的转移转化。双方将结合中关村科技、人才、资本和拉萨市产业、空间、资源的比较优势,同时结合西藏自治区及拉萨市资源禀赋、产业基础和发展需求,以及拉萨高新区的发展规划,发挥西藏本地资源整合和统筹协调作用。未来,中关村将重点支持电子信息、生物医药、节能环保、科技文化融合、新能源及现代农业等领域的中关村示范区企业在当地开展合作,促进相关高新技术成果转移转化和项目落地,促进产业转型升级。

目前,中关村企业已与全国64个地区(单位)建立战略合作关系,北京及中关村技术合同成交额的近80%辐射到京外,中关村上市公司营业收入的四分之三来自京外,半数左右由中关村企业发起或主导的产业联盟吸纳了京外成员。

国际化："一带一路"战略

中关村不满足于国内扩张，更是将眼光瞄准了国际市场，积极推动开放式创新，打造链接全球创新网络的关键枢纽。支持"走出去"，实施中关村企业国际化发展行动计划，在全国率先设立了企业国际化发展专项资金和300亿元中关村并购母基金。建立了中关村驻硅谷、伦敦等10个海外联络处，支持中关村发展集团设立中关村硅谷创新中心，推动企业与哈佛、牛津、剑桥等世界名校建立研发合作关系；鼓励企业到美国、欧洲等科技发达地区自建、并购实验室；支持移动互联网、生物医药、节能环保等重点领域的企业与世界500强企业开展实质性合作。注重"引进来"，吸引跨国公司、国际组织及联盟、国际技术转移中心入驻、落户中关村；发挥中关村—以色列国际技术创新合作转移中心、芬华创新中心的作用，吸引全球知名的创业服务机构在中关村落地。

经过20多年的发展，中关村在"引进来"和"走出去"两方面硕果累累。世界500强企业在中关村设立的分支机构超过200家，中关村企业在海外设立的分支机构多达562家，整合全球创新资源的能力不断提高。目前，中关村高新技术企业在"一带一路"沿线国家已有大量的客户及用户资源。作为中关村核心区的海淀园，76%的高科技企业有强烈的国际化发展意愿，"走出去"步伐逐年加快，部分企业已在"一带一路"沿线国家落地生根。

企业边界拓展

中关村创新生态喷泉，不仅使中关村实现了地理区域上从北京到全球的辐射带动作用，还成就了企业的发展壮大、产业的转型升级乃至价值链网络的重构。

内部创业

在中关村的创新生态系统中，领军企业是最重要的要素之一。它们不断地催生和培育出新的创业企业，人才溢出效应凸显，已形成50多个创业系，如百度系、新浪系、网易系、雷军系、金山系等。这种创业系大体可以分为两类：第一类是高管离开大公司以后，继承了原有公司的文化或者某些商业模式、某些产品,在原有的母体周围又形成一个个创业种群。这些创业企业不仅不会损害大公司利益,反而可能围绕大公司形成新的项目池或人才池,所以大公司都以开放心态欢迎这些人跟母体之间保持某种联系。按照不完全统计,中关村围绕百度出来的创业企业有 122 家,围绕新浪的有 105 家,围绕搜狐的有 100 家,还有围绕金山的 61 家、围绕微软的 140 家。第二类是公司为激发员工创新热情,鼓励内部创业发展出新项目。例如,广联达以创投和跟投两种方式对部分业务线进行改制,为具有企业家精神的员工提供创业空间。内部股改机制让一批优秀人才成为子公司的股东,随着业务的发展获得回报,并能够通过真正的经营打拼出来,晋升成为公司的核心骨干。大北农也是通过内部创业的方式顺利推进向"互联网+"的转型,由财务总监带领创业团队成立子公司"农信互联",以全新的组织架构和文化氛围自由探索"互联网+农业"模式。互联网转型取缔了人力推广营销环节,大北农就鼓励饲料推广人员成为养猪的创业者,帮助推广服务人员转型成为公司的创业合作伙伴,亲力从事养猪事业。董事长邵根伙甚至拿出自己的 9 800 万股奖励优秀创业者。

外部并购

除了内部创业外,中关村企业的并购也持续保持高度活跃,积极进行技术布局和市场布局,促进企业发展。"十二五"期间,中关村企业发起的并购案例数和并购金额双双大幅攀升。2015 年,中关村并购市场再创新高,企业发起并购交易案例 487 起,同比翻番增长;披露并购金额 1 862.5 亿元,同比增长 42.8%,并购案例数和并购金额分别约是 2010 年的 11 倍和 32 倍。

技术布局上,并购是企业实现平台化发展的重要方式。例如,东华软件通过并购银联通、后盾科技和神州新桥,分别补充了银行核心系统、预算管理软件和网络系统集成的能力;通过并购威锐达将业务范围扩展至能源电力领域和行业客户;通过并购至高通信,不仅使东华软件获得了移动端技术解决方案,而且还进入了军警和政府领域,打造"云+端"一体化解决方案。同时,中关村企业的并购瞄准了以大数据、虚拟现实、精准医疗等为代表的前沿高科技领域优质企业。

市场布局上,中关村企业通过并购进行多元化布局,并通过境外并购积极拓展海外市场,加速国际化布局。2015 年,中关村企业发起境外并购案例 37

起，较上年增加 16 起；披露金额 561.5 亿元，同比增长 55.4%。其中包含并购英国企业 12 起、美国企业 10 起、我国香港地区企业 8 起。中关村企业境外并购越来越重视对境外技术、人才、渠道、品牌的并购，如紫光股份频频在海外出手，2015 年收购 IT 基础架构整体解决方案提供商香港华三的 51% 股权、全球最大半导体内存封装测试服务厂商台湾力成的 25% 股权，与美国西部数据公司签署附条件交割的股份认购协议等，全力横向拓展云计算产业链，纵向打通存储产业链，构筑从"芯"到"云"的产业布局。利亚德以合并形式完成了对纳斯达克上市公司、全球显示和数字标牌技术领先企业 Planar 公司的私有化交易，通过此次收购实现了对电子专业显示行业主流显示技术下的产品的全线覆盖，产品应用领域也由传统工商业延伸至高端家庭影院等民用领域。蓝色光标通过并购快速获取当地服务能力切入市场。借助资本市场优势，通过连续、多次的并购实现了自身飞速发展，更赢得了"A 股并购之王"美誉。蓝色光标自 2010 年上市至今累计并购了 50 多家公司，将外延式增长演绎到极致，迅速从本土范围扩展到全球市场，成为我国首家跻身全球公关排名前十榜单的企业。

产业升级

中关村企业通过内部创业与外部并购的方式实现自身的发展壮大，根植于技术创新，支撑国家战略。2015 年，中关村示范区联合科技部火炬中心印发实施《国家高新区互联网跨界融合创新中关村示范工程（2015—2020 年）》，全面对接支撑国家"互联网+"行动计划和"中国制造 2025"。示范区的智能机器人也迅速崛起，推动智能制造创新发展，如进化者机器人公司和北京航空航天大学共同研发了"小胖"机器人、众德迪克研发了"阿兰"机器人、中通网络通信研发了"风语者"客服机器人等。与此同时，企业的平台型模式也持续创新，进一步引领产业向纵深发展和转型升级。例如"百度医生"与天津"医指通"社区同步挂号服务平台共建中国最大规模的智慧医疗平台，京东与北京首农集团共建"首都农业大数据中心"，应用大数据、云计算等尖端技术，为产业转型升级提供支撑和服务。

网络重构

中关村企业不仅在价值链上向上下游延伸，打造平台型企业，更是纷纷布局产业生态圈，对以企业为核心的商业网络进行重构。如京东商城并购了分期乐网络科技、拇指阅读、爱回收和夹克的虾等企业，持续打造京东零售生态圈。小米科技不断拓展互联网领域布局，先后入股积木盒子、合融网、老虎证券等互联网金融企业，UI中国、荔枝FM等互联网教育和互联网传媒企业，智能代步设备厂商纳恩博、无人机企业飞米科技等智能硬件企业，以智能手机、电视、路由器、机顶盒和可穿戴设备五个产品线为核心，建立了以大数据挖掘、分析、应用为核心的智能硬件生态圈。乐视建立了手机、电视、体育、云等垂直整合的生态系统。此外，美团与大众点评，滴滴与快的，58同城与赶集网等行业巨头的合并，也对商业网络进行了重大重构，全面提升了中关村企业的竞争力。

企业家说

和产业发展类似，科技创新也具有区域性，很多地方往往因为这种区域性会把一些科技创新评估为国内先进、省内先进等。但是在中关村，科技创新跳出了这种区域性的概念，中关村上市公司往往把科技创新的目标瞄准全国甚至是全球，而且对于科技创新的评估更多是来自于市场而不是科技本身。

对中关村上市公司而言，从最初的融资开始一直到IPO，资本市场对其路演中的科技创新成果进行评估，最后由市场给出其估值，这已经成为中关村的一种基本模式，这种模式注定了中关村的发展是跨区域的。因为科技创新本身就是通过资本驱动、市场调节的，中关村的科技创新公司在捕捉到新的市场需求后，资本会驱动科技创新进一步发展，创新公司为扩大生产规模又会将创新型科技投资到周边地区去，继而会在当地组织生产，再销售，再纳税，从而带动周边地区的经济发展。

这就充分说明，中关村这种与资本结合的科技创新能迅速辐射，这种辐射对中关村推动北京经济发展、特别是带动京津冀发展具有重要的战略意义。

总结与启示

中关村作为第一个国家自主创新示范区，取得了引人注目的成就。它的重要贡献在于探索实践了如何建设和发展具有中国特色的创新系统，其三十多年的演化历程也为其他区域起到了很好的示范作用。通过中关村创新生态的喷泉模型，我们识别了区域创新生态的 27 个关键要素及其相互作用关系。这些要素之间的协同互动，构筑了企业可持续发展的坚实基础。在调研中我们发现，区域创新生态的中坚力量——企业家，依然意气风发、目光长远、积极地布局未来，坚定地带领企业转型。中关村激发和鼓励创新实践的社会经济文化氛围、聚集的优秀人才和投资者、高效的政府和社会服务体系，打造了这一区域独特的、差异性的创新体系。生态的协同效率越高，企业发展的成本越低，区域的吸引力和影响力越大。从中关村的"喷泉模型"中我们发现，创新生态的形成与发展需要若干条件，其中，政府的理念创新、创新生态的持续迭代、通过创新的"场"提高资源组合效率、对混沌和不确定性的包容与接纳是最重要的因素。

其一，政府的理念创新有助于创新生态共同体的构建。创新生态系统对于区域经济发展具有积极的推动作用。通过中关村创新生态喷泉，我们发现：区域创新生态的建设首先需要建立目标和利益共同体。在构建共同体的过程中，政府发挥着关键性作用。中关村管委会在使命和理念上的突破与创新，使其能够做到"不唯 GDP 论英雄"，不急功近利，保持战略耐心，探索创新的内在规律，关注区域的长期发展和战略收益。按照市场规律办事，尊重企业，服务于民，授权于企业和民间协会，形成区域共同治理机制，从而为企业打造一个能够安心创业、高效创新、全心全意谋发展的工作环境和生存空间，与企业形成价值共创的共同体。

政府的握手与放手。更小的政府，还是更大的政府？其实，最好的是更明智的政府。中关村管委会是一个连财政审批权都没有的"最小的政府"，但面对创新，似乎它又是"最大的政府"。它主动贴近企业，亲近企业家。把握科技创新的最新动态，从而系统地制定驱动创新的政策。先通过"握手"的方式共同驱动创新生态系统的构建，经过初期培育，又用"放手"的方式，让企业自主创新，自由竞争，勇于追求。科技创新永远会面对不确定性问题，现行政策不可能完全适应未来的需求，因此我们不必祈求更优惠的政策，而是要寻求企业与政府之间的密切合作与共同成长。

其二，通过创新的"场"提高资源组合效率。未来的竞争是创新生态的竞争，创新生态的优势将由要素的多元性、多样性和组合效率决定。资源的互补性、资源获取的便捷性、资源的独特性和差异性及资源整合的机制决定了创新生态的吸引力和效率。与中国其他地区相比，中关村所拥有的资源的独特性特别体现在政府打造的创新创业氛围和服务体系，高等院校和科研院所培养的人才和研发的创意及技术，多元化多样化的企业集群，不断迭代的创业创新群体和衍生的新兴创业团队，以及大量中介服务机构和丰盈的资金等方面。当然，中关村并不满足在现有的地理区域内发展，它的知识外溢和辐射作用不仅扩展到中国更加遥远偏僻的地区，同时还链接了很多海外优质企业和资源，我们有理由相信，随着新要素的加入，中关村人所特有的远见卓识、文化的包容性和组合效率，将在企业和产业层面，为未来的发展不断创造新的动力。

其三，创新生态的持续迭代需要战略耐心。企业在发展的第一阶段，谋求在市场上站稳脚跟活下来。这个阶段需要实现技术的产品化，企业以封闭式创新为主，消化、吸收、利用是研发活动的中心，很多知识积累是创业者在高校和科研院所完成的。

在第二阶段，企业通过市场上的成功，特别是在资本市场的助力下，开始同时布局激进式创新和渐进式创新。企业通常采用"721"的资源配置：将70%的资源布局在渐进式创新，20%的资源用于新技术探索，10%则用于高校和研究机构的前瞻性基础研究。

第三阶段是在战略转型引领下的拓展型创新。随着新技术带来更多的机会，企业在新的战略理念引领下，通过内部创业或引入外部新技术人才，在原有边界之外发展新的能力、构建新的业务，激进式创新的力度明显加大。

第四阶段是外溢型创新，随着企业规模扩大、日趋成熟，一些骨干或员工通过发现细分市场或新技术的机遇选择离职创业，原企业创始人则转型成为战略投资人。企业间的生态关系和网络结构开始进行更新、迭代和演化，出现多样性共生、自组织演化和开放性协同的特征。多样性共生是指创新生态系统容纳尽可能多的"创新基因"，通过竞争性合作在一定程度上实现最适宜生态系统发展的多样性。自组织演化是指不同行业之间、不同规模企业之间，大学、科研机构、企业和政府之间不断地相互作用、相互适应，通过价值共创在相互连接、相互促进中发展变化。开放式协同是指创新生态中的政府、企业、企业家和创新者逐渐突破传统的企业边界和地理边界，将创新能量释放到更广泛的区域，在产业链、价值链和创新链中融合新的要素和新的资源，实现生态的整体演化。

其四，创新迭代中新老企业家的"交接棒"。中关村区域拥有丰富的科教资源，高端知识人群为创新创业提供了人力资本的保障。更重要的是，中关村形成的创新创业文化氛围和场所，聚集了一代又一代有理想、有抱负、有激情和有知识的群体。在这里，他们有更多的机会相互连接互补，彼此学习、分享、激励，正是这种开放性、互补性、动态性所促成的冗余资源的整合，形成了创造力的源泉，为每个具有企业家精神的人都提供了施展才华、成就自我的平台。特别是具有实践智慧的企业领导人，凭借前瞻性的战略视野不断带领企业转型升级，突破已有边界发展新的能力和业务。在这个过程中，领军企业家还实现了从创业者向投资人的身份转变，这一代老企业家不仅为年轻人树立了榜样，同时，他们的创业精神、文化风范、经验和阅历，与资本整合在一起，为新一代企业家的创业创新打下了坚实的基础。老带新、大带小，技术与资本密切合作，成就了中关村企业生生不息、代际传承的创新命脉。在创新生态中，无论是政府、中介服务机构还是投资人，其目标都是要降低创新者获取资源的成本，提高成功的可能性，使企业家和科学家专注在最重要和最关键的事情上，为创新系统的快速形成提供推力。

其五，未来创新探索需要更多地接纳混沌和不确定性。中关村在过去的30年里取得了巨大的成就，同时，也面临着很大的压力和挑战。在我国，已经涌现出一批各具特色的区域创新生态系统，吸引了大量优秀人才与资本的流入。杭州的阿里巴巴生态、深圳的腾讯生态，无论在虚拟空间还是在实体经济层面都快速地拓展和深化产业形态，并在资本的助力下悄然无声地融入很多新兴商业模式和技术体系。全新的生态和商业模式通常在自由度更高、更友好和更有利的环境中产生和发展，而生态的生命力就在于它本身的开放性与多样性，对新理念、新技术、新业态的探索与接纳，有助于延展出新的创意网络。在这个过程中，支持创意实现的要素越丰富、种类越齐全，网络的再造能力和可塑性越强，创意成功落地的可能性越大。因此，创新过程中既不能完全没有规则，也不能规则过多，既不能漫无目的，也不能目的性太强，恰恰是这种混沌状态才最有助于促成创新，自我强化和自我界定都有可能丢失未来的重大发展机遇。通常，人们对混沌状态和不确定性避之不及，唯有拥有远见卓识和勇气魄力的人才愿意为之赴汤蹈火。外部激励机制、战略耐心和包容失败的文化，能够给予这些人积极和鼓励的信号，有助于在混沌中诞生出伟大的企业，这对区域的长期繁荣和发展是至关重要的。

企业家说

中关村上市公司的发展证明了中关村模式是在全球经济发展放缓、科技创新更加不确定的大环境中所产生的，是中关村在中国创造出了经济超高速发展的科技创新的新模式，这种模式并不是乱碰乱撞出来的偶然结果，而是一个已经实现的合理模式，中关村的模式也必将在经济社会发展中发挥出更大的作用。

参考文献

[1] Adams S. B. Growing where you are planted: Exogenous firms and the seeding of Silicon Valley [J]. *Research Policy*, 2011, 40(3): 368-379.

[2] Adner R., Kapoor R. Value creation in innovation ecosystems: how the structure of technological interdependence affects firm performance in new technology generations[J]. *Strategic Management Journal*, 2010, 31(3):306-333.

[3] Alcacer J., Chung W. Location strategies and knowledge spillovers [J]. *Management Science*, 2007, 53(5): 760-776.

[4] Antoniou M. S. Case study research: design and methods[J]. *Evaluation & Research in Education*, 2003, 24(3):221-222.

[5] Audretsch D. B., Aldridge T. T., Sanders M. Social capital building and new business formation: A case study in Silicon Valley[J]. *International Small Business Journal*, 2011, 29(2): 152-169.

[6] Baptista R., Swann P. Do firms in clusters innovate more? [J]. *Research policy*, 1998, 27(5): 525-540.

[7] Barkley D. L., Henry M S. Advantages and disadvantages of targeting industry clusters[J]. *Clemson, South Carolina: Clemson University Public Service Activities*, 2001.

[8] Bell G. G. Clusters, networks, and firm innovativeness[J]. *Strategic Management Journal*, 2005, 26(3): 287-295.

[9] Chesbrough H. W., Appleyard M. M. Open Innovation and Strategy[J]. *California Management Review*, 2007, 50(1):57.

[10] Chesbrough H. W. *Open innovation: The new imperative for creating and profiting from technology*[M]. Harvard Business Press, 2006.

[11] Chesbrough H. W. The era of open innovation[J]. *Managing Innovation and Change*, 2006, 127(3): 34-41.

[12] Chesbrough H., Bogers M. Explicating Open Innovation: Clarifying an Emerging Paradigm for Understanding Innovation[J]. *Social Science Electronic Publishing*, 2014.

[13] Cohen S. S, Fields G. Social capital and capital gains in Silicon Valley[J]. *California Management Review*, 1999, 41(2): 108-130.

[14] COMPASS. The Global Startup Ecosystem Ranking 2015[R].2015.

[15] Cooke P., Uranga M. G., Etxebarria G. Regional innovation systems: Institutional and organisational dimensions[J]. *Research Policy*, 1997, 26(4-5): 475-491.

[16] Cooke P. Regional innovation systems, clusters, and the knowledge economy[J]. *Industrial and Corporate Change*, 2001, 10(4): 945-974.

[17] Cornell University. The Global Innovation Index 2016[R].2016.

[18] Corsaro D., Ramos C., Henneberg S. C., et al. The impact of network configurations on value constellations in business markets: The case of an innovation network[J]. *Industrial Marketing Management*, 2012, 41(1):54-67.

[19] Dahlander L., Gann D. M. How open is innovation?[J]. *Research Policy*, 2010, 39(6):699-709.

[20] Dhanasai C, Parkhe A. Orchestrating Innovation Networks[J]. *Academy of Management Review*, 2006, 31(3):659-669.

[21] Dodgson M., Mathews J., Kastelle T., et al. The evolving nature of Taiwan's national innovation system: The case of biotechnology innovation networks[J]. *Research Policy*, 2008, 37(3):430–445.

[22] Eisenhardt K. M., Graebner M. E. Theory Building from Cases: Opportunities and Challenges[J]. *Academy of Management Journal*, 2007, 50(1):25-32.

[23] Eisenhardt K. M. Building Theories from Case Study Research[J]. *Academy of Management Review*, 1989, 14(4):532-550.

[24] Engel J. S., del-Palacio I. Global clusters of innovation: the case of Israel and Silicon Valley[J]. *California Management Review*, 2011, 53(2): 27-49.

[25] Engel J. S. Global clusters of innovation: Lessons from Silicon Valley [J]. *California Management Review*, 2015.

[26] Eseryel U. Y. IT-Enabled Knowledge Creation for Open Innovation [J]. *Journal of the Association for Information Systems*, 2014, 15(11):805-834.

[27] Ferrary M., Granovetter M. The role of venture capital firms in Silicon Valley's complex innovation network [J]. *Economy and Society*, 2009, 38(2): 326-359.

[28] Fonti F., Maoret M. The direct and indirect effects of core and peripheral social capital on organizational performance [J]. *Strategic Management Journal*, 2015.

[29] Freeman C. Networks of innovators: A synthesis of research issues [J]. *Social Science Electronic Publishing*, 1991, 20(5):499-514.

[30] Gambardella A., Giarratana M. S. Organizational attributes and the distribution of rewards in a region: Managerial firms vs. knowledge clusters [J]. *Organization Science*, 2010, 21(2): 573-586.

[31] Gordon I. R., McCann P. Industrial clusters: complexes, agglomeration and/or social networks. [J]. *Urban Studies*, 2000, 37(3): 513-532.

[32] Hallen B. L., Eisenhardt K. M. Catalyzing strategies and efficient tie formation: how entrepreneurial firms obtain investment ties [J]. *Academy of Management Journal*, 2012, 55(1): 35-70.

[33] *OECD regional outlook 2011: Building resilient regions for stronger economies* [M]. OECD, 2011.

[34] OECD reviews of regional innovation competitive regional clusters: national policy approaches [M]. OECD, 2007.

[35] Measuring innovation: A new perspective [M]. OECD, 2010.

[36] Hongqi C. Research on Innovation Network of Jiangxi Industrial Cluster Based on the Network Structure--the Example of Jiangxi Jinlu Software Industry [J]. WHICEB 2013 *Proceedings*. 2013(58).

[37] Hospers G. J., Desrochers P., Sautet F. The next Silicon Valley? On the relationship between geographical clustering and public policy [J]. *International Entrepreneurship and Management Journal*, 2009, 5(3): 285-299.

[38] Joint Venture Silicon Valley. 2016 Silicon Valley Index[R].2016.

[39] Kleinknecht A., Reijnen Jeroen O. N. Why do firms cooperate on R&D? An empirical study[J]. *Research Policy*, 1992, 21(4): 347-360.

[40] Kukalis S. Agglomeration economies and firm performance: the case of industry clusters[J]. *Journal of Management*, 2010, 36(2): 453-481.

[41] Lancker J. V., Mondelaers K., Wauters E., et al. The Organizational Innovation System: A systemic framework for radical innovation at the organizational level[J]. *Technovation*, 2016, s 52–53:40-50.

[42] Laursen K., Masciarelli F., Prencipe A. Regions matter: how localized social capital affects innovation and external knowledge acquisition[J]. *Organization Science*, 2012, 23(1): 177-193.

[43] Lichtenthaler U., Lichtenthaler E. A capability-based framework for open innovation: Complementing absorptive capacity[J]. *Journal of Management Studies*, 2009, 46(8): 1315-1338.

[44] Lichtenthaler U. Open innovation: Past research, current debates, and future directions[J]. *Academy of Management Perspectives*, 2011, 25(1): 75-93.

[45] Maguire K., Marsan G. A., Nauwelaers C., et al. OECD Reviews of Regional Innovation[J]. 2012.

[46] Makarem N. P. Social networks and regional economic development: the Los Angeles and Bay Area metropolitan regions, 1980–2010[J]. *Environment and Planning C: Government and Policy*, 2016, 34(1):pp. 91-112.

[47] Mckinsey&Company. China Effect on Global Innovation[R].2015.

[48] Mina A., Bascavusoglu-Moreau E., Hughes A. Open service innovation and the firm's search for external knowledge[J]. Research Policy, 2014, 43(5): 853-866.

[49] Nambisan S., Baron R. A. Entrepreneurship in Innovation Ecosystems: Entrepreneurs' Self-Regulatory Processes and Their Implications for New Venture Success[J]. *Entrepreneurship Theory and Practice*, 2013, 37(5):1071–1097.

[50] Nambisan S., Sawhney M. The Global Brain: Your Roadmap for Innovating Faster and Smarter in a Networked World[J]. *Research Technology Management*, 2008, 51(1):62-64(3).

[51] Nauwelaers C., Maguire K., Marsan G. A. The Case of the Bothnian Arc (Finland-Sweden) – Regions and Innovation: Collaborating Across Borders[J]. *OECD Regional Development Working Papers*, 2013.

[52] OECD Information Technology Outlook 2008[J]. *Sourceoecd Science & Information Technology*, 2009, volume 2008(16): i-349(349).

[53] OECD Reviews of Regional Innovation, *OECD Reviews of Regional Innovation: Central and Southern Denmark* 2012[R].

[54] OECD Reviews of Regional Innovation: 15 Mexican States 2009[J]. *Sourceocde Développement Urbain*, 2009.

[55] OECD Reviews of Regional Innovation: Basque Country, Spain 2011[R]. 2011.

[56] OECD Reviews of Regional Innovation: Catalonia, Spain 2010[J]. *Sourceocde Science Et* Technologies De Linformation, 2010, volume 2010: i-273(274).

[57] OECD. *OECD Digital Economy Outlook* 2015[R]. 2015.

[58] OECD. *OECD Internet Economy Outlook* 2012[R]. 2012.

[59] OECD. *OECD Information Technology Outlook* 2010[R]. 2010.

[60] Oh D. S., Phillips F., Park S., et al. Innovation ecosystems: A critical examination [J]. *Technovation*, 2016, 54:1-6.

[61] Ozer M., Zhang W. The effects of geographic and network ties on exploitative and exploratory product innovation [J]. *Strategic Management Journal*, 2015, 36(7): 1105-1114.

[62] Pirela S., Molina R., Watson C., et al. Different modes of open innovation: A theoretical framework and an empirical study [J]. International Journal of *Innovation Management*, 2009, 13(4):615-636.

[63] Pittaway L., Robertson M., Munir K., et al. Networking and innovation: a systematic review of the evidence [J]. *International Journal of Management Reviews*, 2004, 5(3-4):137–168.

[64] Pouder R., John C. H. S. Hot spots and blind spots: Geographical clusters of firms and innovation [J]. *Academy of Management Review*, 1996, 21(4): 1192-1225.

[65] Robertson P. L., Langlois R. N. Innovation, networks, and vertical integration [J]. *Research policy*, 1995, 24(4): 543-562.

[66] Satu Pekkarinen, Vesa Harmaakorpi. Building regional innovation networks: The definition of an age business core process in a regional innovation system [J]. *Regional Studies*, 2006, 40(4):401-413.

[67] Saxenian A. L., Hsu J. Y. The Silicon Valley–Hsinchu connection: technical communities and industrial upgrading [J]. *Industrial and Corporate Change*, 2001, 10(4): 893-920.

[68] Saxenian A. L. Regional networks and the resurgence of Silicon Valley [J]. *California Management Review*, 1990, 33(1): 89-112.

[69] Saxenian A. L. The origins and dynamics of production networks in Silicon Valley [J]. *Research Policy*, 1991, 20(5): 423-437.

[70] Saxenian A. High-Tech Dynamics. (Book Reviews: Regional Advantage. Culture and Competition in Silicon Valley and Route 128.)[J]. *Science*, 1994, 264:1614-1615.

[71] Schilling M. A., Phelps C. C. Interfirm collaboration networks: The impact of large-scale network structure on firm innovation [J]. *Management Science*, 2007, 53(7): 1113-1126.

[72] Simmie J. Innovation and Space: A Critical Review of the Literature [J]. *Regional Studies*, 2005, 39(6):789-804.

[73] Squazzoni F. Social entrepreneurship and economic development in Silicon Valley: A case study on the Joint Venture: Silicon Valley Network [J]. *Nonprofit and Voluntary Sector Quarterly*, 2009, 38(5): 869-883.

[74] Standard & Poor's. Global Industry Classification Standard[R].2008.

[75] Startup Genome.Global Startup Ecosystem Report 2017[R].2017.

[76] Steininger D. M., Wunderlich P., Pohl F. Exploring Competitive Advantage of Social Networking Sites: A Business Model Perspective[C]//ECIS. 2013: 214.

[77] Summit N. I. I., Competitiveness C. O. *Innovate America: National Innovation Initiative Summit and Report* [M]. Council on Competitiveness, 2005.

[78] Tallman S., Jenkins M., Henry N., et al. Knowledge, clusters, and competitive advantage[J]. *Academy of Management Review*, 2004, 29(2): 258-271.

[79] Tan J. Growth of industry clusters and innovation: Lessons from Beijing Zhongguancun Science Park [J]. *Journal of Business Venturing*, 2006, 21(6): 827-850.

[80] Taylor A., Helfat C. E. Organizational Linkages for Surviving Technological Change: Complementary Assets, Middle Management, and Ambidexterity [J]. *Organization Science*, 2009, 20(4):718-739.

[81] Teece D. J., Pisano G., Shuen A. DYNAMIC CAPABILITIES AND STRATEGIC MANAGEMENT [J]. *Strategic Management Journal*, 2015, 18(7):509-533.

[82] Teece D. J. Profiting from technological innovation: Implications for integration, collaboration, licensing and public policy [J]. *Research Policy*, 1993, 15(6):285-305.

[83] Thanasopon B., Papadopoulos T., Vidgen R. The role of openness in the fuzzy front-end of service innovation [J]. *Technovation*, 2015, 47:32-46.

[84] Thomson Reuters. Disruptive, Game-Changing Innovation[R]. 2016.

[85] Torkkeli M. T., Kock C. J., Salmi P. A. S. The "Open Innovation" paradigm: A contingency perspective [J]. *Salmi JIEM*, 2009, 2(1): 176-207 – ISSN, 2009, 2(1):147-178.

[86] Vinig T., Blocq R., Braafhart J., et al. Developing a successful information and communication technology industry: the role of venture capital, knowledge, and the government[C]//Proceedings of the international conference on Information systems. Association for Information Systems, 1998: 197-206.

[87] West J., Bogers M. Leveraging External Sources of Innovation: A Review of Research on Open Innovation ?[J]. *Journal of Product Innovation Management*, 2014, forthcoming (4):814–831.

[88] West J., Salter A., Vanhaverbeke W., et al. Open innovation: The next decade [J]. *Research Policy*, 2014, 43(5):805-811.

[89] Zahra S. A., Nambisan S. Entrepreneurship and strategic thinking in business ecosystems [J]. *Business Horizons*, 2012, 55(3):219-229.

[90] Zhang J. *Growing Silicon Valley on a landscape: an agent-based approach to high-tech industrial clusters* [M]//Entrepreneurships, the New Economy and Public Policy. Springer Berlin Heidelberg, 2005: 71-90.

[91] Zhou Y., Xin T. An innovative region in China: interaction between multinational corporations and local firms in a high‐tech cluster in Beijing[J]. *Economic Geography*, 2003, 79(2): 129-152.

[92] 阿伦·拉奥, 皮埃罗·斯加鲁菲. 硅谷百年史: 伟大的科技创新与创业历程 (1900—2013)[M]. 人民邮电出版社, 2014.

[93] 乔普拉. 国家创新: 美国首任CTO眼中的美国式创新 [M]. 中信出版社, 2015.

[94] 曾国屏, 苟尤钊, 刘磊. 从"创新系统"到"创新生态系统"[J]. 科学学研究, 2013, 31(1):4—12.

[95] 陈武, 何庆丰, 王学军. 基于智力资本的区域创新能力形成机理——来自我国地级市样本数据的经验证据 [J]. 软科学, 2011, 25(4):1—7.

[96] 戴湘云, 叶生新. 多层次资本市场中的"新三板"对高新科技园区经济发展作用分析与实证研究——以中关村科技园区为例 [J]. 改革与战略, 2011, 27(12):69—74.

[97] 党建兵. 跨组织联结, 资源管理与企业创新绩效 [D]. 南京大学, 2013.

[98] 董小英, 晏梦灵, 余艳, 胡燕妮. 实践智慧助力中关村企业战略转型 [J]. 清华管理评论, 2017, 1-2:87—98.

[99] 樊霞, 朱桂龙. 区域创新网络结构对企业创新绩效的影响 [J]. 商业研究, 2010 (2): 52—55.

[100] 傅首清. 区域创新网络与科技产业生态环境互动机制研究——以中关村海淀科技园区为例 [J]. 管理世界, 2010 (6): 8—13.

[101] 盖文启, 王缉慈. 论区域的技术创新型模式及其创新网络——以北京中关村地区为例 [J]. 北京大学学报哲学社会科学版, 1999, Vol.36(5):29—36.

[102] 高良谋, 马文甲. 开放式创新: 内涵、框架与中国情境 [J]. 管理世界, 2014(6):157—169.

[103] 高月姣, 吴和成. 创新主体及交互作用对区域创新效率影响的实证研究 [J]. 软科学, 2015, 29(12): 45—48.

[104] 龚玉环, 卜琳华, 孟庆伟. 复杂网络结构视角下中关村产业集群创新能力分析 [J]. 科学学与科学技术管理, 2009, 30(5):56—60.

[105] 辜胜阻, 李俊杰. 区域创业文化与发展模式比较研究——以中关村、深圳和温州为案例 [J]. 武汉大学学报哲学社会科学版, 2007, 60(1):5—11.

[106] 辜胜阻, 郑凌云, 张昭华. 区域经济文化对创新模式影响的比较分析——以硅谷和温州为例 [J]. 中国软科学, 2006 (4): 8—14.

[107] 郭研, 刘一博. 高新技术企业研发投入与研发绩效的实证分析——来自中关村的证据 [J]. 经济科

学，2011(2):117—128.

[108] 韩立岩，娄静. 经营、投资和筹资现金流动态交互影响分析 [J]. 中国管理科学，2010，18(2): 1—7.

[109] 韩琪，姜慧. 硅谷与中关村自主创新政策的比较 [J]. 管理现代化，2016，36(3): 43—46.

[110] 何亚琼，秦沛，苏竣. 网络关系对中小企业创新能力影响研究 [J]. 管理科学，2005，18(6): 18—23.

[111] 胡蓓，周均旭，翁清雄. 高科技产业集群特性对人才吸引力的影响——基于武汉光谷、北京中关村等产业集群的实证 [J]. 研究与发展管理，2009，21(1):51—57.

[112] 胡彩梅. 知识溢出影响区域知识创新的机理及测度研究 [D]. 吉林大学，2013.

[113] 扈瑞鹏，马玉琪，赵彦云. 高新技术产业创新效率及影响因素的实证研究——以中关村科技园为例 [J]. 现代管理科学，2016(10):21—23.

[114] 黄鲁成，江剑. 关于开展上市公司技术创新能力评价的思考 [J]. 科学学与科学技术管理，2005，26(5): 85—89.

[115] 黄世忠. 财务报表分析的逻辑框架——基于微软和三大汽车公司的案例分析 [J]. 财务与会计，2007, 19: 14—19.

[116] 黄伟彬. 股票市场与企业投融资行为：对中国上市公司的若干实证研究 [D]. 厦门大学，2008.

[117] 江川. 中关村指数 2013: 六个维度刻画中关村创新发展 [J]. 中关村，2013(11):46—47.

[118] 江南春. 广告及研发强度对上市公司财务绩效影响的实证研究 [J]. 工业技术经济，2015，34(8): 73—80.

[119] 姜国华，王汉生. 财务报表分析与上市公司 ST 预测的研究 [J]. 审计研究，2004 (6): 60—63.

[120] 蒋石梅，吕平，陈劲. 企业创新生态系统研究综述——基于核心企业的视角 [J]. 技术经济，2015，34(7):18—23.

[121] 李江雁，何文龙，王铁民. 企业创新能力对企业价值的影响——基于中国移动互联网上市公司的实证研究 [J]. 经济与管理研究，2016, 37(4):109—118.

[122] 李娜，马施，于晓红. 上市公司技术创新能力与企业价值关系研究 [J]. 财会通讯：综合（中），2011 (3).

[123] 李培林，梁栋. 网络化：企业组织变化的新趋势——北京中关村 200 家高新技术企业的调查 [J]. 社会学研究，2003(2):43—53.

[124] 李万，常静，王敏杰，等. 创新 3.0 与创新生态系统 [J]. 科学学研究，2014, 32(12).

[125] 李习保. 中国区域创新能力变迁的实证分析：基于创新系统的观点 [J]. 管理世界，2007 (12): 18—30.

[126] 李焱. 中关村孕育科技金融全周期 [J]. 投资北京，2014(12):56—58.

[127] 李振国. 区域创新系统演化路径研究：硅谷，新竹，中关村之比较 [J]. 科学学与科学技术管理，2010，31(6): 126—130.

[128] 联合国经济和社会事务部. 所有经济活动的国际标准行业分类 [R].2009.

[129] 刘九如，熊伟. 创新力场：中关村软件园的发展探索 [M]. 电子工业出版社，2015.

[130] 陆国庆. 中国中小板上市公司产业创新的绩效研究 [J]. 经济研究，2011(2):138—148.

[131] 罗利元，陈义龙，张丰超. 网络是创新的有效载体——中关村区域创新网络分析 [J]. 未来与发展，1999(2):7—9.

[132] 马广奇，廉瑜瑾. 哈佛分析框架下汽车企业财务报表分析——以吉利集团为例 [J]. 会计之友，2012 (34): 64—66.

[133] 毛基业，张霞. 案例研究方法的规范性及现状评估——中国企业管理案例论坛 (2007) 综述 [J]. 管

理世界，2008(4):115—121.
- [134] 梅亮，陈劲，刘洋. 创新生态系统：源起、知识演进和理论框架 [J]. 科学学研究，2014，32(12):1771—1780.
- [135] 牛冲槐，江海洋. 硅谷与中关村人才聚集效应及环境比较研究 [J]. 管理学报，2008, 5(3):396—400.
- [136] 清华大学启迪创新研究院. 制定科技服务业标准引领科技服务业发展 [J]. 中国高新区，2014(9):26—29.
- [137] 任胜钢，胡春燕，王龙伟. 我国区域创新网络结构特征对区域创新能力影响的实证研究 [J]. 系统工程，2011(2):50—55.
- [138] 舒兰. 杜邦分析与价值判断——基于A股上市公司的实证研究 [D]. 西南交通大学，2011.
- [139] 同济大学发展研究院. 中国产业园区持续发展蓝皮书 [M]. 同济大学出版社，2016.
- [140] 汪良兵. 区域创新网络结构与协同演化研究 [D]. 中国科学技术大学，2014.
- [141] 王德禄，赵慕兰，张浩. 硅谷中关村人脉网络 [M]. 清华大学出版社，2012.
- [142] 王红云，王雪妮，赵彦云. 中关村科学城企业创新力及其影响因素研究 [J]. 软科学，2016，30(10):1—5.
- [143] 王缉慈，宋向辉，李光宇. 北京中关村高新技术企业的集聚与扩散 [J]. 地理学报，1996(6):481—488.
- [144] 王维. 硅谷创业思维 [M]. 人民邮电出版社，2016.
- [145] 王学军，陈武. 区域智力资本与区域创新能力——指标体系构建及其相关关系研究 [J]. 管理工程学报，2010 (3): 1—6.
- [146] 威廉·鲍莫尔. 创新：经济增长的奇迹 [M]. 中信出版社，2016.
- [147] 维克多·W. 黄，格雷格·霍洛维茨. 硅谷生态圈：创新的雨林法则 [M]. 机械工业出版社，2015.
- [148] 翁嘉岚，任娜丽，徐岩. 中关村板块上市公司财务绩效与市场绩效关系分析 [J]. 财会通讯，2014(2):29—31.
- [149] 吴超鹏，吴世农，程静雅等. 风险投资对上市公司投融资行为影响的实证研究 [J]. 2012.
- [150] 吴军. 硅谷之谜：《浪潮之巅》续集 [M]. 人民邮电出版社，2016.
- [151] 吴炜，明星. 中关村科技金融呈现"一条龙服务"体系 [J]. 中关村，2014(8):36—39.
- [152] 许云，李家洲. 技术转移与产业化研究：以中关村地区为例 [M]，2015
- [153] 杨德林，王乐，张剑等. 中关村科技型创业者行为与特点分析 [J]. 科学学研究，2002，20(5):500—505.
- [154] 张伟峰，万威武，白靖宇. 网络资本：硅谷群发展的核心能力 [J]. 科学学研究，2002，20(6): 631—634.
- [155] 张永成，郝冬冬，王希. 国外开放式创新理论研究11年：回顾、评述与展望 [J]. 科学学与科学技术管理，2015(3):13—22.
- [156] 中关村科技园区管理委员会和北京市统计局. 中关村国家自主创新示范区商务指南2016[M].2016.
- [157] 赵放，曾国屏. 多重视角下的创新生态系统 [J]. 科学学研究，2014，32(12).
- [158] 中关村人才协会. 中关村企业创新创业"迹" [M]. 人民邮电出版社，2015.
- [159] 周立军. 区域创新网络的结构与创新能力研究 [D]. 南开大学，2009.
- [160] 周小明. 高技术产业集群知识溢出及其对区域创新能力影响的实证研究 [D]. 天津大学，2013.
- [161] 朱宏泉，舒兰，王鸿等. 杜邦分析与价值判断——基于A股上市公司的实证研究 [J]. 管理评论，2011，23(10):152—161.

后 记

犹记2015年，中关村企业家和北京大学光华管理学院教授组成联合代表团访问以色列考察其创业创新活动的开展情况，在从耶路撒冷驶往特拉维夫的大巴上，中关村上市公司协会会长、科兴生物公司董事长尹卫东先生，中关村上市公司协会秘书长郭伟琼女士和我一起聊天，不经意中谈起了未来合作研究的可能性。中关村上市公司协会已经连续五年发布《中关村上市公司竞争力报告》，在社会上产生了很大影响。他们希望有学者能进一步地对五年来中关村上市公司的发展进行系统梳理、分析和总结；而我本人，长期以来一直在做高科技企业知识管理与创新方面的研究，对美国硅谷的高科技企业思科已形成深度研究成果，对中关村企业怀有强烈的兴趣。因此，双方一拍即合，都对这个想法兴奋不已。

回国后，在尹卫东会长和郭伟琼秘书长的领导与协调下，项目正式立项。我们将全书内容聚焦于历史、数据、案例、事实和政策文本，力求客观、真实地展示中关村上市公司的现状，并在此基础上，概括性地提炼和总结中关村上市公司和中关村创新生态的发展路径和模式。为了实现这一目标，我们将全书重点放在三个部分上：数字中关村、案例中关村和政策中关村，试图从三个维度，用数字、案例和政策展示中关村的发展变化。在此基础上，研究团队对中关村创新生态要素和内在关系进行系统总结和提炼，概括出中关村创新生态中多要素形成的"喷泉模型"，希望能比较完整地呈现中关村创新生态发展的关键要素、路径和模式。

为了确保研究内容的真实性、可靠性和科学性，在数字中关村部分，我们邀请安永华明会计师事务所（特殊普通合伙）对上市公司财务数据的审核工作

后 记

进行指导；请北京大学光华管理学院会计系张然教授，对调研分析结果进行审核和点评，张然教授的点评在"学者说"部分呈现；在政策中关村部分，我们访谈了中关村银行董事长、中关村管委会前主任郭洪，中关村管委会副主任王汝芳博士，并邀请高莉博士，中关村上市公司协会陈红、王扬丹、薛笑影等撰写政策部分的内容。案例调研过程中，在郭伟琼秘书长和陈红的周到安排、全程陪同下，研究团队顶着北京的寒风对八家中关村上市企业的一把手和高管进行了密集访谈，积累了近百万的访谈记录。八家上市公司的董事长和各位高管在案例调研过程中，对我们的研究工作给予了大力支持和密切配合，使得访谈收获颇丰，卓有成效，我们由衷地感谢他们。

研究团队的调研工作从 2016 年 5 月 6 日正式开始，2016 年 6 月至 2017 年 4 月完成案例企业和政策部分访谈，在项目团队的全力配合和共同努力下，2017 年 5 月底完成全稿，可谓群策群力、高效有序、团结愉快。在全书调研和写作过程中，项目团队共举行了 11 次研讨会，对选题、数据分析等内容进行了广泛讨论和辩论，几次会议后的报告修改甚至延续到凌晨三点。在全书的写作过程中，北京大学光华管理学院博士生胡燕妮与中关村上市公司协会陈红付出了大量心血和投入，特别是陈红带着身孕一直坚持调研和数据整理，相信将来她的宝宝王乐知一定会为妈妈的工作感到骄傲。

全书的具体写作分工如下：第一章"回望中关村"部分，由中关村上市公司协会陈红、薛笑影完成；第二章"数字中关村"部分，由胡燕妮、陈红、尹卫东、郭伟琼、董小英完成；第三章"案例中关村"部分，由北京大学光华管理学院副教授董小英及博士生胡燕妮、叶丽莎、成月、姜含，中国人民大学信息学院副教授余艳，北京邮电大学经济管理学院讲师晏梦灵共同完成；第四章"政策中关村"部分，由高莉、王扬丹、陈红共同完成；第五章"中关村模式"部分，由董小英、胡燕妮、晏梦灵共同完成；本书相关国内外文献阅读由胡燕妮、叶丽莎、成月、姜含、赵泽宇、司文完成；参考文献部分，由胡燕妮、叶丽莎完成。

尽管我们努力做到更好，但我们深知，中关村创业史和创新生态是一个海洋，里面还有很多宝藏尚不为人所知，还有非常多的卓越企业和隐形冠军未被挖掘和了解，研究分析工作还有很大的深化与拓展空间。我们希望，通过此次基础性调研分析工作，吸引更多的人关注中关村、了解中关村、研究中关村。中关村作为代表改革开放四十年创业创新的中国"智谷"，在几代科学家、企业家和管理者探索耕耘的沃土上，开拓了一条科技与资本双轮驱动的创新之路，形成了企业、政府、科研院所、资本和第三方机构协同发展的"喷泉模式"，中关村的管理者和企业家们，对中国科技企业的创新实践、对区域创新生态的发展繁荣、对提升中国创新的国际竞争力做出了卓越贡献，历史将会记住他们！

北京大学光华管理学院

2017 年 9 月 18 日于未名湖畔